prometeo
libros

prometeo libros

Democracia y Estado de Excepción:
Argentina 1983-2008

Santiago C. Leiras (Compilador)

Democracia y Estado de Excepción:
Argentina 1983-2008

prometeo
libros

Índice

Prólogo: Crisis, delegación
y trayectoria histórica

Aníbal Pérez Liñán

Es posible que los presidentes argentinos de fines del siglo veinte y comienzos del siglo veintiuno sean vistos por los historiadores del futuro como estadistas de estatura inusual y de logros formidables. Consideremos a Raúl Alfonsín y su habilidad para llevar a juicio a los principales responsables por las violaciones a los derechos humanos, logrando al mismo tiempo la difícil tarea de estabilizar la transición democrática. O a Carlos Menem, quien logró detener la hiperinflación y la insurrección militar, verdaderos problemas insolubles a fines del siglo XX. O a Eduardo Duhalde y Néstor Kirchner, quienes recompusieron la economía de un país paralizado por una crisis fiscal similar a la que —nos recordarán los historiadores—años después amenazaría a la poderosa Unión Europea. Incluso Fernando de la Rúa, quien perdió el poder sosteniendo hasta el final su promesa, ampliamente respaldada por la sociedad, de preservar el valor de la moneda argentina, será seguramente tratado con respeto por la historia.

Para los observadores contemporáneos, sin embargo, la perspectiva resulta bastante diferente.

Santiago Leiras muestra desde las primeras páginas de este libro que una paradoja recorre la historia argentina de las últimas décadas: la coexistencia de un modelo decisionista de gobierno, centrado en la acción unilateral del ejecutivo, con las normas e instituciones de la democracia política. En mi visión, esta paradoja explica en buena medida los ciclos de euforia y desencanto popular experimentados desde la instauración de la democracia. En reiteradas oportunidades los ciudadanos han establecido una relación cíclica con el (la) presidente, marcada inicialmente por demandas de gobernabilidad y decisiones contundentes, templada luego por una tolerancia cómplice con su estilo de gobierno, agrietada en forma tardía por cuestionamientos morales, y oscurecida finalmente por la demonización del presidente saliente. El estilo decisionista del ejecutivo ha sido resignificado por la ciudadanía como una muestra de liderazgo, de pragmatismo, de arbitrariedad y de corrupción en diferentes momentos de este ciclo de poder presidencial.

Los artículos que integran el presente volumen ofrecen una perspectiva histórica integrada y valiosa sobre este problema, recorriendo la experiencia presidencial entre 1983 y 2008. Bosoer y Vázquez muestran que el intento de Raúl Alfonsín por articular un presidencialismo alternativo, centrado en el fortalecimiento de las instituciones legislativa y judicial, fue frustrado por la crisis económica de fines de los años ochenta. A partir de allí, como destaca Hernán Fair en el capítulo II, se instauró un patrón de decisionismo político que "no suspende el Estado de Derecho, sino que lo atenúa mediante una legislación extraordinaria". El modelo de liderazgo establecido por Carlos Menem superó la crisis económica exitosamente pero se vio crecientemente cuestionado—señalan Vallejo y Spinetta—durante su segunda presidencia, en el marco de la disputa por la sucesión en el PJ y del ascenso de la Alianza. Sin embargo, las expectativas sociales de transformar este modelo de liderazgo se vieron rápidamente frustradas. El texto de Incarnato y Vaccaro documenta cómo la Alianza fue incapaz de constituirse en una coalición viable de gobierno y produjo un presidente que nuevamente intentó—aunque infructuosamente—gobernar en forma aislada. La crisis generalizada de 2001 abrió de este modo un nuevo ciclo de concentración de poder. En los capítulos finales, Baldioli y Leiras describen el retorno a las medidas de excepción durante los dieciséis meses de la presidencia de Eduardo Duhalde y "el despliegue de un estilo discrecional de acumulación política" durante los gobiernos de Néstor y Cristina Kirchner.

¿Cómo podemos explicar estos ciclos históricos de concentración y disolución del poder presidencial, de logros políticos extraordinarios y crisis políticas incontrolables? Creo que los lectores y lectoras encontrarán en este libro tres claves fundamentales para reflexionar sobre este problema.

La primera clave está dada por la necesidad de trascender el estudio comparativo del presidencialismo para adentrarse en una agenda de estudios comparativos sobre *la presidencia*, como un intento por comprender el liderazgo ejecutivo en contextos históricos que incluyen a las variables institucionales pero no se limitan a ellas. Este análisis comparativo, en el cual los gobiernos presidenciales constituyen las principales unidades de análisis, requiere una interpretación cuidadosa no sólo de la arena institucional (desplegada, por ejemplo, en el capítulo de Vallejo y Spinetta), sino también del discurso político (presente en el texto de Fair), de las trayectorias políticas de los líderes (Baldioli y Leiras), de las capacidades burocráticas del estado, y del marco económico y fiscal.

La segunda clave es que el análisis del decisionismo debe separarse analíticamente del contenido sustantivo de las políticas públicas. Durante los años noventa, los cuestionamientos al decisionismo ejecutivo operaron como una crítica progresista indirecta al contenido de las políticas neoliberales. Con el cambio de rumbo de la última década, los alineamientos ideológicos en esta temática parecen haberse revertido, con nuevos sectores en la derecha del espectro político reclamando una mayor calidad institucional y transparencia republicana. Esta reversión de los roles debe recordarnos que el estilo de gobierno es ortogonal a la matriz ideológica de la política pública. Los estilos del ejecutivo determinan *cómo*, un programa de gobierno es implementado, no *qué* programa. Quizás la tesis más controversial de este libro, expresada con lucidez por Baldioli y Leiras, es que "el kirchnerismo representa la continuación por otros fines—más que por otros medios—del estilo decisionista de gobierno instaurado durante los años de Carlos Menem".

La portabilidad del modelo decisionista a lo largo del espectro ideológico no implica, sin embargo, que el estilo de gobierno carezca de importancia para determinar las consecuencias de los programas de gobierno. La tercera clave de este libro, que emerge, en mi opinión, tras la lectura de los capítulos en su conjunto, es que la relación entre crisis política y decisionismo ejecutivo es bidireccional. Resulta claro por qué la crisis facilita la concentración de poder en un líder fuerte—éste es un efecto que, por su naturaleza urgente, se manifiesta en el corto plazo—. Resulta más difícil establecer por qué el liderazgo decisionista alimenta la crisis—este efecto sólo se manifiesta en el largo plazo, y a veces cuando los líderes responsables ya han abandonado el poder—, de modo que este punto merece especial atención.

En el origen del ciclo de poder presidencial argentino parece encontrarse una debilidad estructural del estado, porque el gasto público tiende a superar los ingresos corrientes. Dado que el gasto público, como en todas partes, es rígido, hay tres soluciones posibles: los préstamos externos, la generación de inflación, o el uso de recursos extraordinarios como los ingresos por privatizaciones o la nacionalización de fondos jubilatorios. Esta debilidad estructural mantiene al estado en una posición defensiva y limita su capacidad para regular los ciclos económicos. Por su parte, esta debilidad se ve agudizada por un problema inter-temporal de acción colectiva. Para construir una presidencia institucionalmente fuerte, este problema debe ser controlado con una estrategia coherente de largo plazo. Pero los presidentes individuales tienen incentivos políticos para buscar soluciones pro-cíclicas, aprovechando al máximo los recursos disponibles cuando la economía está en auge y trasladando los desequilibrios fiscales a administraciones futuras. Estos incentivos no son necesariamente perversos: en un sistema democrático, los gobiernos tienen que equilibrar demandas contradictorias pero legítimas de la sociedad, tales como defender el valor de la moneda, garantizar altas tasas de empleo, proteger los derechos adquiridos por trabajadores y jubilados, respetar los límites del federalismo y promover una agenda de transformación social.

Cuando algún shock externo rompe este delicado equilibrio, la falta de margen de maniobra se torna evidente. La crisis produce la impresión de un ejecutivo débil e incapaz y genera reclamos de gobernabilidad. Es entonces cuando la "doctrina de la emergencia" analizada en este volumen se torna dominante. La llegada de un ejecutivo decisionista permite adoptar soluciones extraordinarias, reorientando los mecanismos de financiamiento del estado y redistribuyendo los costos del esquema económico. En el marco de la crisis, los actores sociales que antes estaban en capacidad de resistir estos cambios se ven debilitados, mientras que nuevos actores son integrados a la coalición presidencial.

La transformación abrupta de los parámetros monetarios y fiscales envuelve entonces la descalificación de ciertos sectores como portadores de intereses ilegítimos y la necesidad de proteger al nuevo equilibrio, todavía frágil, del contrataque de sus representantes. De allí la obsesión presidencial por presentar el conjunto de políticas económicas como un "modelo" identificado con el ejecutivo mismo, y no como un conjunto de políticas sujetas al debate y a la revisión. El problema de esta solución heroica es que impone un nuevo intervalo de rigidez, en el que la corrección del error se ve demorada por la defensa del modelo. De este modo, mientras que los gobernantes y (la mayoría de) los gobernados celebran el fin de la crisis, el riesgo de un nuevo episodio permanece abierto.

No es mi intención sugerir que estos ciclos constituyen una tragedia de naturaleza inescapable. El capítulo de Bosoer y Vázquez muestra que es posible concebir un presidencialismo alternativo. Mi punto es que la conjunción de estos dos efectos—la crisis que incentiva el decisionismo en el corto plazo, y el decisionismo que incentiva la crisis en el largo plazo—se entrelazan de manera dinámica para producir ciclos históricos de poder presidencial.

Tampoco es mi intención sugerir que este desafío recurrente al poder presidencial es distintivamente argentino. Hace ya más de tres décadas, Theodore Lowi comentaba con decepción que "dadas la retórica exaltada y las grandes expectativas alrededor de la presidencia, un éxito parcial es siempre definido por el público masivo como un fracaso". Lo que en el contexto estadounidense aparecía como una hipérbole académica, quizás sea, para los historiadores del futuro, una buena descripción de la suerte de los presidentes argentinos cercanos al bicentenario.

Presentación

En el año 2008 la joven democracia argentina ha cumplido su primer cuarto de siglo; a lo largo de este período ha debido sortear innumerables desafíos y dificultades, mereciendo ser destacados entre otros la crisis militar de 1987/1990, la crisis económica de 1989/1990 y la más reciente crisis institucional y social del año 2001/2002; todas estas pruebas fueron en mayor medida superadas de manera satisfactoria.

Es éste un motivo de enorme alegría para los demócratas, pero también es una buena oportunidad para reflexionar sobre los límites y las posibilidades de nuestra democracia, he aquí entonces el motivo principal que impulsa esta obra colectiva.

La presente publicación es el resultado de las reflexiones llevadas a cabo por un destacado grupo de investigadores en el marco del proyecto **Argentina 1983-2008: de la instauración democrática a la emergencia institucional** bajo mi dirección, correspondiente al programa UBACYT patrocinado por la Universidad de Buenos Aires para el período 2010-2012.

Por este motivo y por el compromiso demostrado a lo largo de estos años en los diferentes proyectos emprendidos, quiero dedicar un especial agradecimiento a Alberto Baldioli, Florencia Incarnato, Hernán Fair, Robertino Spinetta y Victoria Vaccaro.

También quiero agradecer a Fabián Bosoer, con quien hemos compartido otras aventuras intelectuales, su participación en esta obra con la generosidad de siempre.

Un agradecimiento también para Juan Cruz Vázquez y Agustín Vallejo por su participación.

Un agradecimiento especial para Aníbal Pérez Liñán por acceder a prologar esta publicación.

Un especial agradecimiento para la editorial Prometeo por haber hecho realidad el sueño de esta publicación.

A Sonia, mi compañera de la vida, por su soporte y apoyo espiritual, y a Victoria, mi nena preferida.

Dejo, a partir de este momento, abierta la invitación al lector para iniciar esta nueva aventura intelectual de recorrer los sinuosos senderos de la investigación.

Introducción

Relevancia del tema

El 10 de diciembre del año 2008 se cumplieron 25 años de instauración de la democracia en la Argentina. La asunción de Raúl Alfonsín como presidente de la república en 1983 dio inicio a la más larga experiencia de continuidad democrática vivida en la historia política de nuestro país.

Existía en aquella sociedad argentina de 1983 una fuerte demanda vinculada con reivindicaciones de justicia sustantiva largamente postergadas como consecuencia de la acción institucional del gobierno militar: esto daría lugar a una revalorización de la democracia política como marco para la satisfacción de las distintas y heterogéneas demandas sectoriales, no existiendo en consecuencia margen alguno para la formulación de políticas de ajuste y reforma estructural (Torre, 1998) con nuevas "víctimas sociales" (Novaro y Palermo, 1996).

De allí entonces la convicción, y la puesta en práctica de políticas en consecuencia a partir de 1983, de que la reconstrucción postautoritaria era exclusivamente un hecho político-institucional, siendo *el cambio del Régimen Político* el problema central de la agenda política de la transición y estando ésta definida como *Transición del Autoritarismo al Régimen democrático*. Al ser privilegiada en forma inicial y de manera excluyente la construcción de un régimen democrático de gobierno, no se advertía que el proceso debía incluir necesariamente y con el mismo peso la reorganización de la economía (Kerz y Leiras, 2004; Portantiero, 1993; Torre, 1994).

El recambio presidencial del año 1989 se desarrolló en un contexto inédito en la Argentina contemporánea: por primera vez en su discontinua historia constitucional se produjo la entrega del poder entre presidentes de distinto signo partidario —Raúl Alfonsín por la Unión Cívica Radical y Carlos Saúl Menem por el Justicialismo—. Al mismo tiempo, un contexto sociopolítico signado por una crisis económica a la vez que social y del modelo de estado implementado en la Argentina a partir de la Segunda Guerra Mundial dio lugar al replanteo de la noción misma de transición, sustituyendo la *reforma-reconfiguración del poder estatal* al cambio político como problema central de la democracia.

La respuesta a la crisis de 1989/1990, como verdadero intento de elaboración de una nueva matriz ideológica (Bosoer y Leiras, 1999, 2001)[1], adquirió su expresión a través de un discurso de legitimación de alta eficacia simbólica. Dicha eficacia se pondría de manifiesto en el hecho de que el relevo gubernamental producido en diciembre de 1999, con la asunción de Fernando de la Rúa, no implicó una sus-

---

[1] Tal como se ha sostenido en otros trabajos de referencia citados en el cuerpo principal de la presente introducción, la matriz ideológica elaborada durante los años del menemismo adquirió su manifestación a través de un discurso de legitimación de alta eficacia simbólica y recurrencia a tres ejes estructurantes:

a) Una reinterpretación de la salida del autoritarismo y del primer período de gobierno democrático como etapa final en la crisis del modelo estatal de desarrollo económico y regulación social a partir de la cual, el punto de inflexión o bisagra histórica trazado en 1983 queda desdibujado y se traslada al año 1989 como verdadero momento de la ruptura con el pasado.

b) Una reevaluación de la gestión presidencial de Raúl Alfonsín a partir del último tramo de su mandato, signado por el debilitamiento progresivo en el ejercicio del poder que finalmente desencadena la entrega adelantada del gobierno cinco meses antes de cumplir el sexenio constitucional. Dicho final es atribuido no solamente a la pérdida de apoyos y la falta de resultados de las políticas de gobierno ensayadas para remontar la coyuntura de emergencia, sino también al agotamiento e inviabilidad de un proyecto reformista de mayor envergadura al que se venía cuestionando desde hace mucho tiempo antes desde diferentes sectores de poder para quienes dicho proyecto constituía una amenaza.

c) Un proyecto de reconstrucción y redefinición del poder estatal, con centralidad de políticas orientadas al mercado, en sus tres principales dimensiones: ideológica-neodecisionismo-, burocrático/funcional -reforma del estado- y jurídico-institucional -reforma constitucional-

tantiva reformulación de los presupuestos ideológicos, jurídico-políticos y organizacionales contenidos en dicha matriz y presentes a lo largo de la década de 1990, sino más bien una ratificación de dichos contenidos programáticos, los cuales se han mantenido vigentes hasta la fecha inclusive, aún en condiciones de suma gravedad como aquellas presentes durante la crisis del 2001/2002, comprendiendo a las administraciones de Eduardo Duhalde, Néstor Kirchner y Cristina Fernández de Kirchner (Leiras, 2010a)

Objetivos e hipótesis

El problema central consiste en preguntarse si es posible la convivencia en democracia del modelo decisionista de gobierno con las normas e instituciones de dicha democracia política. Merece ser destacado que, en diferentes países de la región, hasta el día de la fecha inclusive siguen estando presentes ciertas prácticas de carácter decisionista como fenómeno común en todas sus formas, y presentes desde la última década.

La investigación aquí presentada representa la continuidad y profundización de diferentes aspectos desarrollados a lo largo de la obra colectiva *Estado de excepción y democracia en América Latina durante los años 90': Argentina, Brasil, Perú y Venezuela en perspectiva comparada* (Leiras, 2010b). El propósito particular de la presente publicación será investigar comparativamente la situación de la Argentina con respecto a la relación entre democracia y estado de excepción en el período comprendido entre 1983 y 2008.

Será el objetivo general del presente libro examinar la relación existente entre democracia presidencial y decisionismo político.

Asimismo serán objetivos particulares de la obra:

1. Analizar las condiciones de surgimiento de la democracia entre 1982 y 1983.
2. Abordar la experiencia de Raúl Alfonsín (1983-1989), en tanto momento fundante de la instauración democrática, su apogeo y la crisis de su proyecto reformista.

3. Analizar la experiencia de Carlos Menem (1989-1995 y 1995-1999), la "institucionalización" de la emergencia y su proyección más allá de la década menemista.
4. Abordar los años de la experiencia aliancista durante la presidencia de Fernando de la Rúa (1999-2001), entendiendo la crisis del 2001 como expresión del final de una década.
5. Analizar el retorno del peronismo al poder durante las presidencias de Eduardo Duhalde (2002-2003), Néstor Kirchner y Cristina Fernández (2003-2008).
6. Llevar a cabo un balance que permita detectar patrones de cambio y/o continuidad en el funcionamiento de la democracia argentina entre 1983 y 2008.

A partir del interrogante inicialmente planteado la hipótesis central que guiará la presente publicación será la siguiente:

Bajo condiciones de crisis estatal, económica y social sería posible establecer una correlación entre regímenes democráticos y estados de excepción

Sobre la base del interrogante formulado y la hipótesis explicitada se prevé arribar al siguiente resultado:

La hipótesis principal se verá verificada, pudiendo establecerse una correlación entre estado de excepción y régimen democrático.

Fuentes y método a utilizar.

Con el propósito de poder cumplimentar los objetivos precedentemente expuestos, y someter a verificación la hipótesis principal de esta obra, recurriremos de manera principal a fuentes secundarias, a partir de una exhaustiva búsqueda de material bibliográfico que nos permitirá una adecuada aproximación al caso que será desarrollado a lo largo de la presente investigación. Esta búsqueda de material bibliográfico será complementada recabando información de fuentes primarias tales como artículos periodísticos, discursos oficiales, documentos públicos, fuentes jurídicas y datos de carácter económico, electoral e institucional, entre otros recursos.

Asimismo, la presente investigación se fundamentará en el método comparado como procedimiento para el tratamiento de las unidades de observación definidas como objeto de investigación. Se tratará de una comparación de carácter diacrónica, a partir de la cual nuestra unidad de análisis será abordada en diferentes contextos.

En este marco la obra comprenderá las presidencias de Raúl Alfonsín entre 1983 y 1989, Carlos Menem entre 1989-1995 y 1995-1999, Fernando de la Rúa entre 1999 y 2001, Eduardo Duhalde entre 2002 y 2003, Néstor Kirchner entre 2003 y 2007 y Cristina Fernández de Kirchner durante su primer año de gestión presidencial entre 2007 y 2008.

La investigación propuesta adquiere relevancia en la medida en que esta estrategia comparativa nos permitiría investigar (y eventualmente sostener) si a partir de las últimas dos décadas se repitió en mayor o menor medida, el mismo esquema:

a) Legitimidad de origen con anclaje en situaciones de derrumbe o emergencia, convertida en argumento de salvataje, primero, y refundacional, luego, del estado y la sociedad.

b) Preservación del esquema constitucional adoptado en 1994 acorde con una nueva "razón de estado": la gobernabilidad.

c) Reforzamiento de los poderes presidenciales, definición explícita o implícita de una "doctrina de la emergencia", y utilización de recursos como los decretos de necesidad y urgencia, en tanto principal expresión de la decisión política.

d) Debilitamiento del rol de las instituciones parlamentarias, de las diferentes instancias de control de los actos administrativos de gobierno y de los procesos deliberativos de decisión política.

e) Reducción del aparato estatal, tanto en lo referente a su alcance como a su capacidad institucional (Bosoer y Leiras, 2001).

Antecedentes en la temática

Tal como fuera planteado en su oportunidad, el estudio sobre la crítica relación entre estado de excepción y democracia dista de representar una preocupación temática de carácter novedosa: aquello que comenzó durante las primeras décadas del siglo XX con el debate de juristas especializados en la Europa del período de entreguerras sería una constante luego en América Latina durante la década de 1990.

Aquel debate europeo de la primera posguerra tuvo como principales protagonistas a Carl Schmitt y a Hans Kelsen, con el telón de fondo de la crisis de gobernabilidad democrática de la república de Weimar. El primero de ellos abogaba a favor de la utilización de los poderes excepcionales y prerrogativas a disposición del poder ejecutivo para gobernar en situaciones de crisis, mientras que para el segundo solamente a través del derecho positivo y de las normas vigentes derivadas se debía gobernar. Se podría decir que, en este caso como en otros posteriores, se enfrentaban el "ser" y "el deber ser" como posturas normativas pero también políticas (Baldioli y Leiras, 2010).

Entre otros autores que a lo largo del siglo veinte trataron de complementar el modelo decisionista, el más relevante quizás ha sido el filósofo francés Julien Freund, quien enlazaría "lo político" (Estado) y la "política partidaria" (partidos políticos), esto último no tan presente en la obra de Carl Schmitt.

Debemos aquí tener en cuenta que, en el momento histórico de elaboración de los trabajos de Freund, la Guerra Fría había dividido a Europa y al mundo en dos bloques económicos, militares, ideológicos y políticos aparentemente irreductibles. En ese contexto la obra de Julien Freund procuraba presentar a las democracias occidentales como el modelo a seguir, y para ello debía lograr congeniar al decisionismo político estatal con la política partidaria, para de esa manera diferenciarse del comunismo internacional con su modelo de partido único y de régimen totalitario (Baldioli y Leiras, 2010)

La repercusión que adquirió aquella polémica en nuestra región reside en el hecho de que los países latinoamericanos han acumulado los efectos de una prolongada crisis, debiendo afrontar problemas económicos, sociales y políticos que trajeron aparejados una gran inestabilidad política y serios obstáculos para la gobernabilidad democrática.

En Sudamérica durante la última década, y para evitar la diseminación del poder y la profundización de la crisis en medio de grandes debates parlamentarios, se estableció un nuevo carácter gubernativo, siendo el decisionismo expresión de ese nuevo carácter, una necesidad que deviene en un estilo o estrategia de gobierno de acuerdo a la excepcionalidad de cada situación nacional en consideración y una fórmula de carácter funcional a los requerimientos del neoliberalismo económico.

Si se piensa que el decisionismo no es sólo una forma de gobierno autoritaria, sino que tiene una legalidad persistente y en el caso de una poliarquía, la legitimidad democrática del voto popular, y sirve para la protección del sistema en caso de emergencia, el problema subyace en dar respuesta al siguiente interrogante:

¿El decisionismo y su vertiente más moderna, el neodecisionismo, son asumidos por los presidentes latinoamericanos como una estrategia en contexto de "tiempos difíciles" o como un estilo de gobernar? (Baldioli y Leiras, 2010: 48)

Si se trata de una estrategia de gobierno en contexto de "tiempos difíciles" (Torre, 1994), el decretismo ejecutivista, y no el decisionismo, nos permitiría dar cuenta de las características de ejercicio del liderazgo político en la región, dado que el decisionismo implica la desinstitucionalización política (Kvaternik, 1994), teniendo en consideración tres diferentes circunstancias: en primer lugar los recursos institucionales disponibles, esto es el diseño y distribución del poder dentro del régimen político; en segundo término las circunstancias políticas, refiriéndonos aquí a la relación que el titular del poder ejecutivo establece con la oposición, con el partido de gobierno y con otras organizaciones nacionales e internacionales, y por último la eficacia que se intenta alcanzar con determinadas iniciativas a implementar.

Tres serían también las posibles motivaciones políticas para llevar a cabo esta estrategia de gobierno: el golpe preventivo, el decretismo como último recurso y el factor sorpresa. En este marco la utilización de los decretos de necesidad y urgencia durante el gobierno de Raúl Alfonsín se inscribiría en forma predominante en la categoría de golpe preventivo, en un contexto signado por la conflictiva relación entre el gobierno y la oposición, mientras que durante la presidencia de Carlos Menem estas mismas motivaciones se inscribirían no sólo en el marco de la conflictiva dinámica gobierno/oposición, sino también en aquella relación entre el poder ejecutivo y el propio partido de gobierno (Maurich y Liendo, 1998).

Establecida esta dinámica, la estrategia decretista también podría ser considerada como una herramienta que permita cumplir con el propósito de producir disciplina dentro de un diseño institucional de "centralismo limitado" (Llanos, 2001; Mustapic, 2000), en forma conjunta con la utilización de otros recursos disponibles como por ejemplo la apelación al veto parcial y total o la distribución de diferentes tipos de incentivos selectivos tanto al gobierno como así también a la oposición.

Si se trata en cambio de concebir al decisionismo como un estilo de gobierno (Goretti y Rubio, 1995,1996) más allá de los tiempos difíciles, la utilización de recursos de excepción se inscribe en un marco de creciente concentración de poder en la institución presidencial en un esquema "hiperpresidencialista" (Nino, 1992), y un modelo delegativo de democracia; al respecto, el autor argentino Guillermo O'Donnell sostenía lo siguiente:

> Al usar el término delegativa me refiero a una concepción y práctica del poder ejecutivo según la cual por medio del sufragio se le delega el derecho de hacer todo lo que le parezca adecuado para el país. También demuestra que las democracias delegativas son intrínsecamente hostiles a los patrones de representación normales de las democracias, a la creación y consolidación de las instituciones políticas y, específicamente, a lo que denomino "rendición de cuentas horizontal". Con esto me refiero al control de la validez y legitimidad de las acciones del ejecutivo por parte de otros organismos que son razonablemente autónomos de aquél (O'Donnell, 1997: 293).

En este sentido, el funcionamiento de las denominadas "democracias delegativas" en las últimas dos décadas, tanto en América Latina como en el este europeo, estuvo alejado de los parámetros de desenvolvimiento que permiten definir a las democracias propias de los países capitalistas desarrollados como institucionalizadas.

La repercusión que adquirió aquella polémica en nuestro país reside en el hecho de que Argentina ha acumulado los efectos de una prolongada crisis, ha debido afrontar problemas económicos, sociales y políticos que trajeron aparejadas una gran inestabilidad política y serios obstáculos para la gobernabilidad democrática, en el contexto de una crisis económica —como resultado de la combinación entre recesión e

inflación— a la vez que social —desintegración de lazos sociales, inseguridad colectiva—, y del modelo de estado implementado en la Argentina
a partir de la segunda guerra mundial, que tendrá su expresión en materia fiscal, regulatoria y de autoridad (Novaro y Palermo, 1996).

Tal como lo definiera el autor italiano Giorgio Agamben, lo excepcional ha devenido norma (Agamben, 2004), y se ha establecido de
hecho una situación de emergencia permanente (Botana, 2004;
Quiroga, 2005, 2010) que viene a constituir la regla de funcionamiento de la democracia argentina en particular y en la región de manera
general. Podría hablarse entonces de una "exceptocracia" como previ-
sible horizonte de la democracia (Serrafero, 2005) en la medida en que
varían los recursos institucionales utilizados —intervención federal,
estado de sitio y/o decretos de necesidad y urgencia- más no el contenido sustantivo de funcionamiento del gobierno, el régimen y el sistema político (Baldioli y Leiras, 2010: 49-51).

Estructura capitular

Para finalizar esta presentación, la estructura de la presente obra se
desarrolla en seis capítulos principales y sus conclusiones en clave
comparada.

En el capítulo I *El liderazgo presidencial en Raul Alfonsin. Teoría y práctica* de Fabián Bosoer y Juan Cruz Vázquez, se postula que la presidencia
de Alfonsín sienta las bases de un tipo característico de presidencialismo
temperado y a la vez intensivo, en el cual el atributo del liderazgo presidencial está orientado a poner en marcha y proteger la nueva institucionalidad democrática y, al mismo tiempo, a cuestionar y replantear
críticamente los problemas y distorsiones que frustraron las experiencias
democráticas precedentes. Desde dicha crítica, el tipo de liderazgo presidencial postulado y ejercido por Alfonsín diseñará pilares fundamentales de la nueva democracia al mismo tiempo que dejará abiertos y sin
resolver algunos de sus problemas característicos.

El programa de reformas que planteará Alfonsín para dar respuesta a dichos desafíos se verá parcialmente concretado después de su
presidencia, con la reforma constitucional de 1994, pese a que los

aspectos innovadores de dicha reforma vinculados al funcionamiento del régimen político tendrán cumplimiento limitado y confrontarán con el decisionismo presidencialista, característico durante los dos gobiernos de Carlos Menem en la década del '90.

El capítulo II, *El discurso neodecisionista de Carlos Menem: Del caos económico, político y social, a la estabilidad y la recuperación del orden público (1989-1995)* desarrollado por Hernan Fair, en un intento de reconocer la complejidad que adquiere el caso del menemismo en los ´90, se plantea la incorporación de una triple dimensión de análisis: una *político-institucional* en la que emerge el liderazgo menemista, signado por la crisis de representación política y el descrédito hacia las instituciones y representantes políticos. En ese marco, se analizará la particular respuesta decisoria que efectúa su discurso neodecisionista frente a la situación de "emergencia" institucional en la que se instituye. Una dimensión *político-militar*, en la que se destaca la relevancia que adquiere el actor político Fuerzas Armadas a fines de los años ´80 y la respuesta de pacificación y reconciliación nacional que propone como solución el discurso menemista. Finalmente, una dimensión *socioeconómica,* desde la que se indaga en el particular contexto de crisis del Estado Social de posguerra y de creciente fragmentación y segmentación en el que hace su aparición el liderazgo de Menem, así como la respuesta política neoliberal-neoconservadora que organiza su discurso político para enfrentar y resolver la situación anómica precedente.

El capítulo III *Limitando la excepción: el rol del Congreso durante la segunda presidencia menemista (1995-1999)* de Agustín Vallejo y Robertino Spinetta estudia el intento de limitación a la forma de gobernar decisionista de Carlos Menem por parte del Congreso Nacional durante su segundo mandato presidencial, procurando el parlamento recuperar el protagonismo institucional que había declinado en 1989. En este contexto serán abordados el intento de reelección de Carlos Menem para las elecciones presidenciales de 1999 como así también las resistencias que encontró dentro de su propio partido, y la conflictiva relación entre congreso y presidencia a la luz de la política de privatizaciones del período.

En el capítulo IV, *De la Rúa: los días en el poder de un líder que no supo ser. Victoria y fracaso de la Alianza* de Florencia Incarnato y Victoria

Vaccaro, se lleva a cabo un recorrido por los 24 meses de gobierno aliancista, analizando sus debilidades y dificultades, concentrándose en la figura de un líder que no supo ejercer el liderazgo y de una coalición que nunca se constituyó como tal en ninguno de los difíciles escenarios que se le presentaron. Así, a lo largo del capítulo, las autoras indagan en los orígenes de Fernando de la Rúa, en su llegada a la candidatura presidencial, en su entorno y en los hechos que llevan a deducir que un líder, por el solo de hecho de serlo, no siempre ejerce una relación de liderazgo. La estrategia de gobernar "por decreto" muestra, de acuerdo a la visión de Incarnato y Vaccaro, dos grandes rasgos del gobierno aliancista: por un lado, la debilidad para lograr los consensos necesarios en el parlamento, y por otro, en relación con el anterior, la inclinación a la profundización del conflicto entre poderes.

En el capítulo V, *¿El final de un ciclo? La presidencia de Eduardo Alberto Duhalde (2002-2003)*, Alberto Baldioli y Santiago Leiras abordan el breve aunque tumultuoso mandato presidencial de Eduardo Duhalde, quien debió timonear una de las peores crisis de la historia argentina, ya que dicha crisis no fue solamente económica y social, sino también de legitimidad dado que estuvo revestida por un fuerte descreimiento de la ciudadanía hacia el régimen democrático representativo, y por niveles inusitados (o no tanto) de violencia.

Asimismo, los autores tratan los hechos más relevantes de la vida pública de Eduardo Alberto Duhalde, quien influyó fuertemente en la elección de dos de los presidentes más polémicos de nuestro país. Precisamente por este motivo no se puede obviar su pasado, dado que se trata de uno de los principales arquitectos de nuestro presente histórico.

Finalmente, Baldioli y Leiras abordan el juego táctico que impondrá Duhalde, con el objetivo de frenar la interna justicialista, cercenar las posibilidades de Carlos Menem en la elección presidencial de 2003 y apoyar a Néstor Kirchner presentándolo a la sociedad como su candidato, poniendo a disposición del mismo la estructura territorial del partido justicialista para lograr este propósito.

En el capítulo VI, *De Néstor C. Kirchner a Cristina Fernández de Kirchner: ¿Un cambio ideológico dentro de la continuidad?*, Alberto Baldioli y Santiago Leiras analizan los cambios que acontecieron durante las experiencias de Néstor Kirchner y Cristina Fernández de Kirchner en el poder, como así también las continuidades en relación a la década de 1990. A fin de lograr esto se estudian la presidencia de Néstor Kirchner (2003-2007) y el primer año de la gestión de Cristina Fernández (diciembre de 2007/diciembre de 2008).

Los autores abordan la presidencia de Néstor Kirchner, sus cambios y sus continuidades en relación a la gestión de Carlos Menem, partiendo del supuesto de que el relevo gubernamental producido en mayo de 2003 no implicó una sustantiva reformulación de los presupuestos ideológicos, jurídico-políticos y organizacionales contenidos en la matriz ideológica presente a lo largo de la década de 1990, sino más bien una ratificación de dichos contenidos programáticos, los cuales se han mantenido, a grandes rasgos, vigentes.

Finalmente, en el capítulo se estudia la presidencia de Cristina Fernández de Kirchner, con particular énfasis en las promesas relacionadas con la instauración de un nuevo tiempo político que diera lugar al diálogo y la mejoría de la calidad institucional de la democracia argentina, y con la inauguración de una presidencia que establecería un cambio en relación a la de su antecesor Néstor Kirchner.

En las conclusiones, se realiza un abordaje en clave comparada que nos permitirá, en base a la hipótesis planteada y la evidencia documental recogida, establecer los hallazgos más relevantes y corroborar la veracidad/falsedad de la hipótesis formulada en la presente introducción.

Bibliografía

Agamben, Giorgio, *Estado de excepción*. Adriana Hidalgo, Buenos Aires, 2004.

Baldioli, Alberto y Leiras, Santiago: "Democracia, estado de excepción y decisionismo político: consideraciones y conceptos" en Santiago Leiras (comp.) *Estado de excepción y democracia en América Latina*, Editorial Homo Sapiens, Rosario, 2010.

Bosoer, Fabián y Leiras, Santiago "Posguerra fría, neodecisionismo y nueva fase del capitalismo. El alegato del Príncipe-gobernante en el escenario global de los 90", en Atilio Borón Julio Gambina y Naum Minsburg (comps.) *Tiempos violentos: neoliberalismo, globalización y desigualdad económica en América Latina.*Eudeba-Clacso, Buenos Aires, 1999.

Bosoer, Fabián y Leiras Santiago, "Los fundamentos filosófico-políticos del decisionismo presidencial: Argentina 1989-1999 ¿Una nueva matriz ideológica para la democracia argentina?", en Julio Pinto (comp.) *La Argentina entre dos siglos: la política que viene.* Universidad de Buenos Aires, Buenos Aires, 2001.

Botana, Natalio "La emergencia perpetua", en Diario *La Nación*, Buenos Aires, 7 de Noviembre de 2004.

Ferreira Rubio, Delia y Goretti, Mateo, "Gobernar la emergencia: uso y abuso de los decretos de necesidad y urgencia", en Revista *Ágora*, N° 2 (Grupo Ágora de Estudios Políticos), Buenos Aires (1995), paginas 75-94.

Ferreira Rubio, Delia y Goretti, Mateo, "Cuando el presidente gobierna solo: Menem y los decretos de necesidad y urgencia hasta la reforma constitucional", en *Revista Desarrollo Económico*, Volumen 36, N° 141 (Instituto de Desarrollo Económico y Social-IDES), Buenos Aires (1996), páginas. 443-474.

Kerz, Mercedes y Leiras, Santiago "Veinte años de democracia en la Argentina ¿qué democracia?", en *Revista Venezolana de Ciencia Política*, N° 25 (Universidad de Los Andes-Mérida), Zulia (2004), páginas. 76-90.

Kvaternik, Eugenio "Carl Schmitt y el Liberalismo", en Revista *Ágora*, N° 1 (Grupo Ágora de Estudios Políticos), Buenos Aires (1994), páginas. 123-145.

Leiras, Santiago: "De Néstor Kirchner a Cristina Fernández: entre la continuidad y el cambio" presentado en el IX congreso nacional y II internacional sobre democracia *"Los senderos de la democracia en América Latina: estado, sociedad civil y cambio político"*. Universidad Nacional de Rosario. Rosario. 18 al 21 de octubre de 2010a.

Leiras, Santiago, *Estado de excepción y democracia en América Latina*, Editorial Homo Sapiens, Rosario, 2010b.

Llanos, Mariana, "Understanding presidential power in Argentina: a study of the policy of privatization in the 1990s", en *Journal of Latin American Studies*, Volumen 33, N° 33 (Cambridge University Press), Cambridge (2001) páginas. 67-99.

Maurich, Mario y Liendo Gabriel, "La Argentina de Alfonsín y

Menem: ¿Estilo decisionista de gobierno o estrategia decretista de gobierno?", en Kvaaternik, E. (comp.), *Claves para el análisis político*. Paidós, Buenos Aires, 1998.

Mustapic, Ana María, "Oficialistas y diputados: las relaciones ejecutivo-legislativo en la Argentina", en *Revista Desarrollo Económico*, Volumen 40, N° 156, (Instituto de Desarrollo Económico y Social-IDES), Buenos Aires (2000), páginas. 571-595.

Nino, Carlos "El hiperpresidencialismo argentino y las concepciones de la democracia", en Carlos Nino, Roberto Gargarella y otros. *El presidencialismo puesto a prueba*. Centro de Estudios Constitucionales, Madrid, 1992.

Novaro, Marcos y Palermo Vicente, *Política y gobierno en los años de Menem*. Tesis, Buenos Aires, 1996.

O'Donnell, Guillermo, "¿Democracia delegativa?", en Guillermo O´Donnell, (ed.), *Contrapuntos. Ensayos escogidos sobre autoritarismo y democratización*. Paidós, Buenos Aires, 1997.

Portantiero, Juan Carlos, "Revisando el camino: las apuestas de la democracia en Sudamérica", en *Revista Sociedad*, N° 2 (Facultad de Ciencias Sociales. Universidad de Buenos Aires), Buenos Aires (1993), páginas. 17-34.

Quiroga, Hugo, *La argentina en emergencia permanente*. Edhassa, Buenos Aires, 2005.

Quiroga, Hugo, *La República desolada. Los cambios políticos de la Argentina (2001-2009)*, Editorial Edhassa, Buenos Aires, 2010.

Serrafero, Mario, *Exceptocracia. ¿Confín de la democracia? Intervención federal, estado de sitio y decretos de necesidad y urgencia*. Ediciones Lumiere, Buenos Aires, 2005.

Torre, Juan Carlos, "América Latina, el gobierno de la democracia en tiempos difíciles", en Serie *Documentos de Trabajo Instituto Torcuato Di Tella*, N° 122, Instituto Torcuato Di Tella, Buenos Aires, 1994.

Torre Juan Carlos, *El proceso político de las reformas económicas en América Latina*. Paidós, Buenos Aires, 1998.

Capítulo I
El liderazgo presidencial en Raúl Alfonsín.
Teoría y práctica

Fabián Bosoer y Juan Cruz Vázquez***

> ¿Cómo hacer, pues, de nuestras democracias en el nombre,
> democracia en la realidad? ¿Cómo cambiar en hechos nuestras
> libertades escritas y nominales? ¿Por qué medios conseguire-
> mos elevar la capacidad real de nuestros pueblos a la altura de
> sus constituciones escritas y de los principios proclamados?
> Juan Bautista Alberdi, *Bases y puntos de partida para la orga-
> nización política de la República Argentina*. Cáp. XII.

> La palabra consolidación, cuando nos referimos a la demo-
> cracia, no puede evocar en la Argentina ideas de conservación,
> de respeto al *statu quo* ni sólo de restauración; debe evocar, al
> contrario, cambios, transformaciones, innovaciones (…)
> Exige, por lo tanto, un ancho abanico de reformas profundas.
> Raúl Alfonsín, *Memoria Política*, 2004; p.270.

1. Introducción: reinstauraciones y nuevas construcciones

El presidencialismo, como forma de gobierno característica del sistema institucional y la cultura política predominantes en las democracias
latinoamericanas, sigue siendo un fértil campo analítico, académico y

---

* UB-UNTREF
** UBA-UB

político, y un aspecto clave para comprender el devenir de los procesos de democratización durante las últimas tres décadas y la evolución de los sistemas políticos en la segunda década del siglo XXI.

Atendiendo específicamente al caso sudamericano, se constata que desde el retorno de la democracia, los países que iniciaron esta transición en los años '80[1] se encontraron ante el desafío de lograr una fórmula superadora entre la omnipotencia y la neutralización del poder presidencial. Es posible rastrear esta raíz del problema en el debate constitucional norteamericano que encarnaron, en el siglo XVIII, en sus respectivos escritos y posiciones Alexander Hamilton y James Madison. Ya desde *El Federalista* estos pensadores fijaron dos polos teóricos centrales respecto al presidencialismo y el rol del liderazgo del Ejecutivo: mientras el primero abogaba por un Ejecutivo fuerte que garantizara la solidez de esta forma de gobierno, el segundo advertía sobre la necesidad de un sistema de equilibrios que controlara al Ejecutivo y lo limitara en su potencialidad de minar la democracia como un todo.[2]

La puja entre estas dos concepciones tomará diferentes formas e influencias en la construcción originaria de los presidencialismos latinoamericanos, a medida que los procesos políticos, en el mosaico de sus sociedades y culturas, irán definiendo diferentes modelos institu-

---

[1] Se considera como parte de un mismo ciclo de salida de regímenes dictatoriales e inicio de procesos de transición democrática el iniciado con Ecuador en 1979, Perú en 1980, Bolivia en 1982, Argentina en 1983, Uruguay en 1984 y Brasil en 1985, con la llegada al poder de gobiernos surgidos de elecciones libres luego de prolongadas dictaduras militares. El ciclo se completaría en 1990 con Chile y 1993 con Paraguay.

[2] Alexander Hamilton y James Madison representan dos visiones dicotómicas sobre el rol del presidente en la construcción y desarrollo democráticos. El eje divisorio de aguas en sus perspectivas se centra, tal como quedó de manifiesto en el debate constitucional de 1787 en Filadelfia, en las atribuciones y limitaciones del poder Ejecutivo. Sus aportes, esenciales para el estudio de la concepción del presidencialismo como forma de gobierno, constituyen un antecedente obligado para las visiones positivas y negativas del liderazgo, y para los debates en torno a la democracia plebiscitaria y la "personalización" de la política.

cionales y formas de ejercicio y legitimación del poder.[3] Pese a las diferentes trayectorias del orden republicano y democrático, el embate de los autoritarismos a lo largo del siglo XX será el patrón común de respuesta del poder conservador y dominante en todas ellas ante las fuerzas de ampliación democrática (la ampliación del *demos* a la que se refiere Dahl).[4] Esto permitirá inscribirlas en su conjunto en un mismo nodo de "no-democracias" en donde las Fuerzas Armadas actuarán como actor pretoriano, ocupando recurrentemente el Gobierno a través de golpes de Estado o actuando como brazo armado de políticas y actuaciones al margen de la legitimidad constitucional.[5]

La recuperación de los regímenes democráticos en los países del Cono Sur marcó un verdadero momento de ruptura respecto de lo acontecido durante las décadas precedentes. Los presidencialismos como forma de gobierno atravesaron diferentes desafíos y adquirieron también distintas características a lo largo del proceso de transición, superando los riesgos de su interrupción abrupta. Han pasado por distintas etapas siempre en el centro de la escena política: tanto en la dimensión de la forma de gobierno como en el nivel del ejerci-

---

[3] En el caso argentino, por ejemplo, los debates sobre la forma de gobierno llegarán a incluir una monarquía constitucional (posición impulsada por Manuel Belgrano) como alternativa al presidencialismo concebido desde los Estados Unidos. Ya en la línea de este último, y tomando como base los escritos de El Federalista, Alberdi propondrá las bases para un sistema adecuado a la realidad argentina, que se debatirá entre la república posible y la república verdadera. El orden constitucional argentino sancionado en 1853/60 adoptó el sistema presidencialista de gobierno de filiación norteamericana, pero poniendo énfasis en las potestades del Ejecutivo; por eso, se lo llamó "presidencialismo fuerte".

[4] Robert Dahl concibe al Demos como la comunidad política de una sociedad o, en otras palabras, aquél o aquellos sector/es de una sociedad que se encuentra/n habilitado/s para participar políticamente.

[5] Los regímenes autoritarios tomaron distintos matices en cada realidad nacional, particularmente en el caso sudamericano (una profusa bibliografía especializada y la tipología diferenciada en el caso de los autoritarismos así lo demuestra). No obstante, al propósito de estas páginas, todos ellos serán tomados analíticamente bajo la categoría de "no democracias", homogeneizando este tipo de régimen político en la región como patrón común y abstrayéndolo de sus particularidades.

cio del Poder Ejecutivo como función decisiva de la gobernabilidad. Un primer interrogante que plantean las líneas precedentes es el siguiente: ¿la reinstauración del régimen democrático implicó la restauración de los tipos de presidencialismo vigentes y conocidos en la región hasta antes de la irrupción de las dictaduras o supuso más bien la instalación de un nuevo tipo de presidencialismo?

¿Cuáles eran las referencias o antecedentes que estas nuevas presidencias encontraban en el pasado? Para este ejercicio conjetural, en la búsqueda de algunos elementos que aporten una respuesta a las preguntas precedentes, las siguientes páginas se abocarán a la reflexión sobre un caso específico de entre el cúmulo de cuestiones que abarca el estudio de las nuevas democracias sudamericanas. Esta reflexión se retrotraerá al punto de partida del presidencialismo "realmente existente" en la Argentina:[6] el que marca el momento de la recuperación del régimen democrático en diciembre de 1983 y el definido por las condiciones que signaron la presidencia de Raúl Alfonsín durante el período 1983-1989, su estilo de liderazgo y el rol que en términos integrales sostuvo el jefe del poder ejecutivo durante su mandato.

La hipótesis que se sostendrá en este capítulo postula que la presidencia de Alfonsín sienta las bases de un tipo característico de presidencialismo temperado y a la vez intensivo, en el cual el atributo del liderazgo presidencial está orientado a poner en marcha y proteger la nueva institucionalidad democrática y, al mismo tiempo, a cuestionar y replantear críticamente los problemas y distorsiones que frustraron

---

[6] Para el análisis del presidencialismo en las nuevas democracias tomamos como referencia el debate teórico que sostienen las posturas de Juan Linz y Scott Mainwaring-Matthew Shugart. Mientras el primero, tomando las bases del presidencialismo tradicional, efectúa una crítica a dicho sistema de gobierno desde una posición favorable al parlamentarismo, los segundos lo cuestionan al sostener que sus tesis y críticas descansan exclusivamente en los quiebres democráticos ocurridos en el pasado y no debidos exclusivamente al diseño institucional. Los presidencialismos, señalan estos autores, pese a sus defectos y problemas, contienen un cúmulo de resortes para prevalecer como forma de gobierno, y esto es lo que ha ocurrido, de hecho, en el caso de las transiciones democráticas en América latina.

las experiencias democráticas precedentes. Desde dicha crítica, el tipo de liderazgo presidencial postulado y ejercido por Alfonsín diseñará pilares fundamentales de la nueva democracia al mismo tiempo que dejará abiertos y sin resolver algunos de sus problemas característicos.

El programa de reformas que planteará Alfonsín para dar respuesta a dichos desafíos se verá parcialmente concretado después de su presidencia, con la reforma constitucional de 1994, pese a que los aspectos innovadores de dicha reforma vinculados al funcionamiento del régimen político, tendrán cumplimiento limitado y confrontarán con el decisionismo presidencialista, característico durante los dos gobiernos de Carlos Menem en la década del '90. Los presidentes que sucederán a Alfonsín se encontrarán nuevamente con las paradojas del híper-presidencialismo: la fortaleza temporaria del recurso excepcional encubrirá una debilidad estructural inherente a las propias limitaciones intrínsecas de la concentración personal del poder. Frente a estas distorsiones, Alfonsín seguirá planteando la idea de un "presidencialismo alternativo", sucedánea de la esbozada por Giovanni Sartori de una "democracia de dos motores". Es importante recalcar que el análisis se concentrará en la singularidad del tipo de presidencialismo inaugural en tiempos de la restauración democrática en la Argentina, sin efectuar de manera sistemática contrapuntos con aquellos que le sucedieron.

Sostenemos en este escrito que la reinstauración democrática en el caso argentino no significó la restauración del presidencialismo que rigió de manera predominante e intermitente a lo largo de gran parte del siglo XX, sino la construcción de uno de diferente tipo, capaz de enfrentar exitosamente los obstáculos que obstruyeron o frustraron la consolidación de un régimen democrático en el pasado. Durante el período 1983-1989 la figura presidencial se desmarca del lugar que había tenido tradicionalmente como principio y fin de la estabilidad del régimen político y se constituye como actor instituyente de una renovada legitimidad democrática; una suerte de "anticiclón" de presiones y tensiones, preservando al poder Ejecutivo de ataques directos de los poderes fácticos preexistentes y utilizando la centralidad de su investidura para generar "acciones laterales" sobre los pilares de un régimen reinstaurado que se estaba levantando por sí mismo, aun bajo las amenazas de involución autoritaria.

Este nuevo rol de la figura presidencial se prefiguró como un desafío a la concepción tradicional del presidencialismo, buscando un enfoque diferente tanto respecto del modo en que fue entendido por las teorías clásicas del republicanismo que influyeron en los constituyentes argentinos del siglo XIX cuanto de las categorías dicotómicas de la política comparada. Su condición de *rara avis* implicó la búsqueda de un *poder ejecutivo* que debería hacerse *fuerte* a través de su *auto-limitación*: ecuación ciertamente desconcertante en el marco de los postulados de Hamilton y Madison. Un presidencialismo auto-limitado en aras de construir un poder ejecutivo fuerte, desafiaba simultáneamente el modelo de presidencialismo fuerte de Hamilton (en la auto-limitación y corrimiento de la figura presidencial del centro de la escena política) y el modelo de equilibrio de poderes de Madison (en una limitación que proviene del propio titular del poder ejecutivo, y no sólo del sistema de frenos y contrapesos que, según este pensador, debía lograrlo).

¿Cómo entender esa fortaleza, entonces? Más allá del debate originario del constitucionalismo norteamericano, la clave puede encontrarse en la interpretación que realizará Hannah Arendt de la frase apodíctica de Montesquieu: "sólo el poder contrarresta al poder". En efecto, en su obra *Sobre la revolución* (1992) Arendt postula que se debe completar dicha frase del siguiente modo: "… sólo 'el poder contrarresta el poder': sin destruirlo, sin sustituir el poder por la impotencia" (Arendt, 1992: 153). El desafío con el que se encuentra la democracia argentina reinstaurada radica -justamente- en la limitación del poder en un doble nivel: limitar (y eventualmente neutralizar) las presiones de los poderes fácticos no democráticos y, en ese cometido, limitar el propio poder presidencial para preservarlo de su propia entropía, mientras promueve, al mismo tiempo, el ejercicio de una nueva dinámica de convivencia política.

Así lo entiende Alfonsín al asumir un papel innovador al frente del poder ejecutivo: si "sólo el poder contrarresta el poder", entonces la estrategia consistiría en hacer florecer y fortificar desde su propio poder, aquel poder de las otras dos instancias que, junto al Ejecutivo, renacían con la democracia: el Judicial y el Legislativo. Los tres poderes debían actuar de manera autónoma y convergente para llevar adelante una dinámica institucional que hiciera prevalecer la estabilidad y consolidación del sistema democrático frente a los factores exógenos y problemas endógenos que dificultaban esta consolidación. Pero para lograrlo el presidencialismo que inauguraba la transición democrática no podía ser aquel presidencialismo tradicional que la Constitución de 1853 había establecido y cuya vigencia efectiva se había perdido a partir de 1930: debía construirse un nuevo presidencialismo que no avasallara a los demás poderes y evitara al mismo tiempo su neutralización y parálisis. Tomando la cita de Arendt, el poder presidencial constituido debía ser lo suficientemente equilibrado para que, no siendo avasallador, tampoco se tornara impotente.

En este sentido, Arendt proporciona algunas claves para la lectura política del nuevo presidencialismo que se construyó durante el mandato de Alfonsín. Al analizar los postulados de Montesquieu sobre la división de poderes y el sistema de frenos y contrapesos puede leerse que "…el principio de la separación de poderes no sólo proporciona una garantía contra la monopolización del poder por una parte del gobierno, sino que realmente implanta, en el seno del gobierno, una especie de mecanismo que genera constantemente nuevo poder, sin que, no obstante, sea capaz de expandirse y crecer desmesuradamente en detrimento de los restantes centros o fuentes de poder" (Arendt, 1992: 154).

De este modo, se explica por qué el presidencialismo debía operar desde el centro de la escena política fortaleciendo el rol de los poderes legislativo y judicial: no para cubrirse tras ellos, sino para dar lugar a la reinstauración de su propia fuerza; y utilizarla -junto a la de una figura presidencial temperada pero con un liderazgo de fuerte contenido republicano- en el reaseguro de la transición democrática. Ello posibilitaría lograr ese "mecanismo capaz de generar constantemente nuevo poder", aunando el funcionamiento sistémico de los tres poderes republicanos junto al poder de la sociedad civil en la construcción de una democracia que superara los condicionamientos que habían frustrado su continuidad en el pasado.

Con estos cánones, el presidencialismo ejercido por Alfonsín tendrá características inaugurales e inciertas, transitando entre el formato constitucional y la práctica institucional concreta, en un escenario por demás delicado, cuya complejidad demandará definir un tipo de figura presidencial que excedía la dicotomía clásica entre un poder ejecutivo autónomo y fuerte y un poder ejecutivo controlado y limitado.

2. Categorías complementarias para el análisis del presidencialismo de Alfonsín

Lo planteado hasta aquí trasciende el abordaje estrictamente institucional de la forma de gobierno y tiene como trasfondo la noción genérica de *liderazgo* en los procesos de transición democrática. La construcción de un nuevo rol presidencial durante el ejercicio de la presidencia de Raúl Alfonsín implicó, consecuentemente, la definición de un nuevo tipo de liderazgo. Desagregar esta noción genérica supone dar cuenta del *líder*, como un actor político en sí mismo; y del *liderazgo*, como una relación social que lo involucra haciéndolo interactuar con una alteridad en un contexto espacial y temporal específico. Una y otra dimensión son interdependientes: no puede existir el liderazgo sin un líder que lo ejerza, y un líder no puede ser tal si no ejerce su liderazgo en relación a otros.

De allí que el análisis que se llevará a cabo en estas páginas discurrirá también por esta doble dimensionalidad en relación al poder ejecutivo del sistema presidencialista. En el apartado anterior se daba cuenta de los debates políticos del constitucionalismo norteamericano a la hora de instituir una nueva forma de gobierno diseñada en torno a la figura de un presidente. La imposibilidad de imitar el esquema de la monarquía parlamentaria europea por carecer de un rey y una dinastía en tierras entonces independizadas llevó a los constitucionalistas norteamericanos a dar vida a la figura de un "príncipe republicano". Esto supuso también, como se trató antecedentemente, discutir sus alcances y atribuciones para que este príncipe no se volviera absoluto en su rol ejecutivo ni en su permanencia en la investidura. De allí que -parafraseando a Arendt (1998)- Montesquieu significara para la revolución norteamericana lo que Rousseau para la revolución francesa: la división de poderes y el sistema de frenos y contrapesos atemperaría cualquier pretensión "absolutista" de los futuros príncipes presidenciales norteamericanos.

Ello no bastó para aplacar los temores de muchos de los constitucionalistas: y allí es donde se inserta el debate entre las perspectivas de Hamilton y Madison sobre el poder que detenta el Ejecutivo (la primera concibiéndolo como una necesidad de fortaleza acorde a sus funciones y la segunda como una amenaza latente de autoritarismo, si no se llegara a contar con los controles necesarios). De una u otra manera, lo que está en discusión aquí es la figura del príncipe republicano, y del liderazgo que éste ejerce. Este "nuevo príncipe", sin sangre real ni estatus vitalicio, será el *príncipe democrático*. Una evolución, sin duda, respecto de aquel *príncipe omnipotente e irrestricto* llamado por la pluma de Maquiavelo a imponerse al caos de una Italia fragmentada (Maquiavelo, 1993) y un paso más respecto de aquel *príncipe regente* de una República en orden que acata una ley común (Maquiavelo, 1987).

Fabbrini (2009) explica que la vigencia del *príncipe democrático* descansa en que "...el poder ejecutivo se ha vuelto, de una manera inequívoca, el poder central de las democracias" (Fabbrini, 2009: 231); y ello en virtud de un proceso de época que supuso simultáneamente un crecimiento en sus funciones gracias a la difusión de los medios de comunicación y a la reducción del papel de los partidos políticos. Este contexto hizo que el poder ejecutivo se haya convertido "... no sólo en el centro del sistema de gobierno, sino también en su aspecto más visible. De hecho, la evolución de las democracias modernas ha terminado por transferir sobre el poder ejecutivo expectativas inmensas, tal vez exageradas" (Fabbrini, 2010: 233); de allí que se hable del *ascenso* de esta figura.

Con la centralidad de la figura presidencial en las democracias actuales se reaviva el debate entre Hamilton y Madison, desde que "Si impedir el ascenso del Príncipe representa una falta de sentido de la realidad, controlar su ascenso en una tarea imprescindible. La democracia necesita de líderes, hombres y mujeres, que sepan 'meter mano en los engranajes de la historia', pero debe conseguir también que lo hagan para mejorar su funcionamiento, y no para destruirlos" (Fabbrini, 2009: 234).

Este príncipe es concebido como democrático por constituir un agente responsable ante la ciudadanía, que lo elige para que la represente en la investidura ejecutiva, y le otorga por ello cierto grado de autonomía en la toma de decisiones. Ese grado de autonomía brindado por la elección popular tiene como contraparte la responsabilidad política, más específicamente: la responsabilización individual por las decisiones que, como cabeza del Ejecutivo, tome éste durante el lapso por el cual fue electo. Asimismo, esa contraparte es reforzada por el esquema institucional republicano que divide los poderes para lograr los frenos y contrapesos que posibilitan la *accountability* sobre el poder ejecutivo. En Estados Unidos el poder del presidente coexiste en tensión e interacción permanente con el poder del Congreso, y la personalización de la política no se traduce en democracia plebiscitaria en tanto está regulada por sistemas institucionales sólidos. En el caso argentino, esta dinámica debía empezar a construirse a través de nuevas rutinas institucionales que encontraban pocos precedentes cercanos y escasa tradición en la historia contemporánea del país.

3. El presidencialismo durante la presidencia de Raúl Alfonsín (1983-1989)

3.1. *Breve contextualización político-económica de la transición democrática argentina*

Dentro del proceso político de las últimas décadas del siglo XX que Samuel Huntington (1994) denominó como "tercera ola democrática", la Argentina constituye un caso emblemático en el contexto sudamericano: de todas las reinstauraciones del régimen democrático que se comenzaron a suceder en la región a comienzos de los años ´80, este país en particular será el único en el que la transición se producirá "por ruptura" antes que por "reforma pactada" o negociación con el régimen autoritario precedente (Linz y Stepan, 1996). El procesamiento a los altos mandos militares de la última dictadura, ordenado por el Presidente, y su condena por parte de la Justicia civil, conjuntamente con el inicio de una política de revisión y esclarecimiento de las violaciones a los derechos humanos, fueron los principales hitos de esa ruptura con el pasado. La singularidad del caso argentino se extiende aún con mayor fortaleza en el concierto de países del mundo que desde 1974 recobran las democracias. Junto con Grecia, son los dos únicos países de un total de cuarenta y dos a la época (en proceso de transición) donde el punto de quiebre se produjo a partir de un hecho bélico externo: en el caso de Grecia el conflicto militar con Turquía en torno a Chipre (1974), y en el caso de Argentina la Guerra del Atlántico Sur con Gran Bretaña por las islas Malvinas (1982).[7]

---

[7] Como puede notarse, los dos casos también tienen en común el hecho de que rondaron en torno a un territorio insular como arena de disputa en el marco de un conflicto de intereses geopolíticos más amplio.

Mientras la Argentina muestra esta situación comparativa en el marco de la "tercera ola democrática" a nivel internacional y regional, en la dimensión local el contexto de reinstauración del régimen democrático hará coincidir un complejo cúmulo de factores sociales, culturales, económicos y políticos; todos ellos potenciados por la historia reciente y aquella otra más lejana. El siglo XX que comienza a cerrarse ha deparado hasta entonces una trémula democracia, caracterizada por una lenta y resistida ampliación del sufragio y del *demos*[8] (Dahl, 1961, 1968 y 1991); democracias condicionadas política y económicamente; embates constantes del orden conservador; democracias tuteladas por la esfera castrense; y sucesivas irrupciones militares[9] en el escenario político que fueron creciendo en términos de violencia, represión y muerte: irrupciones en la forma de golpes de Estado y dictaduras.

La dictadura del llamado Proceso de Reorganización Nacional (1976-1983) representará la culminación de todas estas derivaciones antidemocráticas y pretensiones de fundar un orden autoritario. Esta lógica de "marea" política expresa una puja mucho más aguda e implícita: aquella relacionada con la ampliación de los diversos derechos que posibilitan la plenitud de la vida democrática y no solamente sus aspectos procedimentales. Se trata del ejercicio pleno e igualitario de los derechos civiles, sociales y políticos para la comunidad política, entendida ésta como la sociedad toda, y no tan sólo como una parte dominante de ella.

---

[8] El ejercicio del sufragio tuvo sus variaciones en las distintas épocas que comprende el lapso tratado en estos párrafos: nominal pero inexistente, reducido y excluyente en términos de clase, excluyente en términos de género, excluyente en términos ideológico-partidistas, atingido por el "fraude patriótico", ejercido de manera transparente pero anulado por las autoridades de turno debido a resultados no deseados, ejercido en un abanico de opciones que contemplaba partidos proscriptos, etc.

[9] Tomamos la expresión "irrupción" en un doble sentido: en tanto "aparición impuesta" y a la vez como "invitación propuesta" por los sectores sociales dominantes que permiten definir mejor como golpes cívico-militares (y que, en el lunfardo y sobreentendido argentino, se conoce como "golpear a la puerta de los cuarteles") a los momentos en los que sectores de las Fuerzas Armadas o la institución como tal asumen como propias prerrogativas exclusivas de los poderes constitucionales.

Por eso es que las elecciones del 30 de octubre de 1983 no fueron sólo un procedimiento electoral que retomaba una historia interrumpida: su carga simbólica e histórica representaba la reinstauración del ejercicio democrático en la forma de libre participación política como uno de sus aspectos esenciales. Esta participación no sólo significaba poder ejercer el voto y hacerlo en el marco de elecciones libres y transparentes (como dos requisitos esenciales del régimen democrático entendido como "poliarquía"); sino que también suponía la libertad de prensa; la participación de los partidos políticos sin proscripciones; la posibilidad de reflexión, discusión, crítica y denuncia de cualquier tipo de atropellos; la atenuación (entonces no se podía hablar de extinción) del miedo en la escena pública; y -como aglutinadora de las condiciones enumeradas- la reinauguración de un Estado de Derecho, considerado como un ordenamiento desde donde se podría actuar constitucionalmente en busca de reparaciones y justicia a las atrocidades e inhumanidades cometidas.

Tal panorama subrayaría la *dimensión política* como prioridad del mandato de Alfonsín, y -dentro de ésta- un primer plano de doble nivel que debía contemplar: 1) una transición democrática que lograra su consolidación en el funcionamiento pleno de un gobierno constitucional, culminando en la sucesión presidencial, y simultáneamente, 2) una subordinación de las Fuerzas Armadas al poder civil y de los poderes fácticos al poder democrático, con la aplicación efectiva de la ley y el orden constitucional. Esta dimensión política se apoyaba en una renovada valoración de la defensa de los derechos humanos como política de Estado, lo que incluía la reconstrucción de la memoria, la reparación a las víctimas de los crímenes cometidos durante la dictadura y el juzgamiento de sus responsables. Sólo a partir del abordaje de este primer plano en términos de coyuntura se podría pasar a un segundo plano de carácter estructural: la construcción de un nuevo sistema de convivencia política que debía incluir una serie de reformas profundas; entre ellas, la del propio sistema presidencial de gobierno.

Raúl Alfonsín, líder de la corriente renovadora de la Unión Cívica Radical, supera en las urnas al candidato justicialista Ítalo Luder en las elecciones del 30 de octubre de 1983 y asume la presidencia de la Nación el 10 de diciembre de 1983, convirtiéndose en el primer presidente no peronista surgido del ejercicio irrestricto del sufragio universal desde Hipólito Irigoyen. No sólo era el primer presidente democráticamente elegido luego de la más prolongada dictadura militar de la historia argentina. Se trataba también del primer líder político en arrebatar de manera legítima la representación de las mayorías al movimiento que durante casi cuarenta años había reivindicado su carácter indiscutido. Su figura se convertiría en el epicentro del acontecer político:[10] un Presidente que elegiría el balcón del Cabildo al balcón de la Casa Rosada para saludar y hablar a la multitud reunida en Plaza de Mayo, simbolismo que mostraba el lugar que le asignaba al poder y al liderazgo presidencial frente a los desafíos por venir.

El perfil de un liderazgo presidencial a la vez civilista y popular, republicano y democrático empezará a tomar rasgos visibles y nítidos desde un comienzo, tanto en decisiones domésticas en las que coloca su marca personal, como en la oferta al candidato presidencial derrotado, Ítalo Luder, de asumir la titularidad de la Corte Suprema de Justicia, la invitación a la ex presidente Isabel Perón, todavía referente del justicialismo, y al conjunto de la dirigencia política a la firma de un pacto democrático, la convocatoria a una consulta popular para someter el Acuerdo de Paz con Chile al veredicto ciudadano; como en decisiones de proyección regional e internacional; entre ellas, el respaldo a los procesos de democratización en América Latina y el impulso de iniciativas en favor de la paz y el desarme (Grupo de los 6) y la condena a las prácticas intervencionistas de EE.UU. en el continente (Grupo Contadora y Río).

Alfonsín tomará, además, algunas decisiones iniciales que tendrán tanta fuerza político-institucional como carga simbólica en la asunción plena de las facultades constitucionales del presidente de la Nación. En primer lugar, la decisión de ejercer su condición de comandante en jefe de las Fuerzas Armadas con plenas potestades; algo que ningún presidente civil había logrado, por lo menos desde

---

[10] Su figura ya se había erigido en una referencia central desde su campaña electoral. En este sentido, la campaña de Alfonsín prefigura hacia 1983 una renovación de las formas de la comunicación política. Concebida y llevada adelante en este formato con el asesoramiento del publicista David Ratto, introduciría lo que Fabbrini señala como "tele-democracia": un factor de suma gravitación en el ascenso de los "Príncipes democráticos" contemporáneos.

1930. La conducción civil y subordinación de las FF.AA. al Estado de Derecho será un eje central de su gestión, lo que se verá reflejado en el recambio total de las cúpulas militares, el fortalecimiento del Ministerio de Defensa, la eliminación de las figuras de comandantes en jefe de cada fuerza (Ejército, Armada y Fuerza Aérea) y la elevación de jerarquía del jefe del Estado Mayor Conjunto como coordinador de los jefes de estado mayor de las fuerzas.

Por otro lado, cinco días después de su asunción, Alfonsín crea la Comisión Nacional sobre la Desaparición de Personas (CONADEP); envía al Congreso un proyecto de ley que declara nula la ley n° 22.924 de auto-amnistía dictada por el gobierno militar;[11] al tiempo que sanciona los Decretos 157/83 y 158/83: el primero disponiendo el juicio a los dirigentes de las organizaciones guerrilleras ERP y Montoneros, y el segundo disponiendo el procesamiento de las tres Juntas Militares que habían ocupado el poder desde 1976 hasta la culminación de la guerra de Malvinas y el retorno del régimen democrático en 1983.

La entrega del informe final de la CONADEP -titulado *Nunca Más*- en septiembre de 1984 y la reforma de la Justicia militar subordinándola a la Justicia ordinaria conducirían a que los procesos abiertos contra los ex jefes de las Fuerzas Armadas fueran tomados por la Cámara Federal para hacerse cargo de su sustanciación en el fuero civil. En el principal de esos procesos, luego de cinco meses de juicio oral y público, el tribunal dictaría su sentencia de modo contundente, y con ella la Argentina sentaría un precedente único en la región y el mundo: la condena de los integrantes de las Juntas Militares como máximos responsables de crímenes atroces y aberrantes en un plan sistemático de exterminio.

La reconstrucción de un pasado velado por el horror (enfrentándolo con la mirada fija) y el juicio y condena de sus principales responsables, inaugurarían los "combates por la memoria" en esta primera presidencia de la democracia recuperada.[12] Al mismo tiem-

---

[11] Tal proyecto sería sancionado por el Congreso como Ley n° 23.040: la ley inaugural de la democracia recuperada.

[12] La expresión fue acuñada por el historiador Federico Lorenz en una de sus obras. Estos "combates por la memoria", iniciados con Alfonsín, cobrarían un renovado impulso veinte años después durante la presidencia de Néstor

po, la subordinación de las Fuerzas Armadas al poder civil -condición necesaria para asegurar el orden constitucional y legal restaurado- provocaría resistencias, reticencias y reacciones, en primer lugar dentro de la esfera castrense. Alfonsín deberá soportar durante ese primer tramo de su presidencia embates de distinta índole; desde conjuras desestabilizadoras con la participación de dirigentes políticos de la oposición hasta campañas de acción psicológica e incluso atentados contra su vida que tenían como usinas sectores vinculados con la última dictadura y grupos de tareas que todavía actuaban dentro de los servicios de inteligencia y las Fuerzas Armadas con apoyatura civil.

La renuencia de las jerarquías castrenses a juzgar a sus pares, el malestar dentro de las Fuerzas Armadas por el procesamiento de ex jefes y oficiales de alta graduación, y las dificultades del gobierno radical en lograr la aplicación de la doctrina de enjuiciamiento definida por Alfonsín durante la campaña, que distinguía diferentes niveles de responsabilidad en la represión ilegal, llevarían a una serie de maniobras y acciones de desestabilización tendientes a evitar que se siguiera avanzando en el esclarecimiento y revisión judicial del pasado. Ello obligaría a Alfonsín a intervenir personalmente en 1986 para que el Congreso sancionase una "Ley de Punto Final", por la cual se estipulaba un plazo de sesenta días para procesar a todos aquellos acusados de tales delitos. El efecto fue el contrario al buscado, ya que se aceleraron y ampliaron las actuaciones judiciales, con el consiguiente panorama de inquietud militar en ascenso por las citaciones a altos oficiales en actividad que podían quedar procesados y detenidos. Es entonces cuando Alfonsín intenta avanzar por la vía parlamentaria con la sanción de un proyecto de Ley precisando el alcance del principio de "Obediencia debida".

No bastaría tampoco esta intención para evitar que las señales de descontento y desobediencia manejadas dentro de los cuarteles por los sectores más comprometidos con los años recientes desembocaran en el estallido de una crisis militar. Alfonsín estaba convencido de que el des-

---

Kirchner, a partir de la anulación de las llamadas "leyes de la impunidad", y continuarán bajo la presidencia de Cristina Fernández de Kirchner, con distintas iniciativas de impulso a la reconstrucción de la memoria sobre los años oscuros de la Dictadura y con los juicios a los responsables y autores de crímenes de lesa humanidad durante la última dictadura.

tino de su gobierno -y acaso el de la democracia misma- dependía de que los juicios contra los responsables de los crímenes de la dictadura llegaran a buen término. Entendía que junto con la batalla por poner en caja la desbocada economía, allí estaba su mayor desafío: romper los vasos comunicantes y compromisos entre las Fuerzas Armadas y el pasado dictatorial. Creía que era necesario fijar un marco de referencia, una doctrina jurídica y una impronta en la conciencia colectiva, en los que las violaciones a los derechos humanos serían por primera vez esclarecidas y los dictadores juzgados y castigados; sin olvidos ni amnistías ni impunidades. Era consciente de que nadie, en ninguna parte, había logrado hacerlo hasta ese entonces, y no era claro aún, entre los propios hombres del Presidente, cómo habría de lograrse el propósito en ese momento.

El objetivo más preciado de Alfonsín era resguardar la independencia judicial y dotar de plena legitimidad a esos juicios inéditos que estaban sucediendo, evitando que se viera interrumpido por cualquier motivo o interferencia el camino hacia la determinación y sanción de las principales responsabilidades. Sabía que se podrían atravesar momentos críticos y que había quienes querían abortar los procesos judiciales e inclusive verlo a él mismo fuera del poder. Había perdido en sus tres primeros años de gobierno a tres de sus principales hombres de confianza, los tres encargados precisamente de conducir la política militar, los ministros de Defensa Raúl Borrás, Roque Carranza y Germán López. Le tocaría a Horacio Jaunarena amortiguar los golpes y evitar que los ruidos de malestar castrense pasaran a mayores. Para ese entonces, luego de sucesivas crisis y recambios de cúpulas había logrado establecer una relación de confianza recíproca con los jefes militares, el brigadier Teodoro Waldner, el general Héctor Ríos Ereñú, el almirante Ramón Arosa y el brigadier Ernesto Crespo.

En la Semana Santa de 1987 se produce la primera rebelión militar "carapintada": una insubordinación militar al mando civil compuesta mayormente por oficiales de grado intermedio, que exigían el cese de nuevos juicios a militares por violaciones a los Derechos Humanos. El alzamiento tuvo un impacto político mucho más allá de su consigna concreta: demostró que los jefes militares no estaban en condiciones de garantizar la disciplina y subordinación y que había escaso "poder de fuego" para reducir los focos de insurrección que podían producirse en su seno. El fantasma autoritario fue un revulsivo en distintos sectores sociales cuando Alfonsín decide actuar de inmediato resueltamente convocando a una Asamblea Legislativa extraordinaria y paralelamente a la movilización popular en defensa de la democracia amenazada.[13] Ante la persistencia del amotinamiento militar, el presidente acudirá personalmente a Campo de Mayo para reducir a los insurrectos, calmando los ánimos de la multitud reunida en la Plaza de Mayo propugnando una demostración de "la fuerza de la movilización pacífica de la ciudadanía" como superior a la fuerza de la violencia, sin arriesgar "sangre derramada entre hermanos". Horas después anunciaría desde el balcón de la Casa Rosada -dirigiéndose a la gente allí concentrada- que los amotinados habían depuesto la actitud, que habían tomado una posición equivocada, y que serían detenidos y sometidos a la justicia.

En este marco Alfonsín pronuncia palabras que quedarían marcadas a fuego asociadas a los momentos más traumáticos de su presidencia; las expresiones "Felices Pascuas", y "la casa está en orden, y no hay sangre en la Argentina", frente a una movilización cívica y sectorial exultante y celebrando lo que aparentemente había sido un triunfo de la democracia sin concesiones sobre una esfera castrense que había llevado al país a temer un nuevo golpe de Estado. Pero tal triunfo sería prontamente interpretado como el resultado de una negociación con los líderes militares "carapintadas", con la supuesta garantía de que no habría nuevos juicios (especialmente afectando a los mandos medios), lo que se cristalizaría con la ley de "Obediencia Debida" aprobada tiempo después por el Congreso. El jaqueo de los sectores levantiscos de las Fuerzas Armadas y círculos civiles afines a la última dictadura contra el gobierno radical no cesaría: en 1988 tomaría nuevas formas con las insurrecciones del 18 de enero en Monte Caseros y 1° de diciembre en Villa Martelli y, aún sin más insurrecciones, el estado de inquietud militar perduraría durante todo el mandato de Alfonsín como una sombra siempre amenazante, una grieta abierta en el camino de la transición.

---

[13] Se efectuó un multitudinario apoyo a la figura presidencial: miles de personas salieron a las calles en todas las provincias argentinas para oponerse al levantamiento militar, partidos políticos y organizaciones públicas y privadas se movilizaron en adhesión al orden constitucional, y la Confederación General del Trabajo declaró una huelga general en defensa al gobierno democráticamente constituido.

Les leyes de "Punto Final" y "Obediencia Debida" aplacarán las tensiones militares pero tendrán un alto costo político para el Gobierno, al interpretarse como concesiones que marcaban los límites del poder político para alcanzar sus propósitos de enjuiciar a los responsables de la represión ilegal. Alfonsín, haciendo ejercicio de un poder presidencial temperado, asumió los costos de las decisiones tomadas: su intervención personal en ambas leyes centraba en él los cuestionamientos de las medidas gubernamentales sobre la esfera castrense, y simultáneamente protegía de éstos a los otros dos poderes.

En el momento político decisivo, Alfonsín entendió que debía privilegiar la fortaleza de largo plazo del sistema democrático y utilizar todo el capital del poder presidencial para preservar la institucionalidad en riesgo sin producir rupturas o derramamientos de sangre. A partir de entonces, el gobierno radical empezaría a pagar costos políticos crecientes, al tiempo que decrecerían sus márgenes de maniobra. Así lo describía en aquel momento un analista norteamericano: "En los primeros años de la democracia, Raúl Alfonsín estaba solo en el mando. Fue el único líder que pudo guiar a la Argentina a través de esas aguas peligrosas. Alfonsín es una rareza argentina; combina el carisma con el impulso democrático. Respeta la ley. Más importante aún, fortalece la democracia con el pragmatismo" (Poneman, 1988).

Simultáneamente a la dimensión política (y, dentro de ella, los planos reseñados antecedentemente), la presidencia de Alfonsín tuvo otros frentes acuciantes en la *dimensión económica y social*. Habiendo asumido en 1983, su presidencia debió enfrentar las deudas externa e interna, en el marco de una "década perdida" latinoamericana sumamente adversa. Las prioridades políticas marcaron la actuación del gobierno: desactivar los factores que conspiraban contra la posibilidad de que la transición democrática llegara a buen término requirió, desde el inicio del mandato, una parte importante de las energías de gobierno. Por ello es que durante los primeros tramos de su gestión, se tendió a considerar que sorteando los principales obstáculos, la democracia y sus instituciones restauradas darían una respuesta firme y natural al escenario de crisis económica que el país enfrentaba (Basualdo, 2002).[14] Pero tal estrate-

---

[14] Esta hipótesis inicial tenía una base lógica en el pasado inmediato: el saqueo económico de las Juntas Militares desde 1976, y su combinación entre

gia resultó insuficiente: la "década perdida" traía consigo embates que excedían (y por mucho) lógicas domésticas de actuación económica y surgiría una nueva amenaza para los argentinos: la hiperinflación (Basualdo, 2002; y Novaro, 2002).[15]

Consciente de la verdadera magnitud de la crisis económica, y con un nuevo equipo económico en su segundo año de mandato, Alfonsín lanzará a mediados de 1985 un nuevo programa económico que, con un diagnóstico más realista de la situación, tenía como núcleo el establecimiento de una nueva moneda: el Plan Austral. Al igual que en la dimensión política, en la dimensión económica se trataba de hacer frente a la inmediatez para controlarla: sólo afrontando con resolución las urgencias se podría pasar al plano de reformas estructurales.

Habían quedado ya en el camino las propuestas de reforma sindical, obras sociales y seguro nacional de salud que la administración radical había impulsado en sus primeros meses de gestión, bloqueadas y abortadas por la oposición frontal del justicialismo y la dirigencia gremial. El Plan Austral tuvo un buen comienzo y recepción, pero la inflación -que ya se arrastraba en niveles oscilantes desde hacía varias décadas- volvió a cobrar una tendencia ascendente en 1986, y ya en 1987 evidenció la necesidad de una reforma estructural de la economía que debía iniciarse aun a pesar de la coyuntura no resuelta. Fue en ese año cuando se anunciaron una serie de medidas paulatinas dirigidas a la reforma gradual y equilibrada del sector público, pero las

---

un conservadurismo político y un neoliberalismo económico, había dejado empobrecido y vulnerable al país (también) en términos económicos. Bajo este esquema de pensamiento, la restitución de las instituciones democráticas y su actuación al servicio de la población acabaría con los efectos de la herencia económica autoritaria, que había sido pergeñada como un modelo de acumulación en favor de un reducido sector dominante de la sociedad argentina y sedimentada en un grandioso endeudamiento externo del país. Así, la restitución de las instituciones democráticas traería de nuevo el balance económico y permitiría aunar todos los sectores económicos de la Argentina para enfrentar mancomunadamente la crisis económica regional y local.

[15] La no superación de este adverso panorama económico, tras la crisis del ciclo autoritario, iniciaría un nuevo ciclo de ajustes que perdurarían hasta 2003: un disciplinamiento social de otro tipo, con manifestaciones y consecuencias ciertas sobre las instituciones democráticas.

mismas no tuvieron una acogida favorable ni en un Congreso con mayoría opositora, ni en el propio radicalismo. La oposición sindical, por otro lado, se tradujo en una creciente conflictividad gremial con paros generales de la CGT y movilizaciones en repudio de la política socioeconómica del gobierno.

A comienzos de 1988 los condicionamientos de la deuda externa argentina y el pago de sus intereses, acompañado de imposiciones por parte del FMI, cobrarían una significación mayor sobre las políticas del gobierno radical. Una segunda respuesta macroeconómica llevará el nombre de "Plan Primavera": un plan de estabilización, que situaba al Estado como intermediario en la compra y venta de divisas como una manera de aplacar una espiral inflacionaria que no detenía su avance. Pero la iniciativa tuvo escaso éxito y a principios de 1989 el descontrol de las variables macroeconómicas se acentuó: el Plan Primavera fracasaba, el Banco Mundial suspendía su ayuda al país, los rumores de inestabilidad crecieron junto a la especulación y el cúmulo de éstos y otros factores de incertidumbre -entre los que cabe mencionar el ataque al cuartel militar de La Tablada por parte de un minúsculo grupo armado de ultraizquierda, el MTP- desembocaron en una corrida bancaria sin precedentes hacia el dólar como "moneda segura".[16]

Las elecciones presidenciales del 14 de mayo de 1989 serían una victoria pírrica para el presidente Alfonsín. La Unión Cívica Radical llevó como candidato presidencial al gobernador de Córdoba Eduardo Angeloz mientras el justicialismo se presentaba con el gobernador de La Rioja Carlos Menem, un líder de características a la vez renovadoras y conservadoras, democráticas y populistas, que proponía restituirle al peronismo su condición de movimiento mayoritario. El contexto hiperinflacionario, con una sociedad sumida en la depresión y el fantasma de "estallidos sociales", alentado por factores de poder que apostaban a una nueva fórmula política, dejaron exhaustas las capacidades presidenciales.

---

[16] El dólar como "moneda segura", los "arbolitos", las personas abarrotadas en la calle San Martín, y las corridas cambiarias fueron postales de época durante los últimos meses de la gestión de Alfonsín. Un feriado bancario de 48 horas dispuesto en los primeros días de febrero se constituiría en una bisagra temporal que se intensificaría en la percepción de inestabilidad económica hasta el 14 de mayo, fecha de las elecciones presidenciales anticipadas.

El triunfo de Carlos Menem, acompañado por el ex intendente de Lomas de Zamora Eduardo Duhalde en la vicepresidencia, significó una derrota política para Alfonsín pero permitió al mismo tiempo despejar el panorama para concretar su mayor anhelo: la transmisión del poder a otro presidente elegido por el pueblo. Ante la gravedad de la situación social y las escasas herramientas que le quedaban para gobernar, Alfonsín decide adelantar en cinco meses el traspaso del mando, entregando el gobierno el 8 de julio del '89 al nuevo presidente.

Las elecciones presidenciales anticipadas y la entrega adelantada del gobierno cristalizan, como ningún otro acontecimiento de los reseñados, el doble carácter asumido por el jefe del poder ejecutivo, en el centro de la escena institucional y en los contornos del sistema político, reforzando la democracia desde los flancos: la derrota electoral y el final anticipado del gobierno fueron asumidos por Alfonsín como sacrificios que debían aceptarse para transitar exitosamente las pruebas iniciales de la nueva democracia.[17] En su último mensaje ante el Congreso, el 1° de mayo del ´89, faltando dos semanas para las elecciones, subrayó la proximidad del acontecimiento histórico que significaba la primera sucesión presidencial en los marcos de la normalidad institucional que se empezaba a considerar a esa altura como un bien adquirido (Alfonsín, 2004).[18]

---

[17] Cuando el 8 de julio de 1989 Raúl Alfonsín le entregó los atributos del mando a Carlos Menem, ocurría en la Argentina algo más que el de por sí trascendente primer recambio de gobierno desde la recuperación del régimen democrático, que representaba al mismo tiempo la primera alternancia entre las dos principales fuerzas políticas del país desde 1916, cuando arriba a la presidencia Hipólito Yrigoyen luego de la serie de presidentes conservadores que se sucedieron en el poder desde la organización nacional. Si se considera desde el establecimiento del sufragio universal, secreto y obligatorio con la Ley Sáenz Peña, en 1912, el traspaso legítimo del poder de un partido a otro, y de un líder político a su adversario principal ocurrido en el '89 fue, en realidad, el primero en la historia de la democracia moderna en la Argentina.
[18] Así lo señalará el propio Alfonsín en sus memorias: "Siempre pensé -y lo dije varias veces- que la prueba decisiva del éxito del camino iniciado en 1983 era llegar a las elecciones de 1989. Lo que no se pudo conseguir en los períodos constitucionales iniciados en 1952, en 1958, en 1963 y en 1973, estábamos a punto de lograrlo entonces. Nada ni nadie iba a arrebatarnos

Alfonsín mostraba, al cierre de su mandato, que desde el inicio del mismo había sido coherente con un nuevo tipo de presidencialismo que construyó en el ejercicio cotidiano: un presidencialismo tempera-do y a la vez intensivo, alejado de un híper-presidencialismo avasa-llante, pero no por ello impotente a la hora de conducir el país hacia una democracia de largo aliento. La retrospectiva histórica permite vis-lumbrar un ejercicio del poder ejecutivo que busca ser a la vez fuerte y equilibrado. Contra todos los obstáculos y ante un escenario suma-mente complejo que condicionaba la consolidación democrática, este ejercicio del rol presidencial logró algunos de sus cometidos esenciales cimentando pilares fundamentales de la democracia: la reconstrucción de la memoria; el juicio civil a las juntas militares; la plena vigencia y actuación sin interferencias de los poderes legislativo y judicial; y un liderazgo presidencial responsable que en las relaciones cívico-milita-res buscó evitar a toda costa cualquier derramamiento de sangre.[19]

Durante este primer gobierno tras la recuperación democrática, el liderazgo presidencial actuó como timonel en las tormentas que con-dujo el barco de la democracia de la transición a su consolidación institucional. En este rol, no adoptó características omnipotentes ni decisionistas: su fortaleza nació de una capacidad de auto-limitación que permitió a los demás poderes concentrarse en la labor institucio-nal, más allá de sus funciones como frenos y contrapesos del Ejecutivo. No se recurrió, por otra parte, a otros recursos atribuidos tradicionalmente al Presidente, con o sin la participación del Congreso, como el de las intervenciones provinciales: por primera

esa conquista cívica. En esa competencia cívica, el gobierno que concluía su mandato era, necesariamente, un protagonista más, un objeto de examen, de apoyos y de rechazos. Su acción se ubicaba en el ojo de la tormenta; lo sabía bien y así lo asumía".

[19] Las actitudes del poder Ejecutivo durante la Semana Santa de 1987 -aún con la carga emocional, histórica y simbólica propia y de toda la población- demostraron que la presidencia no elegiría contestar a la insubordinación de la represión con más represión. De allí que la frase enunciada desde el bal-cón luego de la visita a Campo de Mayo, referida al feliz deseo pascual y a la expresión de que la "casa" estaba "en orden", llevara sobre su final la refe-rencia "...y no hay sangre en la Argentina".

vez un gobierno constitucional terminaba su mandato sin apelar a dicho recurso (Alfonsín, 2004:24).[20]

Un testimonio del nuevo tipo de presidencialismo que planteó Alfonsín durante su gestión quedará plasmado en el proyecto de reforma constitucional elaborado por el *Consejo para la Consolidación de la Democracia*. Desde fines de 1985 y hasta fines de 1988, mientras enfrentaba los complejos desafíos de la gobernabilidad, Alfonsín promovería la búsqueda de acuerdos para una reforma constitucional que permitiera superar las distorsiones del presidencialismo y fuera un reaseguro de la consolidación democrática (Alfonsín, 2004:155).[21] De allí partiría la propuesta de transformar el presidencialismo argentino en un sistema mixto de gobierno, un sistema que permitiera consolidar la democracia más allá del aspecto procedimental de la sucesión presidencial; que permitiera atenuar el personalismo y superar el híper-presidencialismo de tinte cesarista.

3.2. *El Consejo para la Consolidación de la Democracia y el proyecto de un sistema mixto de gobierno*

La construcción de un nuevo tipo de presidencialismo fue para Alfonsín una tarea que debía ser emprendida en términos estructurales,

---

[20] "Sobre este trasfondo histórico -recordará Alfonsín- la experiencia iniciada en la Argentina el 10 de diciembre de 1983 cobraba significados, valores y méritos que no podían ser ignorados. El gobierno que presidía era el primero en toda la historia del país que llegaba a las postrimerías de su mandato sin presos políticos, ni leyes persecutorias, ni órganos de prensa clausurados, ni policías bravas, ni interventores instalados en provincias, sindicatos o universidades. Ni un solo gesto de nuestra trayectoria en el poder reflejó las inclinaciones autoritarias de las que estuvieron plagados gobiernos constitucionales del pasado. Ni un solo paso dado por nuestra administración estuvo encaminado a oprimir, amenazar o intimidar".

[21] "Siempre creí que la marcha emprendida hacia la democratización del país tenía que incluir formas de acción contra esos atavismos políticos y culturales; formas que incluyeran también correctivos para aquellas instituciones de nuestro sistema político que aseguraban la continuidad de tales rémoras. Con ese espíritu propusimos en su momento a la ciudadanía y a las demás fuerzas políticas el proyecto de una reforma constitucional que apuntara a redefinir en un sentido más democrático la naturaleza del gobierno".

no sólo a partir del ejercicio de un estilo de liderazgo presidencial diferente sino a través de una reforma integral del sistema político. Las experiencias pasadas, la porfía de los sucesivos embates del autoritarismo durante las décadas que siguieron a 1930, suponían para él muestras acabadas de que nuevos engranajes debían ser sumados a la forma de gobierno imperante para que la consolidación democrática se tornara, simultáneamente, en una construcción institucional y un proceso social de redemocratización profunda de la sociedad y del Estado.

El resultado debía ser un conjunto compartido de normas y reglas de juego que rescatara a las instituciones resquebrajadas por los autoritarismos mediante una *reconstrucción* que contemplara *innovación*, y no meramente *restauración*. Con esta premisa fue que a fines de 1985 -luego de la convocatoria que Alfonsín realizara en el discurso de Parque Norte- se constituyó el *Consejo para la Consolidación de la Democracia*, un órgano consultivo especialmente conformado con la finalidad de un asesoramiento plural al Poder Ejecutivo en la elaboración de proyectos de transformación. El Consejo tendría como coordinador al jurista y filósofo del Derecho Carlos Nino y estaría integrado por dirigentes y personalidades con trayectoria de todo el espectro y vertientes políticas: constituiría en sí mismo un espacio de diálogo, negociación y consenso sobre reformas institucionales, y tendría como interlocutores externos a los distintos sectores sociales locales, y a figuras destacadas de la política y la academia del ámbito internacional.

En carta del 13 de marzo de 1986, el presidente Alfonsín solicitó al Consejo reunir antecedentes y opiniones sobre una posible reforma de la Carta Magna "dirigida -sobre todo- al perfeccionamiento de la parte orgánica de nuestra Constitución, para hacer más ágil y eficaz el funcionamiento de los diversos poderes del Estado y para profundizar la participación democrática, la descentralización institucional, el control de la gestión de las autoridades y el mejoramiento de la Administración Pública". El documento incluía una importante determinación al expresar: "Deseo adelantar mi convicción en el sentido de que esta iniciativa no debería incluir modificación alguna a la extensión y condiciones del mandato que el pueblo argentino me ha otorgado" (Alfonsín, 2004: 308).

El trabajo se organizó en distintas comisiones temáticas, según una agenda guiada por tres ejes fundamentales: 1) las reformas políticoinstitucionales, tendientes a una modernización y descentralización del Estado, en los ámbitos judicial, administrativo, parlamentario y militar; 2) las reformas sobre la estructura económico-social, centradas en la reconversión y reactivación de los distintos actores, procesos y dinámicas; y 3) la reforma educacional, con acento en la formación libre y autónoma de los ciudadanos, como agentes capaces de afrontar las iniciativas de modernización.

El diagnóstico del Consejo coincidiría en que el sistema institucional argentino adolecía de fallas estructurales que conspiraban contra una real y efectiva convivencia democrática. Estas fallas podían concentrarse en cinco grandes problemas: valoración insuficiente de la legitimidad, dificultades para la gobernabilidad, escasas formas de participación ciudadana, excesiva concentración territorial y funcional de las competencias del Poder Ejecutivo nacional, y controles muy laxos y permisivos a favor de este último. El carácter fuertemente presidencialista de la Constitución, por el cúmulo de atribuciones conferidas al Poder Ejecutivo, consecuencia natural de las ideas predominantes en la época de la Organización Nacional en el siglo XIX, estaba en el núcleo de estos problemas.

Era opinión generalizada entre el grupo de asesores del CCD la necesidad de pasar a un sistema mixto, porque el presidencialismo, frente a los cambios políticos o sociales de importancia, impedía la canalización orgánica de las consecuentes tensiones y provocaba la búsqueda de soluciones al margen de las instituciones. Se estimaba que un sistema mixto -semi-presidencial o semi-parlamentario- permitiría distinguir la tarea de fijar las grandes políticas nacionales de la del manejo cotidiano de la administración, y haría posible que el Congreso tuviera una intervención más directa y eficaz en la gestión y control de los asuntos de Estado, y que los ministros tuvieran una relación más estrecha con el Parlamento. Estimularía, además, la constitución de coaliciones y alianzas transparentes, porque éstas resultarían de la naturaleza del sistema e inducirían actitudes conciliadoras. Este sistema tendría suficiente flexibilidad como para tornarse más presidencial o más parlamentario, según el presidente reuniese o no mayoría en el Congreso, pero en ambas circunstancias se protegería el normal funcionamiento y la plena legitimidad de las instituciones.

Luego de una intensa labor de estudio y consultas con especialistas nacionales y extranjeros y sectores representativos en todo el país, el 7 de octubre de 1986 el *Consejo para la Consolidación de la Democracia* entregaría al presidente Alfonsín un primer dictamen preliminar. En él se expresaba el consenso generalizado sobre la necesidad, la oportunidad y los alcances de una reforma constitucional que atenuara el sistema presidencialista, incluyera la figura del Primer Ministro, acortara el período de los senadores a seis años, introdujera la elección presidencial directa, y la legalidad constitucional de los decretos, dictados por razones de necesidad y urgencia, entre otras cuestiones. Un dictamen posterior precisaría con más detalle el diseño institucional propuesto.

El contenido de la reforma involucraba un procedimiento gradual que preservara la continuidad del marco normativo vigente y propiciara modificaciones parciales sobre ciertos puntos que debían ser fijados por el Congreso Nacional, limitando a la Asamblea Constituyente a decidir si se reformaban o no. A su vez, la Corte Suprema sería el último intérprete sobre la constitucionalidad de las reformas propuestas y órgano de monitoreo sobre todo el proceso constituyente.

El Consejo consideró que esta modificación del texto constitucional debía incluir las siguientes innovaciones en el sistema político de gobierno:

- Elección directa del presidente: la legitimidad dada por la elección directa le permitiría al Jefe de Estado cumplir las funciones de garante del sistema y de árbitro en situaciones críticas (un parlamentarismo puro, con un presidente no electo popularmente, debilitaría su rol en demasía).
- Creación de la figura de Primer Ministro, con genuina responsabilidad en la conducción política del país y en la implementación del programa de gobierno.
- La distribución de funciones entre presidente y primer ministro debería hacerse asignando a este último la responsabilidad central de la marcha del gobierno, y reservando al presidente facultades cruciales, acotadas y circunscriptas a la preservación de las instituciones y a la expresión de los intereses generales del país (representación nacional).

- Creación de un Consejo o Tribunal Constitucional, órgano cuasi-político y cuasi-judicial que funcione como "guardián de la Constitución" y mecanismo para solucionar posibles conflictos de competencia.
- Modificaciones en el sistema electoral con la introducción de mecanismos para una expresión nítida de la voluntad del electorado: sistema de elección presidencial de doble vuelta o *ballotage* y facultad presidencial de convocar a elecciones anticipadas.
- Instrumentación de la "censura constructiva" para evitar que el gobierno se encuentre permanentemente desafiado por mayorías parlamentarias adversas. Ésta exigiría la propuesta de un reemplazante del primer ministro que se pretendiera remover y la posibilidad de convocar a elecciones anticipadas que desalentaran las censuras, cuando no fuera claro el apoyo de la opinión pública para llevarlas a cabo.

Este sistema mixto admitía la delegación legislativa con una demarcación clara y explícita, debido a "la complejidad técnica que hoy tienen muchas materias en algunas cuestiones específicas". Afirmaba que ya ocurría en la práctica y que había muchos ejemplos en el derecho comparado: "Se trata de que el Congreso, mediante una habilitación legal, faculte al Poder Ejecutivo a legislar sobre una materia determinada". Con el fin de que la Corte pudiera preservar su rol como guardiana de derechos y garantías y último intérprete de la Constitución, consideraba conveniente otorgarle la facultad de seleccionar cuáles serían los casos a los que se avocaría en virtud de los principios involucrados y el interés público en juego.

Asimismo, proponía que los principios sentados por la Corte en sus decisiones sobre algún punto de la Constitución fueran aplicados a todos los que se encontraran en iguales condiciones, conforme lo exige el principio de igualdad. Por consiguiente, sostenía que las sentencias de la Corte Suprema debían ser obligatorias para los tribunales inferiores.

Además, el dictamen del Consejo planteaba incluir en la reforma:

1 La jerarquía constitucional a los partidos políticos.
2 La incorporación de normas que garanticen la defensa y vigencia del Estado de Derecho.

3   La participación institucionalizada de los sectores económico-sociales organizados y su articulación con los órganos de
gobierno a través de un Consejo Económico y Social de
carácter consultivo.

4   La garantía constitucional de un régimen municipal autónomo.

5   La elección en forma directa del intendente municipal de la
Ciudad de Buenos Aires, designado hasta entonces por el
presidente de la Nación.

6   La institucionalización de la figura del Defensor del Pueblo.

7   La incorporación de mecanismos de democracia semidirecta.

8   La preeminencia de los tratados internacionales con respecto a las leyes nacionales.

9   La incorporación de los derechos económicos y sociales al
texto constitucional.

10 La inclusión de la protección de los desfavorecidos en el
reparto de capacidades y riquezas.

11 El incentivo de mecanismos que permitieran un mayor ejercicio de los derechos de los trabajadores en las empresas.

12 El control de gestión y la colaboración en la dirección de los
usuarios de empresas públicas.

13 Establecer la función social de la propiedad.

14 La protección del derecho a la privacidad (hábeas data).

15 Un tratamiento igualitario a todos los cultos y una efectiva
independencia de la Iglesia y el Estado, eliminando la cláusula religiosa como requisito para el acceso a la presidencia
de la Nación e inclusión de un artículo que consagre la
libertad de culto, sin ninguna mención adicional en el texto constitucional.

Los dos dictámenes favorables a la reforma constitucional elevados por el CCD al Presidente tuvieron positiva acogida, aún cuando
el tema no estaba entre los de principal atención y relevancia pública. Pero las elecciones a legislativas y a gobernador de septiembre de
1987 modificaron el mapa político del país con el amplio triunfo del
peronismo. Alfonsín vería entonces la necesidad de buscar una serie
de acuerdos con la oposición peronista, que había logrado la mayoría en la Cámara de Diputados además de varias gobernaciones.
Dentro de ella, encontraría en el sector renovador liderado por

Antonio Cafiero aquél con mayores coincidencias y fortaleza para compartir el empuje y responsabilidad de la iniciativa reformista.[22]

Las conversaciones mantenidas con este sector fueron fructíferas, y el 14 de enero de 1988 se firmó e hizo público el acuerdo entre Alfonsín y Cafiero: el mismo día que los militares "carapintada" iniciaban su segundo levantamiento, en el regimiento de Monte Caseros, Corrientes. A pesar de la apremiante coyuntura, el impulso reformista siguió adelante, ahora de la mano conjunta de los dos principales partidos políticos, la Unión Cívica Radical y el Partido Justicialista. Las consultas y conversaciones políticas entre ambos partidos contemplaron las distintas dimensiones de la iniciativa reformista llegando a concordar en puntos sustantivos no sólo sobre la reforma constitucional sino también sobre su significación para la construcción nacional e inserción internacional del país.[23]

Pero un nuevo vuelco se produciría entonces en el mapa político: las elecciones internas del Partido Justicialista y la Unión Cívica Radical con vistas a las elecciones presidenciales de 1989 consagrarían como candidatos a Carlos Saúl Menem y a Eduardo Angeloz, respectivamente. Especialmente en el caso del peronismo, este hecho significaba la derrota de la corriente renovadora liderada por Cafiero y una pérdida considerable de poder de aquel sector del peronismo con el cual Alfonsín había tenido mayor afinidad para encarar y llevar adelante y de modo conjunto el proceso de reforma y los consensos posteriores. En la contraparte radical, la victoria de Angeloz suponía que de allí en más todo lo hecho y por hacer en la dimensión de la reforma institucional iniciada por Alfonsín debía ser con-

---

[22] Más allá de la referencia política que representaba Antonio Cafiero en el peronismo, la corriente renovadora que lideraba había comenzado un proceso de democratización interna del partido junto a una autocrítica profunda, procesos que convencieron a Alfonsín de impulsar acuerdos con el Partido Justicialista.

[23] Se habla -respectivamente- de las coincidencias respecto a la elección simultánea de la Asamblea Constituyente y las nuevas autoridades nacionales (si el Congreso Nacional así lo favorecía), y respecto de la facilitación del proceso de integración latinoamericana.

sultado con el candidato presidencial de su partido, sin un especial interés en el proyecto reformista.

Aún ante las desfavorables perspectivas que se vislumbraban en este nuevo escenario político, se decidió intentar nuevos acuerdos -ahora ampliados- con los candidatos de las dos principales fuerzas políticas y, por ende, con quien sería el sucesor en la presidencia. Con ese cometido se realizó un primer encuentro el 6 de septiembre de 1988, que reunió a estos cuatro referentes políticos ante un Menem que Alfonsín caracterizaría posteriormente como "silencioso", "reticente", y "distante".

El alejamiento de Menem del proyecto reformista y del consenso original de reforma institucional del CCD, paulatino y medido desde su elección interna, se tornaría entre fines de 1988 y principios de 1989 abierto y confrontativo. Varios sucesos ocurridos desde la reunión de los cuatro referentes mencionados habían sido utilizados por el candidato justicialista para hablar de una suerte de "autogolpe" del propio Alfonsín[24] o para identificarlo como artífice de una conspiración electoral en su contra.[25] A ello se le sumaron las críticas señalando debilidad presidencial y la parálisis gubernamental en el manejo de la crisis económica. Sobre los cambios propuestos en el sistema de gobierno, Menem se pronunciaría en contra de la figura del primer ministro a la que consideraba un desmedro del presidencialismo fuerte, que reivindicaba, y relativizaría las posibilidades ciertas de una reforma constitucional. El Partido Justicialista, tras la derrota del sector renovador liderado por Cafiero, desestimaría en sus dictámenes los consensos y la naturaleza originaria de lo producido por el CCD.

Como se planteó anteriormente, el adelanto de la fecha de las elecciones y luego, del traspaso del mando presidencial, marcarían la interrupción de las iniciativas de reforma constitucional.

---

24 En el caso de los desmanes y sucesos de violencia ocurridos el 9 de septiembre de 1988 en el acto convocado por la CGT.

25 En el caso de la cruenta incursión en el regimiento militar de La Tablada de enero de 1989, Menem adoptó una posición elusiva, atribuida a sus vinculaciones con allegados al coronel ultranacionalista Mohamed Alí Seineldín, quien había liderado el alzamiento militar de diciembre de 1988 y continuaba siendo el referente de los sectores de extrema derecha que veían al gobierno de Alfonsín y al presidente mismo como el principal enemigo político.

El debate sobre la reforma constitucional y las iniciativas reformistas recobrarían impulso años más tarde en un nuevo contexto político-institucional, cuando el presidente Menem empieza a acariciar la idea de una reelección presidencial que le habilitara un segundo mandato. Dicha reforma tendría naturalmente otra orientación, dirigida a afianzar el presidencialismo y tornar irreversibles las reformas de mercado impulsadas por la gestión menemista. La historia por venir mostraría que el acuerdo radical-justicialista de 1988 sería un antecedente del Pacto de Olivos firmado el 14 de noviembre de 1993 por Menem y Alfonsín, acompañado del llamado Acuerdo de la Rosada, en el que se sella el Núcleo de Coincidencias Básicas que serían materia de la reforma constitucional de 1994. Pese a mantenerse en sus rasgos esenciales el presidencialismo tradicional que Alfonsín había intentado modificar -en la teoría y en la práctica- durante su mandato, esta reforma contendría elementos fundamentales para su paulatina transformación.

4. La Reforma Constitucional de 1994

Además de ser el artífice del proceso de reforma constitucional en su condición de ex presidente y líder del principal partido de la oposición, la Unión Cívica Radical, Alfonsín cumplirá un papel protagónico al frente del bloque de convencionales constituyentes de su partido en la Convención reformadora que se reúne en Santa Fe entre mayo y agosto del año 1994. Participará en todos los debates y redactará personalmente varios de los artículos y cláusulas incorporadas. Reconocerá luego como una de las principales consecuencias transformadoras de la reforma el haber podido plasmar una nueva forma de convivencia política entre mayorías y minorías, entre los poderes ejecutivo, legislativo y judicial, y entre la Nación y las provincias. En otros términos, el mejoramiento del sistema presidencial de gobierno y de la forma de organización del poder -aunque el híper-presidencialismo entonces dominante no lo dejara ver con claridad- estaba apuntando a demarcar, según su perspectiva, el fin de las pretensiones hegemónicas, de la arrogación de mayorías absolutas y de la lógica de los antagonismos irreductibles.

La reseña de los cambios que introdujo la reforma constitucional del '94 puede cotejarse, en tal sentido, con las orientaciones generales y contenidos específicos del proyecto de reforma constitucional del CCD.

1) Límites al presidencialismo

Para desconcentrar los poderes del presidente de la Nación, la reforma introduce límites en la cantidad y calidad de sus competencias, distribuyéndolas o haciéndolas compartir con el Jefe de Gabinete de Ministros, el Congreso y las nuevas instituciones que se incorporan a la Constitución. En este sentido, se hará hincapié en los siguientes aspectos que se incorporan al texto constitucional:

a) Se desconcentran los poderes del presidente con la creación de la figura del Jefe de Gabinete de Ministros, con responsabilidad parlamentaria, al que se le asigna la administración general del gobierno.

b) Se limitan las facultades del presidente en relación con la designación de los ministros de la Corte Suprema, de los jueces de los tribunales inferiores y de los miembros del ministerio público, que no dependerá del Poder Ejecutivo ni del Poder Judicial.

c) Se limitan las facultades del presidente para designar a los funcionarios a cargo de los organismos de control. Se pone a la cabeza de una Auditoría General, dependiente del Congreso de la Nación, a un miembro de la oposición designado por el Parlamento.

d) Se limitan las facultades del presidente para dictar decretos de "necesidad y urgencia" y de arrogarse facultades legislativas.

e) Desaparece la facultad del presidente de nombrar al jefe de gobierno de la ciudad de Buenos Aires.

f) Se restringen las facultades presidenciales de intervenir las provincias.

2) Figura del Jefe de Gabinete de Ministros

La incorporación del Jefe de Gabinete de Ministros daría la oportunidad de flexibilizar el régimen político y contribuir a solucionar los problemas de gobernabilidad generados por el híper-presidencialismo. Preveía que cuando existiera una situación de bloqueo entre el presidente y el Congreso, el Jefe de Gabinete con responsabilidad parlamentaria podría ser un puente a través del cual institucionalizar un gobierno de coalición, puesto que el Presidente estará obligado, en tal caso, a acordar con la mayoría opositora del Congreso la persona que ocupe dicho cargo para poder gobernar.

Al exigir que el gobierno cuente con un respaldo parlamentario, se entiende que la función del Jefe de Gabinete incrementaría la legitimidad y representatividad del gobierno. De la obligación de concurrir en forma mensual al Congreso para informar sobre la marcha del gobierno, se desprende que no se trata de un mero funcionario administrativo y que se le otorgan importantes responsabilidades políticas. La presencia periódica del Jefe de Gabinete en el Congreso daba carácter constitucional al principio republicano de informar acerca de los actos de gobierno.

La escena política podría ser protagonizada, de este modo, de manera principal, por el presidente y el jefe de gabinete, sin superposición ni menoscabo de sus respectivas investiduras. Esta novedad podía representar una verdadera transformación en la concepción institucional, ya que el poder político dejaría de estar concentrado únicamente en la figura del Presidente. Se abría la posibilidad de que la competencia política perdiera su carácter de "juego de suma cero", ya que el incentivo a los acuerdos y coaliciones legislativas ofrecería la posibilidad de una mayor participación a los partidos que no se encontrasen en el ejercicio directo del gobierno.

Por otra parte, los partidos que no accedieran a la presidencia pasarían a tener injerencia en la formación del gobierno a través de la posibilidad de votar una moción de censura para remover al Jefe de Gabinete, si bien se precisaría para ello una mayoría calificada. Esta mayor injerencia parlamentaria podría culminar en la integración al gobierno de estos grupos políticos opositores.

Asimismo, la mera posibilidad de que disminuyera la dinámica de confrontación limitaría el bloqueo inter-poderes que se producía cuando un partido o conjunto de fuerzas opositoras ganaba la mayoría en ambas cámaras o en una de ellas. En el esquema y la cultura presidencialistas, ello se produce cuando la dinámica de la competencia política de "desgastar al adversario" lleva a que los rivales traten de obstaculizar su acción en forma sistemática, y a que los legisladores intenten obstruir la gestión de gobierno e impedir la sanción de las iniciativas del Ejecutivo. Como respuesta, el presidente busca el desprestigio del Congreso alegando su ineficacia y lentitud y salva el escollo mediante el dictado de decretos "de necesidad y urgencia".

Con la nueva Constitución se esperaba que pudiera superarse esas dinámicas ya que el Jefe de Gabinete se podría presentar como un nexo inter-poderes que expresara el consenso -o al menos el compromiso- entre los órganos elegidos por el pueblo. Si el gobierno no contara con respaldo parlamentario en ambas Cámaras, debería cogobernar con la mayoría legislativa que, en caso contrario, podría censurar a quien ocupa el cargo. Teniendo en cuenta el poder que al Jefe de Gabinete le otorga el refrendo de los actos del presidente, a éste no le quedaría otra salida que un gobierno de coalición. Si, en cambio, cuenta con respaldo legislativo, podrá gobernar sin inconvenientes bajo el estricto control de la oposición. El supuesto era que lo que no podría hacer, con el nuevo diseño constitucional, sería gobernar desde la excepcionalidad, atento a que cualquiera de sus dos institutos (decretos de necesidad y urgencia y legislación delegada) requeriría la aprobación del Congreso, en la que la mayoría legislativa opositora de una de las Cámaras haría sentir su peso.

En un sistema híper-presidencialista es muy difícil lograr amplios consensos para superar situaciones de crisis. Ello es así puesto que nadie quiere integrar un gobierno donde los aciertos serán del presidente y los errores, de los miembros extrapartidarios de su gabinete. La nueva dinámica permitiría romper ese círculo vicioso del presidencialismo latinoamericano, que puede resumirse en estos seis tiempos: a) derrota electoral parlamentaria del partido oficialista, b) pérdida del consenso del presidente, c) confrontación inter-partidaria, d) bloqueo institucional inter-poderes, e) crisis y parálisis del sistema, f) caída del sistema. En ese modelo, el presidente que resultaba vencido en las elecciones y perdía el respaldo parlamentario, debía seguir en esas condiciones al frente de la más alta magistratura constitucional y sin poder para gobernar. La figura del Jefe de Gabinete permite cortar ese declive en el punto c) y evitar sus sucesivas y traumáticas consecuencias, ya que la oposición tendrá la oportunidad de ocupar ese lugar y asumir el compromiso con políticas específicas de gobierno.

Bajo la nueva Constitución, en el caso de una derrota electoral del partido oficialista, la oposición no tendría el incentivo de especular con el derrumbe a plazo del Jefe de Estado. No convendría jugar a "todo o nada" y se podría dar la necesaria confrontación de fuerzas políticas sin que se genere, por ello, la paralización de los poderes del Estado. Esta mejora sustancial en la estabilidad del sistema, sin que haya actores institucionales comprometidos en el desgaste permanente de los otros, debería traducirse en una mejora significativa de la otra variable de la gobernabilidad del sistema político: la eficacia de estos actores para llevar a cabo sus programas gubernamentales. No estando ocupados exclusivamente en golpear a su rival, las energías políticas podrían volcarse mejor al diseño de políticas, al fortalecimiento de la gestión estatal y a dinamizar los organismos de control.

3) *Los decretos de necesidad y urgencia y la delegación legislativa*

La reforma fijó el principio general de que el poder ejecutivo en ningún caso, bajo pena de nulidad absoluta e insanable, podrá emitir por derecho propio disposiciones de carácter legislativo. Estableció que no podrán dictarse decretos de necesidad y urgencia que regulasen materias penales, tributarias, electorales o del régimen de partidos políticos.

En segundo lugar, se limitó expresamente su dictado a circunstancias excepcionales en las cuales no se puedan utilizar los trámites previstos por la Constitución para la sanción de las leyes. Estas circunstancias están fijadas por la existencia de una emergencia significativa y una necesidad súbita que imposibilite que los cometidos estatales se cumplan por los medios ordinarios del procedimiento legislativo. Si dichas circunstancias excepcionales no existieran, los jueces deberán declarar la nulidad del decreto.

En tercer lugar, se estableció que deberá constituirse una Comisión Bicameral Permanente, a la que se someterá el decreto respectivo para su consideración, la que deberá elevarlo al plenario de cada Cámara para su "expreso tratamiento". Esto significa que el Congreso deberá aprobarlo expresamente. El trámite y alcance de la intervención del Congreso debe quedar establecido por ley, y dicha ley será inconstitucional si distorsiona el sentido de la cláusula constitucional que apunta a limitar la facultad de dictar decretos en materia legislativa y a exigir una ratificación expresa del Congreso para que el decreto no pierda validez.

Del mismo modo, la limitación constitucional de la delegación legislativa pretendía una restricción de los poderes que el presidente asumió históricamente en la práctica constitucional, avalado por el poder judicial y el Congreso (cuando éste funcionaba normalmente). Como principio general, la reforma estableció la prohibición de la delegación legislativa, con las únicas excepciones admitidas de tratarse de "materias determinadas de administración o de emergencia pública" y con "plazo determinado para su ejercicio". El Jefe de Gabinete debería, en tal caso, refrendar los decretos delegados en las situaciones permitidas.

4) Fortalecimiento de los mecanismos de control

La responsabilidad política del jefe de gabinete ante el Parlamento quedó fijada a partir de la obligación de asistir mensualmente al Congreso, alternativamente a cada una de las Cámaras, para informar sobre la marcha del gobierno y la posibilidad de ser interpelado, a los efectos de una moción de censura, por el voto de la mayoría absoluta de los miembros de cualquiera de las Cámaras, así como de ser removido por el voto de la mayoría absoluta de los miembros de cada una de las Cámaras.

La reforma estableció el control externo de la administración pública, a cargo de un organismo con autonomía funcional y dependencia del Congreso. La presidencia de dicho organismo, asimismo, quedaría a cargo de una persona propuesta por la principal fuerza política legislativa opositora. Del mismo modo, contribuyen a mejorar los mecanismos de control otras modificaciones contenidas en la reforma, como ser: la institucionalización constitucional del Defensor del Pueblo, la participación de los usuarios en los organismos de control de los servicios públicos, la introducción de mecanismos de democracia semidirecta, el fortalecimiento del federalismo y la jerarquía constitucional de los tratados internacionales, innovaciones más abajo reseñadas.

5) Creación del Consejo de la Magistratura

Uno de los objetivos de la reforma fue otorgarle independencia e idoneidad al poder judicial y contrarrestar los persistentes intentos de partidizar o politizar a la administración de justicia. A tal efecto, se incorporó a la Constitución Nacional un Consejo de la Magistratura integrado por representantes de los órganos políticos, de los jueces, de los abogados y personalidades académicas y científicas, que tiene a su cargo la selección de los jueces, elevando ternas de candidatos a ocupar las magistraturas judiciales federales, con excepción de los jueces de la Corte Suprema de Justicia. Los mismos pasan a ser seleccionados a través de concursos públicos y una vez realizadas las propuestas de designación, el presidente solo podrá elegir de esas ternas conformadas por el Consejo al candidato cuyo pliego elevará a consideración del Senado para someterlo a su aprobación, la cual se realizará en sesión pública.

6) La designación de los jueces de la Corte Suprema

Para garantizar la imparcialidad e idoneidad de los magistrados que accedan al máximo tribunal de la Nación, la reforma estableció que los miembros de la Corte Suprema de Justicia serán designados por el presidente con acuerdo de los dos tercios del Senado, en sesión pública convocada a tal efecto. Ésta fue una modificación de gran importancia, ya que excepto situaciones de mayoría abrumadora a favor de un partido político determinado, se requerirá la formación de un amplio consenso para obtener las nominaciones.

7) El ministerio público como órgano extra-poder

Otra de las reformas más significativas fue la que estableció un ministerio público extra-poder; órgano independiente, autónomo y autárquico, cuya misión sería promover la actuación de la Justicia para defender la legalidad y los intereses generales de la sociedad. Las reformas al poder judicial se complementaron así con la garantía constitucional a la independencia del ministerio público. De esta manera, se buscó impedir que mediante instrucciones provenientes del poder ejecutivo se lesionara la seguridad jurídica o se pretendieran impunidades para los funcionarios públicos.

8) El funcionamiento del Congreso Nacional

- Prolongación del período de sesiones del Congreso

El limitado funcionamiento del Congreso y los extensos períodos de receso impactaron negativamente en el equilibrio institucional de poderes de dos maneras principales: por un lado, el poder ejecutivo utilizaba el período de sesiones extraordinarias para fijar una agenda cerrada de temas de tratamiento sin que los parlamentarios pudieran introducir otras iniciativas; por otro lado, los períodos de receso justificaban la proliferación de decretos de necesidad y urgencia, el uso de legislación delegada y las intervenciones federales por decreto. La nueva Constitución amplió en cuatro meses el período ordinario de sesiones: en lugar del 1° de mayo al 30 de setiembre, como era hasta ese momento, debería prolongarse a partir de entonces desde el 1° de marzo hasta el 30 de noviembre.

Con la exigencia del informe mensual del jefe de gabinete, el Congreso se podría ver fortalecido en su papel de contralor del Ejecutivo. La introducción de esta práctica buscaba dotar al Congreso del papel central en la deliberación de las políticas y el control de los actos del poder ejecutivo. Colocaba al gobierno -el jefe de gabinete y los ministros- en una relación más directa con los legisladores y facilitaba las interpelaciones ministeriales, casi siempre retaceadas por las mayorías.

- Agilización del trámite parlamentario

Con la idea de subsanar la lentitud del procedimiento de sanción de leyes, la reforma redujo las intervenciones posibles de las Cámaras de cinco a sólo tres. El nuevo procedimiento eliminó la revisión de la segunda Cámara cuando una mayoría de dos tercios de los miembros de la Cámara de origen insistiera en la redacción originaria. Asimismo, si las adiciones o correcciones formuladas por la Cámara revisora fueran aprobadas por una mayoría menor a los dos tercios de sus miembros, la Cámara de origen podrá insistir con mayoría simple cuando una mayoría de dos tercios de los miembros de esa Cámara insista en su redacción originaria. De lo contrario, para insistir se requerirá el voto de los dos tercios de sus miembros.

- Mayor representatividad y pluralismo en el Senado

Las innovaciones en el Senado nacional buscaban darle a ese cuerpo legislativo mayor representatividad política de forma tal que pudiera actuar más genuinamente como expresión de los intereses provinciales y no de sus oligarquías y grupos de poder. Para ello, se estableció en primer lugar acortar de nueve a seis años el mandato prolongado de los senadores así como la elección directa de los mismos, en lugar de como se hacía hasta entonces, por las legislaturas provinciales. En segundo lugar, se dispuso la incorporación de un tercer senador por provincia, correspondiente al partido o fuerza política que obtenga el segundo lugar en número de votos. La presencia de senadores por la minoría buscaba una representación más cabal de la ciudadanía de cada provincia, una defensa más franca de los intereses provinciales, no siempre evidenciada por razones de compromiso político, y el uso más eficaz del Senado como "caja de resonancia" para la denuncia de cualquier tipo de anomalías institucionales, económicas o sociales.

9) *La reelección presidencial acotada y los cambios en el sistema electoral*

Al introducir la elección directa de los más importantes cargos del sistema constitucional argentino, la reforma buscó mejorar la legitimidad del sistema democrático.

El presidente pasó a ser elegido en forma directa en lugar de serlo por un Colegio Electoral, como había sido hasta entonces. Además, se buscó garantizar que el presidente que ganara una elección dispusiera de un importante apoyo popular estableciendo la doble vuelta en caso de que los candidatos no hubieran alcanzado una mayoría sustantiva. La introducción del "ballotage" sirve a dos propósitos: en primer lugar, es útil para desempatar preferencias políticas muy parejas, cuando ninguna de ellas alcanza la mayoría indiscutida. En segundo lugar, permite que la ciudadanía exprese sus preferencias negativas respecto de algún candidato y que se formen amplias coaliciones, asegurando a un grupo importante de electores la elección del "segundo mejor", en caso de que su candidato de preferencia pierda en la primera vuelta.

Se buscó establecer para ello una regla clara y bien ponderada que facilitara esta segunda elección o "ballotage". La misma consistió en que si alguna fórmula obtuviera más del 45% de los votos válidos afirmativamente emitidos, en virtud de haber alcanzado casi la mayoría absoluta de las preferencias positivas, no necesitara para su proclamación de una segunda vuelta. Por iguales razones, y para limitar las preferencias negativas y que se impusieran desmedidamente sobre las positivas, se fijó que si una fórmula alcanzara el 40% de las adhesiones políticas en la primera vuelta, y obtuviera una diferencia mayor a diez puntos porcentuales, la segunda vuelta tampoco se llevaría a cabo.

La segunda vuelta operaría, así, como un incentivo cooperativo entre las distintas fuerzas políticas, sobre todo para las mayoritarias, las que deberían asumir compromisos con minorías políticas afines para ganar una elección presidencial y lograr consensos más amplios en caso de acceder al gobierno. En otras palabras, la llegada al poder presidencial puede implicar acordar programas de gobierno con distintas fuerzas afines.

Asimismo, la reforma acortó la duración del mandato del presidente de la Nación de seis a cuatro años con la posibilidad de ser reelegido inmediatamente por un solo período más. Este punto, la reelección presidencial, fue el que más resonancia pública y controversias suscitó en la discusión y el acuerdo de la reforma de 1994. Fue su circunstancia histórica posibilitante, debido a que ésa era la obsesiva intención del oficialismo gobernante y tiñó gran parte del debate político de aquel momento. Esto colocó a Alfonsín en la posición de abordar la cuestión haciendo un doble juego de resistencia y cooperación con la mayoría justicialista bajo la hegemonía del presidente Carlos Menem; de contención, por un lado, y avance institucional por el otro.

Lo hacía en el entendimiento de que el acortamiento del mandato presidencial vendría a resolver uno de los más serios problemas del presidencialismo. El mandato otorgado al presidente era excesivamente prolongado. Frente a cambios en las preferencias y expectativas populares se afectaba no sólo la estabilidad institucional, sino también la legitimidad de la investidura. Al no reflejar adecuadamente el consenso cambiante, las expectativas frustradas acerca del gobierno no recaían exclusivamente sobre el presidente sino que se trasladaban al sistema democrático en su conjunto.

En segundo término, la posibilidad de que el entonces presidente pudiera aspirar a un segundo mandato, considerando el entonces vigente como primer mandato, debería ser analizada en el contexto global de la reforma constitucional realizada. El peligro de que se consolidara una hegemonía antidemocrática se matizaba por las importantes reformas al sistema de separación y equilibrio de poderes. De tal modo, la reelección del presidente -producto de una mayoría circunstancial y un innegable respaldo popular que tal mandato acreditaba en aquel momento- no generaría peligro alguno en un contexto institucional en el que se ponían límites al presidencialismo, se ampliaba la legitimidad del sistema político, se establecían mecanismos de control efectivos.

Con estas modificaciones, se entendía que la reforma contendría una verdadera alternativa al modelo institucional caracterizado por el abuso de los decretos legislativos, la sumisión de la justicia y la manipulación de los organismos de control. La atenuación del presidencialismo, su objetivo principal, podía ser un resultado lógico de estos cambios. Pero además, se estaban dando avances sustantivos en la descentralización del poder territorial del Ejecutivo nacional y la desconcentración de poder del Presidente de la Nación.

10) Autonomía de la ciudad de Buenos Aires y federalismo

La reforma constitucional permitió además concretar la autonomía de la ciudad de Buenos Aires y la elección de un Jefe de Gobierno elegido directamente por el pueblo de la ciudad. Al otorgar estatuto constitucional a la autonomía porteña, abrió las puertas a su propio proceso constituyente y origen a sus nuevas instituciones de gobierno. Procuró, asimismo, el fortalecimiento de las autonomías provinciales y del régimen federal, al establecer un régimen de coparticipación impositiva flexible tendiente a asegurar a las provincias el contar con los ingresos impositivos que legítimamente les pertenecen en un marco de justicia, solidaridad y equidad interregional, para lo cual se les otorgó la facultad de controlar su ejecución.

Se dio precisión al régimen de competencias entre la nación y las provincias respecto de la prestación de servicios, tales como la defensa del medio ambiente, la educación, la salud y los servicios de previsión social y, en general, de las atribuciones concurrentes. Se trasladaron a la jurisdicción provincial los establecimientos de utilidad nacional, limitando la facultad del Congreso a dictar las leyes necesarias para el cumplimiento de fines específicos.

Se avanzó hacia un federalismo de cooperación y de consenso entre las diversas provincias, posibilitando la creación de regiones, como un camino de integración que tendiera a superar las insuficiencias económicas que muchas de ellas padecen. La regionalización que la reforma introdujo como modelo posible estaba estrechamente vinculada a la idea de desarrollo autónomo del interior del país y de las economías regionales, con el objetivo de potenciar mutuamente sus posibilidades de crecimiento y prestación de servicios e iniciar el camino para superar situaciones de extrema dependencia del gobierno nacional.

Con el mismo propósito, se facultó a las provincias para celebrar convenios internacionales, en tanto los mismos no afectasen las atribuciones que le corresponden al gobierno federal y no sean incompatibles con la política exterior de la nación. Se determinó, además, entre las facultades del Congreso, establecer un banco federal, con atribuciones para emitir moneda y de tal modo se propició incorporar al Banco Central a representantes de las provincias.

11) Autonomías municipales

La reforma estableció que las provincias deben asegurar la autonomía municipal y reglar su alcance en el orden institucional, político, administrativo, económico y financiero. De esta forma, se reconoció a los municipios una esfera de competencia propia, sustraída a la acción del Estado nacional y los estados provinciales, para cuestiones como la prestación de los servicios públicos, la gestión y el planeamiento urbanístico, la regulación y administración del dominio público municipal y la determinación, recaudación e inversión de sus propios ingresos.

Esta autonomía permitía que los municipios tengan atribuciones para darse su organización político-administrativa y para el ejercicio del poder de policía en materias que le son propias o concurrentes: tránsito, políticas sanitarias, preservación ambiental, control de pesas y medidas, higiene, código de faltas y todas aquellas cuestiones en las cuales resulte conveniente la descentralización de las funciones estatales de administración, a los efectos de que los asuntos locales sean resueltos directamente por los inmediatamente interesados, principalmente en el establecimiento de prioridades en educación y salud.

12) Mecanismos de democracia semi-directa

La reforma introdujo en la Constitución mecanismos de democracia semi-directa para incorporar a la ciudadanía en el proceso de toma de decisiones colectivas, facilitando una participación que fuera más allá de la intermediación de los representantes y profundice la deliberación en busca de consensos y soluciones.

Dos fueron los instrumentos incorporados: la iniciativa popular y la consulta popular. Por la primera se garantiza la vía de petición ciudadana a través de la presentación de una propuesta o un proyecto de reforma legislativa acompañando como requisito el aval de un cierto número de firmas. La petición así formulada obliga a que los legisladores se avoquen a su tratamiento. El segundo instrumento, la consulta popular, permite someter a consideración de la ciudadanía una medida legislativa de gran importancia, generalmente muy controvertida, para que sea el cuerpo electoral de la nación el que se expida al respecto.

13) El Defensor del Pueblo

La reforma otorgó rango constitucional a la defensoría del pueblo, cuya función es defender y proteger los derechos humanos y demás derechos y garantías individuales ante actos de la administración, cuyo ejercicio controla.

14) Jerarquía de los tratados internacionales e integración latinoamericana

La reforma incluyó una prescripción otorgando a los preceptos contenidos en los principales tratados internacionales relativos a derechos humanos jerarquía constitucional. Esto significó que los avances producidos en materia de protección de los derechos individuales en el plano internacional, así como los mecanismos instrumentados para su protección, fueran incorporados con ese nivel a la legislación nacional. Ello impedirá la aprobación de cualquier legislación que admitiera, por ejemplo, la pena de muerte.

Asimismo, en sintonía con las corrientes más progresistas del Derecho Internacional, la reforma autorizó al Congreso a aprobar tratados de integración que deleguen competencias y jurisdicción a organizaciones supra-estatales que respeten el orden democrático y los derechos humanos. Cuando se trate de países latinoamericanos, la aprobación de dichos tratados requerirá la mayoría absoluta de los miembros de cada Cámara. En cambio, con otros Estados, primero deberá declararse la conveniencia de su aprobación y aprobarse después de ciento veinte días, con las mismas mayorías.

Se facilitaron, de esta manera, los procesos de integración regional, el MERCOSUR en primer lugar, cuya eficacia requiere de órganos de competencia supranacional para resolver los conflictos entre particulares de las diferentes naciones o de éstas entre sí, así como para articular más ágilmente la normativa que rige para los países involucrados y procurar su ejecución coordinada.

15) Rango constitucional a los partidos políticos y defensa del sufragio obligatorio

A partir de la reforma, la Constitución dice que los partidos políticos son instituciones fundamentales de la democracia y garantiza su organización democrática, los derechos de las minorías, el acceso a la información pública y la difusión de sus ideas. Señala, además, que el Estado debe contribuir a su financiamiento y a la capacitación de sus dirigentes, así como obligar a los partidos a hacer público el origen de sus fondos.

Al establecer este reconocimiento general, institucionalizó el rol de los partidos como asociaciones de ciudadanos que ejercen su actividad libremente, como instrumentos fundamentales para incrementar la participación política con el fin de cooperar en la formación de la voluntad popular para determinar la política nacional. Resulta de fundamental importancia esta garantía otorgada por la Constitución para la difusión de las ideas de los partidos políticos, que conlleva la obligación del Estado de asegurarles espacios equitativos en los medios masivos de comunicación.

En la conclusión de la tarea reformista, Alfonsín estimó que se habían introducido correctivos y frenos a las pretensiones hegemónicas y movimientistas de las corrientes o liderazgos neo-populistas que proliferaban en esa época con intenciones de instalar un modelo de democracia delegativa, autoritaria y con partidos políticos débiles. Asimismo, la reforma incluyó la obligatoriedad del voto, en el marco del pleno ejercicio de los derechos políticos, con arreglo al principio de la soberanía popular. La importancia de esta cláusula se relacionaba con la aparición de expresiones que abogaban por la supresión de la obligatoriedad establecida por ley. Del mismo modo, la reforma incorporó a la Constitución normas para su propia defensa, en consonancia con las ya incorporadas en la Ley de defensa de la democracia.

Se estableció, así, que quienes atentaran contra el sistema democrático tendrán la pena correspondiente a la figura de "infames traidores a la Patria", inhabilitados a perpetuidad para ocupar cargos públicos y excluidos de los beneficios del indulto. Las mismas sanciones les corresponderán a los que usurparen funciones previstas para las autoridades designadas constitucionalmente y sus acciones serán imprescriptibles. Los actos cometidos por los usurpadores serán nulos y frente a cualquier poder sedicioso les asiste a los ciudadanos el derecho de resistencia a la opresión.

Otras innovaciones en el texto constitucional en las que Alfonsín estará empeñado muestran el contenido progresista de la reforma, particularmente en relación con el funcionamiento del sistema democrático y el fortalecimiento de los derechos y garantías ciudadanas. Entre estas, cabe mencionar:

16) La preservación del medio ambiente

La reforma estableció que todas las personas tienen el derecho de habitar en un ambiente saludable, ecológicamente equilibrado y adecuado para el desarrollo de la vida y la preservación del paisaje y la naturaleza. Tienen, asimismo, el deber de conservar dicho ambiente. Para ello, le otorgó marco legal a un sistema que otorga responsabilidades políticas y jurídicas a las generaciones presentes en función de la preservación de opciones de desarrollo para las generaciones futuras.

Se estableció que es deber del Estado garantizar que la población viva en un ambiente sano y libre de contaminación, en donde el agua, el aire y los alimentos satisfagan los requerimientos de desarrollo adecuado a la vida humana. Asimismo, que las autoridades deben proveer a la preservación del patrimonio natural y la diversidad biológica así como a la información y educación ambientales. La Constitución protege al país de cualquier intento de utilizarlo como repositorio de residuos de origen externo, prohibiendo el ingreso de residuos actual o potencialmente peligrosos y de los radioactivos.

17) El reconocimiento de la identidad de los pueblos indígenas

El anterior inciso 15 del art. 67 de la Constitución Nacional que establecía que el Congreso debía "conservar el trato pacífico con los indios y promover la conversión de ellos al catolicismo" se encontraba desactualizado en todos sus aspectos. Se reconocía ahora que los pueblos indígenas son preexistentes al nacimiento de las provincias y a la formación del Estado nacional. Sin embargo, la protección de su identidad no había sido reconocida en el ordenamiento constitucional, superado por los avances legislativos que habían realizado el Congreso nacional y algunas legislaturas provinciales, así como por los convenios internacionales. Debía combatirse cualquier exclusión, restricción o preferencia discriminatoria basada en el origen étnico y además adoptar todas las medidas necesarias para asegurar los derechos de los pueblos indígenas que habitan nuestro país, tomando en cuenta y respetando su diversidad, identidad étnica y cultural y la propiedad de las tierras comunitarias que habitan. Así quedó establecido.

18) *La defensa del usuario y del consumidor*

Los consumidores y usuarios de bienes y servicios quedaron expresamente protegidos en sus derechos a la salud, la seguridad y la protección de sus intereses económicos, a una información adecuada y veraz, así como a la libertad de elección, a un trato digno y equitativo y a la educación para el consumo. Asimismo, las autoridades quedaron obligadas a proveer a la defensa de la competencia contra los monopolios, a la calidad y eficiencia de los servicios públicos y a la constitución de asociaciones de consumidores y usuarios así como a la participación de éstas en los marcos regulatorios correspondientes.

19) *Garantías para derechos fundamentales (el amparo,*
hábeas data, hábeas corpus y secreto de fuentes periodísticas)

Se incorporaron figuras explícitas y mecanismos idóneos para asegurar la garantía real de los derechos fundamentales, como el hábeas corpus y la acción de amparo. Era necesario consagrar el rango constitucional de estos medios judiciales de tutela y el establecimiento de la responsabilidad penal, civil y administrativa de los funcionarios que dicten o ejecuten dichos actos o incurran en omisiones contrarias a la Constitución y a las leyes que garantizan los derechos individuales. A partir de la reforma, el afectado, el Defensor del Pueblo y las asociaciones que propendan a esos fines podrán interponer la acción de amparo contra cualquier forma de discriminación y en cuanto a la protección del ambiente, la competencia, los derechos del usuario y el consumidor.

Asimismo, se estableció el "hábeas data", por el cual cualquier persona puede interponer la acción de amparo con el fin de tomar conocimiento de los datos referidos a ella, así como de su finalidad, que consten en registros públicos o en los privados destinados a proveer informes, y exigir, según los casos, su supresión, rectificación, confidencialidad o actualización.

También se efectuó un importante avance en el respeto a la libertad de prensa al establecer, a manera de excepción de la norma general relacionada con el hábeas data, que no podrá afectarse el secreto de las fuentes de investigación periodística. Se constitucionalizó el derecho de "hábeas corpus", inscripto en la jurisprudencia, por el cual cuando el derecho lesionado fuera la libertad física, o se hubieran agravado ilegítimamente las condiciones de detención, o en caso de desaparición forzada, la acción podrá ser interpuesta por el afectado o por cualquiera en su favor, y el juez deberá resolverla de inmediato, aunque estuviera vigente el estado de sitio.

20) Igualdad de género

La legislación había incorporado al derecho positivo un mecanismo tendiente a facilitar la participación política de la mujer, estableciendo que las listas de diputados tendrían que tener un mínimo determinado de componentes de distintos sexos. Entre los argumentos que se habían utilizado para oponerse a lo que dio en llamarse la "ley de cupos" sobresalía el que alegaba que se violaba la igualdad prevista en el artículo 16 de la Constitución Nacional. La reforma estableció que "la igualdad real de oportunidades entre varones y mujeres para el acceso a cargos electivos y partidarios se garantizará por acciones positivas en la regulación de los partidos políticos y en el régimen electoral", con lo que quedó definitivamente salvada esa objeción. En el mismo sentido se expidió en cuanto a las atribuciones del Congreso, en su inciso 23, al establecer que le corresponde al mismo promover medidas de acción positiva que garanticen la igualdad real de los derechos reconocidos por la Constitución.

21) Gratuidad de la educación y afirmación de la identidad cultural

La reforma estableció que es responsabilidad indelegable del Estado el garantizar la gratuidad y equidad de la educación pública, que ésta debe promover los valores democráticos y la igualdad de oportunidades y posibilidades sin ningún tipo de discriminación. En igual sentido, determinó que debe garantizarse la autonomía y autarquía de las universidades nacionales. Finalmente, encomendó al Congreso el dictado de leyes que protegieran la identidad y pluralidad culturales, así como la libre creación y circulación de las obras, el patrimonio artístico y los espacios culturales y audiovisuales, con lo que abrió el camino a una legislación moderna y acorde con los grandes debates sobre el papel de las industrias culturales y los medios de comunicación masiva en el desarrollo de las propias identidades, el intercambio con otras culturas y su proyección exterior.

Todos estos avances, reconocía Alfonsín, ocurrieron en un contexto político adverso, en pleno despliegue de un modelo hegemónico, pese a lo cual, se valoraba el haber alcanzado una Carta Magna que podía ser, además de un reaseguro de la convivencia pluralista, una carta de derechos y mandatos para trabajar hacia el futuro con ideas, proyectos y programas de carácter progresista (Alfonsín, 2004: 239).

Los resultados inmediatos fueron visibles y concretos sólo en algunos de sus puntos principales: además de la reelección presidencial y acortamiento del mandato, que habilitaron a Carlos Menem para convertirse en el presidente constitucional que más tiempo estuvo en la presidencia de manera ininterrumpida, hay que tener presentes la autonomía de la ciudad de Buenos Aires y la elección directa de su jefe de gobierno; la modificación del sistema electoral, con incorporación de la segunda vuelta si no estuviera definida una mayoría clara; la elección directa de los senadores y la inclusión de un tercer senador por la minoría de cada provincia; la creación del Consejo de la Magistratura, la autonomía de la Auditoría General de la Nación como organismo de control del Ejecutivo y la sujeción de las leyes nacionales a los tratados internacionales, con apreciables consecuencias inmediatas en materia de derechos humanos y procesos de integración.

Otros resultados importantes no se llegaron a evidenciar en las prácticas políticas y en el mejor funcionamiento institucional porque no existió una voluntad en ese sentido por parte de la mayoría justicialista que gobernaba en aquel entonces; la cual, en lo esencial, mantuvo una filosofía del poder fuertemente conservadora, presidencialista y "decisionista" asociada tanto a una de las vertientes que conformaron su tradición histórica como a la propia experiencia de gobierno y el estilo de su liderazgo de entonces, vinculado con la imposición de las reformas económicas que recetaba el modelo neoliberal. Las limitaciones de los poderes presidenciales no se cumplieron como lo mandaba la Constitución y la figura del jefe de Gabinete resultó subalternizada, circunscripta al papel de un ministro coordinador en la esfera del poder ejecutivo. Pero es cierto también que ello fue así porque el gobierno de Menem mantuvo una mayoría parlamentaria, al menos hasta fines de 1997, y luego, la dinámica de las prácticas políticas siguió atada a una cultura arraigadamente presidencialista, hasta el derrumbe del malogrado gobierno de la Alianza presidido por Fernando de la Rúa, a fines de 2001.

La reforma constitucional, en tal sentido, tuvo implementación y cumplimiento parcial y dejó abiertas materias pendientes de tratamiento legislativo, reglamentación jurídica o implementación política. Entre ellas, cabe mencionar las formas de democracia semi-directa como la consulta popular, la co-participación federal y la regionalización, la construcción de un renovado y fortalecido sistema de partidos políticos que expresen genuinamente a las distintas trayectorias y afinidades ideológicas y al más amplio espectro social y las nuevas formas de representación colectiva, la defensa de la competencia y la regulación medioambiental, entre otras. Frente a quienes subsumieron todo el proceso de reforma constitucional a la reelección presidencial de Menem, la prédica de Alfonsín, a partir de entonces, buscó colocar a la Constitución reformada como una plataforma programática para la agenda de la democracia, de cara al siglo XXI.

5. La idea de un "presidencialismo alternativo"

Giovanni Sartori fue quien primero planteó, en su propuesta de un "presidencialismo alternativo", la idea de un sistema "con dos motores". El presidencialismo y el parlamentarismo, explica Sartori, son mecanismos impulsados por un solo motor. En el primer sistema, el motor es el presidente; en el segundo, lo es el Parlamento. Con mucha frecuencia el motor presidencial falla al bajar a las intersecciones parlamentarias, en tanto que el parlamentarismo no tiene la potencia suficiente en el ascenso, la función de gobernar (Sartori, 1994).

El semipresidencialismo, "presidencialismo alternativo" o "presidencialismo intermitente", en cambio, podría considerarse como un sistema con dos motores. La idea básica en este caso es la adopción de un sistema mixto, motivado o castigado por componentes de carácter parlamentarista o presidencialista que se activarían cuando uno u otro poder dejan de funcionar con plenas capacidades. En palabras de Sartori, "lo fundamental es tener una zanahoria que recompense el buen desempeño y un garrote que sancione la mala conducta" (Sartori, 1994: 168).

¿Qué aplicaciones puede tener esta idea al análisis del diseño institucional y el funcionamiento de la democracia en la Argentina contemporánea? ¿En qué medida resulta pertinente el debate sobre posibles formas mixtas, mayores componentes parlamentarios en un presidencialismo que, a todas luces, ha mostrado tanto su vigencia como sus limitaciones y déficit a lo largo de las últimas tres décadas? La democracia argentina, como hemos observado, de Raúl Alfonsín a Cristina Fernández de Kirchner, puede ser definida como un sistema "de un solo motor", en el que la gobernabilidad descansa de manera excesiva sobre la fortuna y virtud del timón presidencial (Bosoer, 2009; Quiroga, 2005, 2010; Ferraro y Rapoport, 2008). Presidencialismo puro, atenuado tímidamente por la reforma constitucional de 1994, con rasgos de híper-presidencialismo durante el gobierno de Carlos Menem y evidenciando las deficiencias clásicas durante el período interrumpido de Fernando De la Rúa;[26] en los términos en que las distinguió Juan Linz: legitimidad dual, rigidez del mandato, sobrecarga de tensiones sobre el presidente, lógica del ganador único o "suma cero", parálisis y crisis de gobernabilidad.

De haberse apelado a los mecanismos e incentivos introducidos por la reforma del '94, el presidente podría haber evitado su caída acordando una cohabitación con la oposición, que había triunfado en las elecciones legislativas de octubre de 2001, designando un jefe de Gabinete propuesto por la nueva mayoría en el Congreso y abriendo las puertas a un posible gobierno de coalición.

De todos modos, con el estallido político y social de fines de 2001 se produjo la primera experiencia de crisis institucional por renuncia del Presidente que se resuelve poniendo en marcha los mecanismos parlamentarios de sucesión previstos por la Ley de Acefalía. Con la gestión de Eduardo Duhalde (2002-2003), surgida del mandato parlamentario y al frente de un gobierno de coalición con responsabilidad parlamentaria, Alfonsín entiende que se está introduciendo un elemento de carácter parlamentarista en el marco de las capacidades y recursos institucionales existentes. Un gobierno de coalición en el que si bien la figura del presidente mantiene sus facultades dentro del formato presidencialista, gobierna con lógicas y bajo condiciones más cercanas a las de un sistema semiparlamentario.

Las elecciones presidenciales de abril del 2003, y la posterior de renovación legislativa en octubre de 2005, cuyo epicentro fue ubicado en la figura presidencial y el liderazgo de Néstor Kirchner al frente de una nueva coalición mayoritaria, pusieron en evidencia una voluntad

---

[26] Ver capítulo IV de la presente publicación.

de transformación del sistema político y un proyecto de poder que, sin embargo, terminó refrendando el régimen presidencialista. Según algunos autores, tras el triunfo de Cristina Kirchner en 2007,[27] el modelo presidencialista se acercaba a un sistema político con *"dos motores"* por la circunstancia particular del poder bicéfalo que representaban el ex presidente y su esposa y sucesora (Quiroga, 2010:162). La resignificación del presidencialismo está asociada en este caso a un cambio de autoridad que no modificó la lógica política imperante; y que en algunos aspectos, por el contrario, la reforzó. Lo que asomaba, más bien, era un liderazgo que transformaba la esfera del Ejecutivo en una entidad dual además de neo-patrimonial; un sistema de poder ejercido por un doble liderazgo: por un lado, una especie de "jefe de Gobierno" en las sombras y a la vez líder partidario, en el llano, Néstor Kirchner; y por el otro, un "jefe de Estado" con todas las facultades constitucionales, la presidente Cristina Fernández de Kirchner.

Por otra parte, la permanente invocación a la emergencia supuso un refuerzo del decisionismo presidencialista como práctica de gobierno, siguiendo los mismos parámetros trazados durante los gobiernos de Menem en los años '90 y luego continuados durante el corto período de De la Rúa con el uso de los Decretos de Necesidad y Urgencia y las facultades delegadas. En 2008, en una de sus últimas intervenciones públicas de carácter político, al analizar el desenlace del conflicto entre el Gobierno y el campo por la política de retenciones al agro, Alfonsín volverá a introducir la idea de "una democracia de dos motores": "La democracia no puede funcionar con un solo motor, sea cual fuere el respaldo popular que un Presidente obtenga en las urnas cuando es elegido. El híper presidencialismo argentino es eso: la democracia de un solo motor. Esta nueva etapa ofrece la oportunidad de colocarle otro motor a la democracia, que no obstruya sino que complemente y enriquezca la tarea del Gobierno y de la oposición. De tal modo, la república democrática podrá funcionar mejor, con un parlamento activo y una sociedad civil que se expresa en su pluralidad y en paz, sin miedos ni coerciones, y que puede influir en la dinámica de las decisiones".[28]

---

27 Ver capítulo VI.

28 Raúl Alfonsín, "Otro motor para la democracia", en *Clarín*, 20/07/2008. Esta sería una de las últimas intervenciones políticas del ex presidente. Fallece el 30 de marzo de 2009, a los 82 años, luego de soportar una enfer-

Los ciclos del presidencialismo argentino a lo largo de las últimas tres décadas estuvieron signados por las figuras presidenciales que constituyeron el polo de referencia central del sistema político. Desde la recuperación democrática de 1983 hubo tres alternancias entre gobierno y oposición (de Alfonsín a Menem, de Menem a De la Rúa y de De la Rúa a Duhalde). Esto quiere decir que ningún partido retuvo la presidencia por más de dos períodos, a lo que se suma que tras el colapso del bipartidismo en el 2001, lo que tendió a producirse es la formación de coaliciones dominantes de distinto signo antes que el trasvasamiento a un partido hegemónico. Pero existe otra lectura posible: ningún gobierno que no tuviera base peronista ha logrado concluir medianamente bien su mandato constitucional. El bipartidismo tradicional y la predominancia del peronismo como movimiento político mayoritario están transmutando hacia una configuración que sigue teniendo mucho de las formas tradicionales mientras recoge los cambios y fenómenos emergentes de la Argentina post-crisis.

De alguna forma, esta tensión entre las reglas de juego del régimen político, el ejercicio del poder presidencial y las prácticas agonales del conflicto político se vincula con lo que en otras épocas se definía como la distinción entre "democracia formal" y "democracia sustancial". Hay una corriente de interpretación que tiende a asumir que lo que está en juego es la orientación ideológica de un gobierno o la personalidad de un gobernante, antes que el propio desarrollo de la gobernabilidad democrática plenamente garantizada; entendiendo a esta última como aquella que dota a los gobiernos legítimos de plenas capacidades para llevar adelante sus políticas y a las sociedades de todas las garantías y mecanismos para que el poder no sea ejercido de manera arbitraria o discrecional.

Gobiernos que se consideran llamados a protagonizar epopeyas refundacionales u oposiciones arrinconadas al papel contestatario, reactivo o testimonial tienden a entender la continuidad como perpetuación y el cambio como ruptura. Es éste un condicionante que sigue pesando sobre las posibilidades y oportunidades de avanzar hacia una

---

medad terminal, y recibirá un multitudinario homenaje cívico que quedará como una suerte de testimonio político póstumo. Lo mismo ocurriría un año y medio después, el 27 de octubre de 2010, con la sorpresiva muerte del ex presidente Néstor Kirchner.

democracia de mayor calidad, que no siga dependiendo tan fuertemente de la existencia de un liderazgo presidencial de carácter decisionista. En tal sentido, la gestión presidencial de Raúl Alfonsín, su tarea constituyente, su reflexión crítica sobre el presidencialismo argentino y su propuesta reformista, siguen siendo una fuente de referencia ineludible.

6. Bibliografía

Alfonsín, Raúl, *Memoria política*, Fondo de Cultura Económica, Buenos Aires, 2004.

Alfonsín, Raúl, *Fundamentos de la República Democrática*, Eudeba, Buenos Aires, 2008.

Alfonsín, Raúl, "Otro motor para la democracia", en *Clarín*, Buenos Aires, 20/07/2008.

Arendt, Hannah, *Sobre la revolución*, Alianza Universidad, Buenos Aires, 1992.

Aspiazu, Daniel (Comp.), *Privatizaciones y poder económico. La consolidación de una sociedad excluyente*, FLACSO / IDEP / Universidad Nacional de Quilmes Ediciones, 2002.

Basualdo, Eduardo, *Sistema político y modelo de acumulación en la Argentina*, FLACSO / Universidad Nacional de Quilmes Ediciones, Buenos Aires, 2002.

Bosoer, Fabián, "Ciclos electorales y ciclos políticos en la Argentina: 1983-2008 ¿Democracia de uno o dos motores?", *Sociedad Global*, Volumen 3, Número 1 (Universidad Abierta Interamericana), Buenos Aires (2009), páginas 157-170.

Bosoer, Fabián y Leiras, Santiago, "Los fundamentos filosófico-políticos del decisionismo presidencial en la Argentina, 1989-1999: ¿Una nueva matríz ideológica para la democracia argentina?", en Julio Pinto (Comp.), *Argentina entre dos siglos. La política que viene*, Eudeba, Buenos Aires, 2001.

Bosoer, Fabián y Leiras, Santiago, "Posguerra fría, neodecisionismo y nueva fase del capitalismo: el alegato del Príncipe-gobernante en el escenario global de los años 90", en Atilio Borón, Julio Gambina y Naúm Minsburg (Comp.), *Tiempos violentos. Neoliberalismo, globalización y desigualdad en América Latina*, Eudeba, Buenos Aires, 1999.

Botana, Natalio, *El orden conservador. La política argentina entre 1880 y 1916*, Editorial Sudamericana, Buenos Aires, 1998.

Dahl, Robert, *La democracia. Una guía para ciudadanos*, Taurus, Buenos Aires, 1991.

Dahl, Robert, *La Poliarquía. Participación y oposición*, REI, Buenos Aires, 1989.

Dahl, Robert, *Análisis sociológico de la política*, Fontanella, Barcelona, 1961.

Dahl, Robert, *Who governs? Democracy and power in an American City*, Yale University Press, New Heaven y Londres, 1961.

Diamond, Larry, "El final de la tercera ola y el futuro global de la democracia", en Ernesto López y Scott Mainwaring (Comp.), *Democracia: discusiones y nuevas aproximaciones*. Universidad Nacional de Quilmes Ediciones, Buenos Aires, 2000.

Fabbrini, Sergio, *El ascenso del príncipe democrático. Quién gobierna y cómo se gobiernan las democracias*, Fondo de Cultura Económica, Buenos Aires, 2009.

Fabbrini, Sergio, "¿Globalización de la política americana?", *Revista Argentina de Ciencia Política*, Número 4 (Eudeba), Buenos Aires (2000), páginas 35-55.

Ferraro, Ricardo y Rappoport, Luis, *Presidencialismo absoluto y otras verdades incómodas*, El Ateneo, Buenos Aires, 2008.

Ferreira, Raúl Gustavo, *La Constitución vulnerable. Crisis argentina y tensión interpretativa*, Hammurabi, Buenos Aires, 2003.

Giussani, Pablo, *¿Por qué, doctor Alfonsín?*. Sudamericana, Buenos Aires (1987)

Huntington, Samuel, *La tercera ola. Democratización a finales del siglo XX*, Paidós, Buenos Aires, 1994.

Leiras, Santiago (Comp.), *Estado de excepción y democracia en América latina. Argentina, Brasil, Perú y Venezuela en perspectiva comparada*, Politeia / Homo Sapiens, Rosario, 2010.

Linz, Juan, "Democracia: presidencialismo o parlamentarismo ¿Hace alguna diferencia?", en Juan Linz, Arturo Valenzuela y Arendt Lipjhart, *Hacia una democracia moderna. La opción parlamentaria*, Universidad Católica de Chile, Santiago, 1990.

Linz, Juan y Stepan, Alfred, *Problems of Democratic Transition and Consolidation: Southern Europe, South America and Post-communist Europe*, Johns Hopkins University Press, Baltimore, 1996.

Lorenz, Federico, *Combates por la memoria. Huellas de la dictadura en la historia*, Capital Intelectual, Buenos Aires, 2007.

Mainwaring, Scott y Shugart, Matthew, "Juan J. Linz: presidencialismo y democracia. Una revisión crítica", *Desarrollo Económico, Revista de Ciencias Sociales*, vol. 34, n°135 (Instituto de Desarrollo Económico y Social- IDES), Buenos Aires, 1994.

Maquiavelo, Nicolás, *El príncipe*, Tecnos, Madrid, 1993.

Maquiavelo, Nicolás, *Discursos sobre la primera década de Tito Livio*, Alianza Editorial, Madrid, 1987.

Nohlen Dieter y Mario Fernández (Ed.), *El presidencialismo renovado. Instituciones y cambio político en América Latina*, Nueva Sociedad, Caracas, 1998.

Novaro, Marcos (Comp.), *El derrumbe político en el ocaso de la convertibilidad*, Grupo Editorial Norma, Buenos Aires, 2002.

Pinto, Julio (Comp.), *Las nuevas democracias del Cono Sur: cambios y continuidades*, Oficina de Publicaciones del Ciclo Básico Común / Universidad de Buenos Aires, Buenos Aires, 1996.

Poneman, Daniel, *La democracia argentina puesta a prueba*, Emecé, Buenos Aires 1988.

Quiroga, Hugo, *La Argentina de la emergencia permanente*, Edhasa, Buenos Aires, 2004.

Quiroga, Hugo, "¿Un presidencialismo distinto?", en *Clarín*, Buenos Aires, 17.01.2008.

Quiroga, Hugo, *La República desolada. Los cambios políticos de la Argentina (2001-2009)*, Edhasa, Buenos Aires, 2010.

Sartori, Giovanni, *Ingeniería Constitucional Comparada. Una investigación de estructuras, incentivos y resultados*, Fondo de Cultura Económica, México, 1994.

Capítulo II

El discurso neodecisionista de Carlos Menem: Del caos económico, político y social, a la estabilidad y la recuperación del orden público (1989-1995)*

*Hernán Fair***

> La primera necesidad del alma, la que está más próxima a su destino eterno, es el orden; es decir, un tejido de relaciones sociales tal que nadie se vea forzado a violar obligaciones rigurosas para ejecutar otras obligaciones. Sólo en este caso el alma no sufre violencia por las circunstancias exteriores.
>
> Simone Weil

1. Introducción

Como señalan Santiago Leiras y Alberto Baldioli (2010a), en las últimas décadas se ha producido un resurgimiento en el interés sobre el tema del decisionismo, en consonancia con la crisis del modelo económico de centralidad estatal, el proceso de creciente fragmentación

* Agradezco los pertinentes comentarios y sugerencias realizados por Santiago Leiras a una versión preliminar.
** CONICET-UBA.

de la estructura social y la crisis de representación o crisis de representatividad política (Torre, 1991; Novaro, 1994; Mayer, 1995; Yannuzzi, 1995; Pinto, 2000; Quiroga, 2005). Sin embargo, a diferencia de experiencias anteriores, caracterizadas por la predominancia de un decisionismo "estatista" y gubernamental, el nuevo estilo de liderazgo emergente se caracteriza por realizar una inédita conjunción de formas de decisionismo soberano, junto con la aplicación de políticas neoliberales y principios neoconservadores (Bosoer y Leiras, 1999, 2001; Leiras, 2009). Por otra parte, el nuevo decisionismo político, a diferencia del schmittiano, no suspende el Estado de Derecho, sino que lo atenúa mediante una legislación extraordinaria, que permite referirse a un "decisionismo democrático" (Quiroga, 2005, 2010).

Como es sabido, durante los años ´90 la mayoría de los países de Latinoamérica comenzaron a aplicar un conjunto de reformas de mercado, de orientación neoliberal, con el objeto de concluir con las dificultades socioeconómicas derivadas del tradicional modelo "estado-céntrico" (Cavarozzi, 1997). La implementación de estas reformas "antiestatistas"[1] se vio acompañada por un eficaz discurso político de legitimación que señalaba la necesidad urgente de constituir un liderazgo ejecutivo que tomara decisiones soberanas para solucionar la situación de caos e ingobernabilidad política, económica y social. Mediante este tipo de discurso neodecisionista se incentivó, así, un fenómeno caracterizado por lo que se ha dado en llamar la crisis de representación o crisis de representatividad de la política, fenómeno que promovió un creciente distanciamiento y apatía general entre los representantes y representados y una re-vinculación política en relación a la figura del Presidente, erigido en garante de la recuperación del orden y la gobernabilidad (Novaro, 1994; Leiras, 2009). Al mismo tiempo, la aplicación de las reformas neoliberales, en el marco más general del llamado Consenso de Washington, fomentó una creciente fragmentación, segmentación y polarización social, (Pucciarelli, 1998), lo que permitió revalidar socialmente la eficacia política del nuevo discurso decisionista de paz y reconciliación nacional.

---

[1] En realidad, resulta importante destacar que el Estado jugó un rol central en este proceso de reducción de las funciones sociales y de regulación económica del Estado, por lo que, en sentido estricto, no se produjo una reducción, sino una reorientación de las funciones que hasta entonces ejercía el propio Estado.

Es precisamente en el marco de la crisis del modelo sustitutivo de posguerra, la creciente ingobernabilidad política y la situación de fragmentación social, tal como se hacía presente en la mayoría de los países de América Latina a fines de la década del ´80, en el que hace su aparición el nuevo estilo de liderazgo "neodecisionista", un nuevo estilo de gobierno personalista y mesiánico, cuyos rasgos principales se caracterizan por la toma constante de decisiones soberanas en aquellos momentos definidos como de excepción, con el objeto de garantizar la unidad jurídica de la Nación y evitar el peligro de disolución de la cohesión social (Bosoer y Leiras, 1999, 2001; Bosoer, 2000; Baldioli, 2003; Kerz y Leiras, 2004; Leiras, 2008, 2009; Baldioli y Leiras, 2010a, 2010b; Fair, 2010a; Incarnato y Vaccaro, 2010; Spinetta, 2010).

El caso argentino constituye uno los ejemplos más debatidos de la región en relación al problema del nuevo decisionismo y sus consecuencias sobre la gobernabilidad y la calidad democrática (Mayer, 1995; Yannuzzi, 1995; Bosoer y Leiras, 1999; Baldioli, 2003; Quiroga, 2005; Leiras, 2009; Baldioli y Leiras, 2010a, 2010b). Sin embargo, escasean, curiosamente, los estudios centrados específicamente en una metodología de análisis del discurso político[2]. Partiendo de este marco teórico-metodológico, el siguiente trabajo se propone contribuir a enriquecer el debate, aplicando la categoría de análisis del neodecisionismo para pensar las características que asume el liderazgo político de Carlos Menem durante su primer período de gobierno (1989-1995). En ese contexto, en lugar de centrarse exclusivamente en las prácticas ejercidas por el estilo de liderazgo neodecisionista, se hará mayor hincapié en las características que asume el discurso de legitimación política de aquella orientación. Para ello, en un intento de complejizar un período tan complejo y multifacético como fuera la experiencia del menemismo en la Argentina, el estudio se propone complementar los aportes del nuevo decisionismo de origen schmittiano, junto con algunas categorías provenientes de la obra de Julien Freund[3] (2003). Entendemos, en efecto, que el apabullante éxito social del discurso neodecisionista de Menem sólo puede entenderse en toda su magni-

---

2 Una aplicación de esta metodología en relación a las características que asume el liderazgo neodecisionista de Alberto Fujimori en Perú, puede hallarse en Fair (2010a).

3 Acerca de la relación cercana entre la teoría neodecisionista de Schmitt y la concepción de la política de Freund, véase Baldioli y Leiras (2010a: 40-43).

tud, si se complementan las políticas legalistas del nuevo decisionismo schmittiano, junto con algunas categorías o valores ético-políticos tendientes a legitimar frente a la sociedad la aplicación del discurso neo-decisionista de recuperación soberana del orden y la paz.

Con el objeto de llevar a cabo la presente investigación, en un intento de reconocer la complejidad que adquiere el caso del menemismo en los ´90, se plantea la incorporación de una triple dimensión de análisis. En primer lugar, se tomará en cuenta: 1) la dimensión *político-institucional* en la que emerge el liderazgo menemista, signado por la crisis de representación política y el descrédito hacia las instituciones y representantes políticos. En ese marco, se analizará la particular respuesta decisoria que efectúa su discurso neodecisionista, frente a la situación de "emergencia" institucional en la que se instituye. 2) En segundo lugar, se investigará la dimensión *político-militar*, destacando la relevancia que adquiere el actor político Fuerzas Armadas a fines de los años ´80 y la respuesta de pacificación y reconciliación nacional que propone como solución el discurso menemista. 3) Finalmente, se analizará la dimensión *socioeconómica*. En ese contexto, se indagará en el particular contexto de crisis del Estado Social de posguerra y de creciente fragmentación y segmentación en el que hace su aparición el liderazgo de Menem, así como la respuesta política neoliberal-neoconservadora que organiza su discurso político para enfrentar y resolver la situación anómica precedente.

Según sostenemos, el tipo de liderazgo "piloto de tormentas" (Novaro, 1994; Bosoer y Leiras, 2001; Leiras, 2008, 2009) de Menem, representado por la avasalladora figura de su "personalismo mesiánico" (Baldioli y Leiras, 2010a: 43), situará su discurso político como aquel líder soberano que venía a garantizar el retorno al orden y la paz (hasta entonces) ausentes en el seno de la comunidad. En ese marco, logrará constituir y consolidar socialmente un discurso neodecisionista basado en un efectivo discurso político de ordenamiento del caos previo en los tres campos que hemos mencionado: el político-institucional, el político-militar y el económico-social.

2. Contexto de emergencia y constitución del discurso menemista

2.1. La campaña presidencial del '89.

Durante la campaña presidencial para las elecciones de 1989, Carlos Menem, por entonces gobernador de la provincia de La Rioja, había prometido que iba a implementar una "Revolución Productiva" que terminaría con la especulación financiera y un "Salariazo" que iba a consolidar el mercado interno. Si bien su discurso era más bien ambiguo, alternando entre una defensa explícita del "distribucionismo" y una moderada critica al intervencionismo estatal, se situaba indudablemente más cercano a la tradición benefactora de su partido, al punto tal de que Menem jamás se referiría a la necesidad de realizar una profunda reforma del Estado social de posguerra, tal como la que luego realizaría sin tapujos (Menem y Duhalde, 1989; Camou, 1998; Hadida y Pérez, 1999). Debemos tener en cuenta, en ese sentido, que desde hacía largas décadas, Menem formaba parte del peronismo, un partido-movimiento de origen popular que había hecho de la independencia económica, la soberanía política y la justicia social, su principal dogma y bandera identitaria. En ese contexto, el líder riojano obviamente no podía manifestar a sus adherentes que, una vez que lo eligieran, iba a realizar el profundo e inédito cambio estructural que luego efectuara. Pero además de este hecho, que luego sería reconocido por el propio Presidente, al señalar que si decía lo que iba a hacer una vez elegido no hubiese podido recibir el amplio respaldo popular que luego obtuviera, cabe destacar que el principal candidato del radicalismo en 1989 era Eduardo Angeloz. El entonces gobernador de Córdoba, a diferencia de lo que predicaba Menem y una porción del gobierno radical, defendía un discurso de administración o gestión tecnocrática de la cosa pública que se situaba sin ambigüedad dentro del neoliberalismo. En ese contexto, con un plan económico cuyos autores principales eran los economistas ultraliberales Adolfo Sturzenegger y Ricardo López Murphy, planteaba como ejes principales de su proyecto la unificación y liberación del mercado cambiario, la eliminación de todas las retenciones a las exportaciones y la inmediata suspensión del congelamiento de precios. Al mismo tiempo, diferenciándose nuevamente del discurso "populista" de Menem y de la expresión de la mayoría de su propio partido (en particular, del ala alfonsinista), prometía privatizar todo lo que pudiera ser privatizable, reducir la intervención del Estado, desregular la economía y abrir el país a la competencia internacional. Apelando a un "lápiz rojo" con el que pretendía realizar un ajuste en el gasto público en caso de ser electo, y criticando la excesiva burocracia y la elevada ineficiencia estatal, Angeloz se situaba claramente a la derecha de su contrincante político (Hadida y Pérez, 1999).

Las críticas en el campo económico por parte de Angeloz eran complementadas por diatribas dirigidas a las continuas ambigüedades y contradicciones de Menem, quien prometía dejar de abonar la deuda externa, al tiempo que señalaba la necesidad de realizar una renegociación de la misma y acordar con los organismos multilaterales de crédito, o bien prometía expropiar propiedades británicas, al tiempo que afirmaba su deseo de negociar la soberanía de las Islas Malvinas en foros internacionales. Por último, el entonces gobernador riojano consideraba patriotas tanto a los sandinistas como a los contras (Waisbord, 1995; Palermo y Novaro, 1996). Angeloz insistía en destacar estas notables contradicciones discursivas de su contrincante, a quien, además, señalaba como poco confiable para el "mercado". Sin embargo, esta estrategia discursiva finalmente le jugaría en contra. En efecto, al limitar la campaña al ataque hacia la figura del candidato justicialista, priorizando la campaña negativa, no haría más que fortalecerlo y tornarlo eje de las dos campañas. En cuanto a las críticas económicas "por derecha" del candidato radical, no hacían más que generar desconfianza, puesto que, si su partido contaba con estas medidas "salvadoras", resultaba sospechoso que no las estuviera aplicando mientras se hallaba en el poder bajo el gobierno de Alfonsín (Hadida y Pérez, 1999: 27).

Mientras Angeloz realizaba actos masivos y en sus discursos planteaba la necesidad de una modernización de la economía, anunciando que usaría un lápiz rojo con el que ajustaría la estructura del Estado para incrementar su eficiencia, Menem no daba precisiones sobre su programa económico. En consonancia con la crisis de la palabra política iniciada tras el fracaso de promesas como la "reforma moral" del alfonsinismo y las bondades derivadas del régimen democrático (Hilb, 1994), el candidato del justicialismo apelaba a promesas vagas como el "Salariazo" y la "Revolución Productiva" y a consignas religiosas de tipo mesiánicas como "Síganme, no los voy a defraudar", que buscaban generar un vínculo de identificación directa y emotiva con el electorado en las potencialidades milagrosas del líder, más allá de los poco creíbles programas electorales (Borón, 1991: 55; Hadida y Pérez, 1999: 33).

Esta estrategia de identificación emotiva y personalista con las masas populares, que lo situaba como una especie de líder carismático "salvador", y a su vez lo diferenciaba claramente de la frialdad gerencial-tecnocrática de su contrincante, reenviaba, a su vez, a la tradición "populista" y verticalista del peronismo. Por otra parte, debemos considerar que Menem había emergido de La Rioja, una de las regiones más pobres del interior del país y sometida al centralismo partidario. En ese marco, su "cuerpo significante" (Verón, 1987) proponía una imagen inusual. En efecto, su aspecto campechano y popular evocaba a la de un caudillo del interior, Facundo Quiroga, con sus patillas abundantes y su poncho colorado. Esa figura, situada desde la propia política como un líder marginal a la clase política tradicional (Aboy Carlés, 2001), representaba mejor la tradición nacional y popular del peronismo y su histórica reivindicación de los excluidos.

Pero además de su imagen y su estilo campechano y popular, que contrastaba con la excesiva seriedad y frialdad tecnocrática de Angeloz, lo interesante del discurso menemista es que fue acompañado, a su vez, por una nueva modalidad de vinculación personalizada con el electorado en la que se buscaba la cercanía del candidato con el votante a través del recorrido por todo el país del denominado "Menemóvil". En efecto, durante varios años Menem recorrió decenas de pueblos y ciudades de todo el país, estableciendo un contacto directo con la gente basado en el afecto y la simpatía personal del candidato. En lugar de organizar actos tradicionales y activar a sus partidarios, iba a buscar a los ciudadanos a sus propios barrios y hogares a través de caravanas multitudinarias en las que sólo él se transportaba, en un vehículo que representaba una réplica local del "Papamóvil". Su cercanía y vinculación directa con el electorado, mediada por su enorme carisma personal, contrastaba con el distanciamiento oficial, cuyos discursos realizaban explicaciones técnicas, complejas y aburridas sobre la marcha de la economía. En los términos de los géneros discursivos de Bajtín (1982), podemos decir que mientras Angeloz defendía un discurso impersonal, distante y frío, el estilo enunciativo del discurso menemista era personalizado, cercano y agradable, lo que, junto a la imagen de líder sencillo y popular que evocaba con sus largas patillas a la Argentina "profunda" y olvidada del interior, y la apelación a la tradición nacional-popular de su partido, contribuía a generar una identificación personal en torno a su figura. En ese contexto, potenciado por las constantes contradicciones internas y la imagen de ganador que proyectaba Menem en los medios masivos de comunicación, el candidato peronista generaba un vínculo de identificación simbólica con las masas, confundiéndose como uno más de ellos (Novaro, 1994). En este sentido, podemos decir, junto con Palermo y Novaro (1996: 224), que el discurso menemista fundía el imaginario popular sobre "un gobierno del pueblo y para el pueblo, capaz de concretar la construcción siempre inconclusa de la Nación, con la institucionalización democrática y el logro de la cohesión de su partido detrás de un liderazgo personalista".

Pero al mismo tiempo que buscaba ganarse el respaldo efectivo de los sectores populares, y especialmente de los tradicionales núcleos peronistas, apelando al clásico imaginario "populista" del peronismo, el gobernador riojano intentaba trascender también el vínculo con sus adherentes a partir de la constante aparición en los medios masivos de comunicación, especialmente la televisión. Esta aparición repetitiva y fluida, promovida por su indiscutible carisma personal, le permitía interpelar al conjunto de la ciudadanía a través de la pantalla del televisor con su propuesta esperanzadora de "Cambiar la historia" y de terminar con la violencia social, a partir de la generación de una "Revolución pacífica" y un retorno a la "Unidad nacional", conducida bajo su liderazgo personalista (Menem y Duhalde, 1989; Novaro, 1994; Hadida y Pérez, 1999). En otras palabras, al tiempo que se invocaba a la tradición peronista de promoción de la justicia social, con la promesa vaga de la "Revolución Productiva" y el "Salariazo", el discurso de Menem apelaba a nociones de alcance más general como la necesidad de llevar a cabo la "unidad nacional" y la "reconciliación social", lo que, en un contexto de relajamiento de las identidades puramente antagónicas de períodos previos (Novaro, 1994), le permitía abarcar y englobar al conjunto de la sociedad (Bonetto y Martínez, 2000). Siguiendo a Novaro y Palermo (1996), podemos señalar, entonces, que el éxito inicial del discurso menemista radicó, en gran medida, en que logró desactivar la tradicional "identidad por alteridad" del peronismo, que relacionaba al peronismo a la "Patria" y el antiperonismo a la "Antipatria" (Sigal y Verón, 2003), reemplazándola por una especie de "identidad por escenificación", basada en la unificación de sectores heterogéneos a partir de la interpelación mediática y el relajamiento (sin que desapareciera totalmente) de la dimensión de antagonismo irrestricto que caracterizaba a la posguerra. De esta forma, más aún a partir de la profunda crisis de representatividad derivada del fracaso del gobierno de Alfonsín, que determinó que dejara de haber lealtades ciegas, es decir, sentimientos de pertenencia que garantizaran los comportamientos electorales más allá de las circunstancias y los candidatos, a lo que debemos sumar también los profundos cambios acontecidos en la estructura social tras la experiencia del Proceso y la democratización del partido justicialista en los años ´80, que debilitaron el tradicional antagonismo peronista-antiperonista y peronista-radical (Barros, 2002), el discurso menemista lograba trascender con éxito el cerrado vínculo que caracterizaba a los tradicionales adherentes al discurso peronista, para incorporar y articular a aquellos ciudadanos no peronistas que antes eran excluidos del discurso por ser considerados la Anti-Patria o el Anti-Pueblo (Novaro, 1994; Palermo y Novaro, 1996: 393 y ss.).

En ese contexto de articulación social de múltiples destinatarios en torno a la figura del líder popular, situación que se vería reforzada por la aglutinación del peronismo detrás del liderazgo de Menem a partir de la derrota electoral en las internas partidarias del entonces gobernador de Buenos Aires, Antonio Cafiero (Aboy Carlés, 2001), y la simultánea fragmentación identitaria del radicalismo entre sus vertientes "socialdemócrata" (alfonsinismo) y neoliberal (angelocismo), en el marco más general de la crisis del Estado Benefactor de posguerra, el dirigente de origen riojano (que había vencido previamente, con el 53,4% de los votos, a la fórmula justicialista Antonio Cafiero-José Manuel De la Sota en las elecciones internas realizadas el 9 de julio de 1988), no tendría dificultades en ser electo Presidente, junto con Eduardo Duhalde, por el 47,51% de los votos, en las elecciones realizadas el 14 de mayo de 1989[4].

Como es sabido, Menem asumió el poder en medio de una hiperinflación inédita en la historia del país, con índices que llegarían a 78,5% en mayo y 114,5% en junio, sumando un total de 613% en sólo 6 meses, y tasas de endeudamiento externo y déficit fiscal incontrolables. Este proceso de caos económico sería acompañado, además, por una profunda decadencia de la situación sociolaboral de los trabajadores asalariados, lo que se expresaría en un incremento de los índices de desocupación y subocupación, así como en un fenomenal aumento de los indicadores de pobreza y precarización social. En ese marco, signado por la imposibilidad de hacer frente a la crisis económica, política y social, a fines de junio de 1989 se produciría la temprana renuncia indeclinable de Raúl Alfonsín y, una semana después, el 8 de julio de 1989, asumiría formalmente como nuevo

---

[4] El binomio radical, conformado por la fórmula Eduardo Angeloz-Juan Manuel Casella, obtendría, por su parte, el 32,45% de los sufragios. Cabe destacar que el justicialismo triunfará, además, en casi todas las provincias, con excepción de Capital, Córdoba, Salta y Chubut, alcanzando mayoría propia en el Senado y un porcentaje cercano en Diputados (Clarín, 15/05/89).

Presidente el candidato del Partido Justicialista (PJ), Carlos Menem[5].

2.2. El sorprendente "giro de 180 grados": del populismo nacional al neoliberalismo extremo, que se iniciaría del siguiente modo:

No obstante, mientras muchos de sus votantes esperaban el "Salariazo" y la "Revolución Productiva", una vez en el poder, "con el fanatismo propio de los conversos recientes" (Camou, 1998: 90), el electo Presidente dejó de lado todo rasgo de ambigüedad, se cortó para siempre las patillas que buscaban asemejarlo al caudillo riojano Facundo Quiroga y al imaginario campechano y popular, y se dedicó a aplicar sin vueltas el rumbo neoliberal promovido por las principales sectores del *establishment* local e internacional. Con el respaldo de los más grandes empresarios del capital concentrado, expresado en la incorporación a su Gobierno de directivos del conglomerado Bunge y Born y del ingeniero Álvaro Alsogaray, símbolo del neoliberalismo, de gran parte del campo sindical y partidario, además de los sectores castrenses, y también de los Estados Unidos, con cuya política exterior se alineó a punto tal de constituir unas inéditas "relaciones carnales", el líder peronista se dedicó a aplicar, con celeridad, un profundo e inédito programa de reforma estructural, de fuerte orientación neoliberal, que intentaba ganarse como sea el respaldo y la confianza de los grandes inversores (Gerchunoff y Torre, 1996; Palermo y Novaro, 1996).

Como consecuencia de este sorprendente "giro copernicano" de 180 grados, se asistiría en esos años a una verdadera reestructuración económica y social que terminaría por descomponer la antigua "matriz estadocéntrica" (Cavarozzi, 1997). Esta matriz, que se remontaba básicamente a la posguerra, se caracterizaba por la presencia de un "Estado Social" (García Delgado, 1994) que intervenía fuertemente en el mercado para regularlo y asignar bienes y servicios al conjunto de la población a través de una política industrializadora basada en un esquema de sustitución de importaciones. En su reemplazo, se consolidó un nuevo modelo de acumulación cuyo eje giraba en torno al mercado libre y autorregulado[6], un programa de

---

[5] No analizaremos aquí los motivos que llevaron a la crisis hiperinflacionaria del primer semestre de 1989 y a la renuncia anticipada de Alfonsín. Para un detallado análisis de este particular en clave heterodoxa, véanse Lozano y Feletti (1991) y Ortiz y Schorr (2006).

[6] En realidad, como señala Sidicaro (1995: 144-145), el menemismo llevó a

reformas neoliberales fuertemente regresivo que venía implementándose, no sin contradicciones, desde mediados de la década del setenta, pero que ahora llegaba a su apogeo (Azpiazu, 1995).

A pesar de este "giro de 180 grados" en relación a las banderas tradicionalmente asociadas al peronismo, lo que le permitió a los grandes grupos económicos internos y externos consolidar un proceso de creciente concentración del ingreso y centralización del capital iniciado durante el Proceso (Basualdo, 2006), al tiempo que incrementó hasta niveles inéditos los índices de desocupación, precarización laboral e inequidad distributiva de amplios sectores sociales (Beccaria, 2002), el Presidente logró evitar una ruptura inmediata con su electorado, e incluso mantuvo en el tiempo, y hasta amplió, en cierta medida, el respaldo social al ajuste en gran parte de los principales afectados: los sectores populares. ¿Cómo logró el menemismo constituir esa amplia y heterogénea coalición de apoyo que lo acompañaría política y electoralmente durante largos años y que abarcaría incluso a los, al menos *a priori*, principales perjudicados por las profundas e inéditas reformas estructurales implementadas por su Gobierno? Se han ensayado múltiples respuestas a este interrogante que aquí no desarrollaremos (para un resumen, véase Fair, 2010b). En este trabajo, en cambio, haremos hincapié en las características que asume el discurso neodecisionista de legitimación de Menem como una respuesta a las circunstancias de caos e ingobernabilidad económica, política y social como las acontecidas en el momento de su acceso al poder.

3. El discurso neodecisionista de Menem

Como dijimos, al momento de asumir la presidencia, a comienzos de julio de 1989, Carlos Menem debía enfrentarse a una dura herencia signada por una frágil situación de caos político, económico y social. En ese contexto anómico, se debían tomar decisiones concretas y tangibles para solucionar la grave situación de emergencia. Es

---

cabo una "liberalización contradictoria", que "abrió en algunos rubros la economía interna a la competencia de importaciones, pero mantuvo las regulaciones proteccionistas y privilegios en otros, que no dejó de fijar estatalmente la cotización de la moneda extranjera, o que convirtió en monopolios privados a varias de las más importantes empresas públicas". En dicho marco, no puede hablarse de la aplicación de un "modelo neoliberal" en sentido estricto.

precisamente en ese marco de caos e ingobernabilidad en el que hace su aparición el liderazgo neodecisionista de Carlos Menem, un modelo de decisión política que se encuentra fuertemente concentrado en la figura presidencial y que se caracteriza por ser plebiscitario, avasallar el poder Legislativo, defender el liberalismo económico, descalificar al adversario y abusar de los "decretos de necesidad y urgencia" (Bosoer y Leiras, 1999, 2001; Kerz y Leiras, 2004).

A continuación estudiaremos, a partir de un marco de análisis centrado en las características que asume el discurso de legitimación política presidencial, la respuesta que propone Carlos Menem frente a los tres grandes problemas irresueltos heredados por el nuevo líder. En ese marco, fraccionaremos el trabajo en una triple dimensión que incluirá el abordaje de la dimensión político-institucional, caracterizada por la crisis de sistema de partidos y la situación de creciente ingobernabilidad, la dimensión político-militar, signada por los levantamientos e intentonas del sector castrense, y la dimensión socioeconómica, caracterizada por la situación de caos e ingobernabilidad económica y creciente fragmentación y polarización de la estructura social.

3.1. La respuesta a la crisis político-institucional

Uno de los grandes problemas heredados por Menem al asumir la presidencia era la crisis de representación o crisis de representatividad en la que se hallaba inmerso el sistema político tradicional. Debemos tener en cuenta que históricamente en la Argentina los partidos políticos se constituyeron en movimientos nacionales que tendieron a rechazar la lógica republicana a favor de la división de poderes y el respaldo a las minorías partidarias. En ese marco, prevalecieron liderazgos personalistas con rasgos plebiscitarios y mesiánicos que tendieron a arrogarse la representación absoluta de la voluntad nacional (De Riz, 1986). Al mismo tiempo, el régimen electoral argentino se caracteriza por un excesivo presidencialismo que otorga al poder ejecutivo un poder de prerrogativa basado en vetos parciales y totales, legislación delegada y la posibilidad de legislar por decreto en casos considerados de "necesidad y urgencia", así como decretar el "Estado de sitio" en los casos de "emergencia". Este "hiper-presidencialismo" (Quiroga, 2005) ha permitido fortalecer la presencia de liderazgos personalistas que tendieron a desequilibrar en su favor la división de funciones en relación al resto de los poderes (legislativo y judicial).

Con el retorno del régimen de gobierno democrático, a fines de 1983, se produjo un reflorecimiento en la relación política con los representantes y las instituciones representativas, lo que se expresó en una masiva afiliación a los partidos políticos y un respaldo entusiasta hacia el gobierno del electo presidente Raúl Alfonsín (1983-1989), símbolo del enfrentamiento político al autoritarismo de la Dictadura militar del período 1976-1983. Sin embargo, la conjunción entre la crisis de Semana Santa de 1987, que incentivó una profunda desconfianza general hacia la palabra política presidencial, en el momento en el que el gobierno radical terminó negociando con los dirigentes "carapintadas" la Ley de Obediencia Debida, junto con la posterior estampida hiperinflacionaria de 1989, que concluyó en un desastre socioeconómico que impactó fuertemente en los sectores populares, terminaron por generar una masiva desconfianza y desestructuración hacia los líderes políticos, el Parlamento y el centenario partido-movimiento fundado por Alem.

A partir de la temprana asunción presidencial de Carlos Menem, el 8 de julio de 1989, se produjo una nueva ilusión colectiva en torno al futuro del país. La elección del caudillo riojano fue interpretada en gran parte de la sociedad como la emergencia de un nuevo liderazgo que venía a restaurar la clásica idea del "movimiento nacional". Como destacan Baldioli y Leiras, a partir de entonces, el sistema jurídico-constitucional y todos los dispositivos procedimentales del sistema democrático quedaron subordinados a una premisa superior: la legitimación presidencial y la "refundación del Estado" (Baldioli y Leiras, 2010b: 57).

En el campo específicamente político-institucional, los principales factores que permitieron la constitución del estilo de liderazgo neodecisionista por parte de Carlos Menem fueron la utilización del veto parcial y total en forma recurrente, el uso constante de decretos de "necesidad y urgencia", la apelación a la legislación delegada y la cooptación del Poder Judicial[7]. En relación al uso de vetos, decretos y legislación delegada, resulta importante destacar, en primer lugar, que se trata de herramientas expresamente autorizadas por la Constitución Nacional. Es por eso que el liderazgo de Menem, si bien adquiere rasgos schmittianos, debería ser considerado más bien como una "concepción decisionista no schmittiana de la política"

---

[7] Además, el Presidente logrará disciplinar a los gobernadores provinciales y a la estructura partidaria, con la excepción de ocho Diputados "rebeldes" que constituirán el llamado "Grupo de los 8", con escaso éxito político y electoral.

(Quiroga, 2010: 12), o bien como un "decisionismo democrático" que, a diferencia del decisionismo schmittiano, no elimina el Estado de Derecho, sino que lo atenúa (Quiroga, 2005: 116 y ss., 2010). Sin embargo, el menemismo no sólo abusará de los poderes de prerrogativa dispuestos por la Constitución, erosionando la función deliberativa del Parlamento y el rol de canalización de demandas sociales de los partidos políticos. Al mismo tiempo, el gobierno de Menem tenderá a inmiscuirse en las funciones específicas del Poder Judicial con el objeto de otorgar legitimidad institucional al proceso de reformas pro-mercado iniciado a partir de 1989. En ese marco, además de nombrar de forma arbitraria a algunos jueces federales, en abril de 1990 sancionará una reforma de la Corte Suprema (Ley 23.774/90) que, con la ayuda del Senado, elevará el número de integrantes de cinco a nueve. Esta reforma, legitimada en la necesidad de dotar de mayor celeridad a la Justicia y fortalecer la jerarquía académica del cuerpo (Leiras, 2009: 76), le garantizará al Presidente una mayoría "adicta" que legitimará judicialmente las políticas neoliberales y convalidará los intentos de regular el abuso de los poderes excepcionales por parte del Poder Ejecutivo[8].

Como hemos señalado, en 1989 los partidos políticos eran asociados al bloqueo en la toma de decisiones y la debilidad para imponer políticas efectivas. Al mismo tiempo, el Congreso era vinculado a la inactividad, el fraude y la inoperancia, mientras que la deliberación entre partidos era considerada improductiva. En tales circunstancias, caracterizadas por la llamada crisis de representación o crisis de representatividad política (García Delgado, 1994), se requerían liderazgos fuertes y eficaces que impusieran un principio de orden y autoridad en el seno de la comunidad (Novaro, 1994: 65-67). En ese marco, durante el gobierno de Menem se produjo la emergencia de un estilo de liderazgo neodecisionista que tendió a concentrar el poder político en su persona, en desmedro de las instituciones democrático-republicanas (Leiras, 2009). Como destaca Santiago Leiras, este nuevo decisionismo se basará en "una concepción de la gobernabilidad asentada en las

---

[8] Para tener una idea de este proceso de "politización de la justicia", el total de fallos de la Corte Suprema a favor del Estado Nacional fue de un 57,14%, contra sólo un 26,02% de fallos en contra y un 16,84% de fallos inscritos dentro del denominado defecto formal (Leiras, 2009: 78).

prerrogativas y el desempeño del ejecutivo decisor prevaleciente, con todos sus atributos, sobre los otros poderes" (Leiras, 2009: 20, 99). Podemos definir, entonces, con Quiroga, al estilo de liderazgo político-institucional del neodecisionismo de Menem como "el derecho de mandar concentrado y vertical que pretende esquivar los controles parlamentarios y judiciales" (Quiroga, 2010: 12).

Para tener una idea de la relevancia que adquiere este modelo neodecisionista durante el "menemato" (Borón, 1991), debemos tener en cuenta que durante el gobierno de Menem se dictaron más decretos "de necesidad y urgencia" que a lo largo de toda la historia constitucional argentina (Baldioli y Leiras, 2010b: 61). En efecto, sólo entre julio de 1989 y julio de 1995, se dictaron nada menos que 336 decretos inscriptos en esa categoría, mientras que 109 iniciativas legislativas fueron vetadas por el Ejecutivo, 35% de las cuales provenían del partido de oposición, 31% de origen oficialista y el 34% restante de proyectos conjuntos[9] (Leiras, 2009: 71; Baldioli y Leiras, 2010b: 61).

En este trabajo, sin embargo, nos centraremos en el aspecto político-discursivo del neodecisionismo menemista, entendiendo que el aspecto más específicamente neodecisionista de su liderazgo se hace presente no tanto en los hechos realizados, al menos no en lo referente al aspecto político-institucional,[10] como en su discurso de legitimación social. En todo caso, la presencia de diversas etapas históricas en la compleja relación institucional entre el oficialismo y la oposición radical, producto en parte de los conflictos dentro de la propia estructura partidaria del justicialismo (Etchemendy, 1995), así como la hipótesis de que esta conflictiva relación entre el Ejecutivo y el Legislativo y la apelación constante a decretos y vetos constituía más bien un producto de la debilidad, que de la fortaleza presidencial (Llanos, 1998), nos permite referirnos a lo que podemos considerar un "estilo matizado decisionista de gobierno", en el que el decisionismo resulta atenuado por la presencia de un contexto histó-

---

[9] Sobre el tema del abuso de decretos de "necesidad y urgencia", vetos y legislación delegada durante el menemismo, véanse los trabajos iniciales de Mustapic (1995) y Ferreira Rubio y Goretti (1996). En cuanto al origen y características sociohistóricas y jurídicas de estos poderes de prerrogativa, véase Baldioli (2010).

[10] Por ejemplo, el número de decretos de necesidad y urgencia mantuvo un total de 30 en 1989, 63 en 1990 y 85 en 1991, para luego descender a 68 en 1992, 62 en 1993 y sólo 27 en 1994 (datos basados en Leiras, 2009: 68).

rico e institucional signado por la interacción con otros actores racionales que limitan su propio accionar (García Sigman, 2008).

Ahora bien, para llevar a cabo este análisis del discurso político presidencial debemos considerar, necesariamente, la importancia crucial que adquirieron las otras dos dimensiones de la crisis de gobernabilidad de 1989: la político-militar y la socioeconómica.

3.2. La respuesta a la crisis político-militar[11]

Las Fuerzas Armadas han sido históricamente un actor político de primer nivel en nuestro país. Durante el gobierno de Alfonsín, la imposibilidad de hallar una solución definitiva a la cuestión militar, expresada en el trágico episodio de Semana Santa de 1987 y los sucesivos levantamientos militares de diciembre de 1988 y enero de 1989, habían sido uno de los desencadenantes de la caída de su Gobierno[12]. Por otra parte, el líder radical había condenado a los integrantes de la Junta Militar a fines de 1985 por los crímenes cometidos durante la denominada "guerra sucia", lo que había generado un fuerte malestar en los sectores castrenses que aún se mantenía latente.

En ese contexto, una vez en el poder, el gobierno de Menem debía solucionar el áspero tema irresuelto de la relación con la corporación militar. Para tener una idea de la relevancia del conflicto, hacia junio de 1989 había un total de 460 miembros de las Fuerzas Armadas afectados por decisiones o procesos judiciales, o por sanciones disciplinarias: 7 condenas y 18 procesamientos vinculados con la "lucha contra la subversión"; 3 condenas referidas a Malvinas y 92 procesos y 340 sanciones disciplinarias relacionadas con los levantamientos "carapintadas" sucedidos hasta el momento (Canelo, 2008). Para hacer frente a esa compleja situación, y no repetir los errores cometidos durante el gobierno de Alfonsín, ya desde antes de asumir la presidencia Menem había establecido un dialogo ambiguo con los sectores "carapintadas",

---

[11] Resumimos en este punto algunas cuestiones desarrolladas más detenidamente en Fair (2011).

[12] Nos referimos a la sublevación interna del Gral. Mohamed Alí Seineldín en el Cuartel de Villa Martelli, en diciembre de 1988 (*Clarín*, 04/12/88), y al intento de copamiento del Regimiento 3 de Infantería de La Tablada de los días 23 y 24 de enero de 1989, por parte de grupos guerrilleros de extrema izquierda liderados por Enrique Gorriarán Merlo (Acuña y Smulovitz, 1995).

generándoles expectativas de que los indultaría. Así, a poco de asumir, afirmaba, de manera sugestiva: "mi idea tiende fundamentalmente a poner paz en el seno de la comunidad argentina, porque necesitamos cerrar heridas y cicatrizar definitivamente un pasado que no le hace bien al país" (*Clarín*, 26/05/89). Y también: "no puedo ver encerrados ni a los pájaros" (*Clarín*, 02/07/89; *La Nación*, 03/07/89).

Una vez asumido, el Presidente avanzó por etapas cumpliendo con lo acordado, en un intento de "clausurar el pasado" de manera definitiva. En ese marco, el 7 de octubre de 1989 indultó por decreto a 216 oficiales y suboficiales y 64 civiles procesados por las rebeliones de Semana Santa, Monte Caseros y Villa Martelli (*Clarín*, 08/10/89). Unos meses después, firmó un segundo indulto que beneficiaba a las Juntas militares del Proceso y a los jefes Montoneros (*Clarín*, 29/12/90 y 30/12/90), satisfaciendo lo que en los hechos constituía la principal demanda del Generalato castrense. Al mismo tiempo, incluyó también a 60 guerrilleros del Movimiento Todos por la Patria (MTP) que habían protagonizado el intento de copamiento del Cuartel de La Tablada en enero de 1989 (*Clarín*, 28/12/89).

Para justificar la aplicación de estas medidas, el Presidente afirmaba que se estaba contribuyendo a la necesaria "reconciliación" y al "reencuentro definitivo" de los argentinos:

> Ha llegado el momento de pacificar los espíritus y de proceder con valentía para que se instale la reconciliación en la Argentina. No volverá la Argentina grande si no abrimos los brazos al reencuentro definitivo de todos los argentinos (*Clarín*, 24/08/89).

Se trataba, en efecto, de "cerrar" aquella "herida" en el "cuerpo social" que había llevado a una "división" del Pueblo argentino, pero que ahora debía quedar en el pasado para lograr la "reconciliación" y la "pacificación" nacional:

> Vengo a cerrar para siempre una herida que durante muchos años nos frustró, nos derrumbó, nos lastimó. Vengo a cerrar el capítulo absurdo de la división cruel entre todos los argentinos. Entre los argentinos civiles y entre los argentinos militares. En definitiva, entre todo el pueblo argentino. Entre un pueblo argentino que ya no quiere seguir pagando cuentas con el pasado. Entre un pueblo argentino que ya está harto de

> la frustración, el rencor, el resentimiento, la anarquía, el caos y la decadencia (...) Yo los convoco al heroísmo de la reconciliación nacional. Yo los convoco a ser soldados del reencuentro entre todos los argentinos. Yo los convoco a compartir el honor más grande que puede compartir un hombre de armas, ser protagonista, responsable y patriótico, de la pacificación nacional" (01/11/89: 145-147)[13].

Como hemos señalado, el inédito "perdón" presidencial favorecía ampliamente al Generalato mayor, al satisfacer sus principales demandas sectoriales. Sin embargo, excluía, al mismo tiempo, a los jefes "carapintadas" sublevados durante el gobierno de Alfonsín. Como prueba de esta desafección, en noviembre de 1989 el Gobierno pasó a retiro, además de dictarle 60 días de arresto, al Coronel Mohamed Allí Seineldín, junto con 19 oficiales del Ejército que, como el caso del Coronel Aldo Rico, habían sido protagonistas de los tres alzamientos militares (*Clarín*, 02/11/89).

La decisión del Presidente de no reincorporar al Ejército a los carapintadas que se habían sublevado durante el alfonsinismo, y de eliminar de los mandos a quienes simpatizaban con ellos, llevará a estos sectores a plantear sus reclamos por dos vías diferentes. Mientras que el grupo liderado por Aldo Rico fundó el partido político nacionalista MODIN, intentando recrear los valores de nacionalismo económico del peronismo "verdadero" que Menem supuestamente había "traicionado", el sector liderado por el Coronel Seineldín decidió dejar a un lado el diálogo con el poder político y utilizar la vía armada. En dicho marco, el 3 de diciembre de 1990 se produjo un nuevo levantamiento, encabezado por el propio Seineldín, en el Regimiento de Patricios. El levantamiento militar, sin embargo, sería rápidamente desmantelado, resultando los rebeldes militar y políticamente neutralizados. En efecto, a diferencia de lo que había ocurrido anteriormente con Alfonsín, en esta ocasión las fuerzas leales al Estado Mayor cumplieron las órdenes de reprimir dura y exitosamente a los insurrectos, recomponiendo la cadena de mandos (Acuña y Smulovitz, 1995: 185). Por otra parte,

---

[13] Los discursos citados a partir de aquí, salvo expresa aclaración, corresponden a discursos oficiales enunciados por el Presidente Carlos Saúl Menem durante su primer período de Gobierno.

tras el lanzamiento a la arena política por parte del Coronel Aldo Rico, los propios grupos "carapintadas" se hallaban fragmentados internamente, lo que contribuyó a sofocar el levantamiento militar (Leiras, 2009: 99). Finalmente, para complementar su neutralización política, el Gobierno decidió juzgar sin contemplaciones a los responsables del levantamiento. En dicho marco, Seineldín resultó condenado a reclusión por tiempo indeterminado por la Cámara Federal de Capital y se castigó con penas de entre 25 meses y 20 años a los otros 14 jefes de la rebelión (*Clarín*, 03/09/91).

Pero además del indudable éxito en neutralizar a los sublevados, una medida que incrementó notablemente la imagen pública presidencial (Palermo y Novaro, 1996: 255), el Gobierno logró disciplinar al Generalato en su conjunto. Para entender este punto debemos tener en cuenta, más allá del histórico "perdón" presidencial a la Junta militar, la aplicación de diversas medidas tendientes a debilitar políticamente al poder militar. En este sentido, hacia mediados de 1991 se redujo fuertemente el presupuesto de las Fuerzas Armadas, se cerraron algunas unidades militares y se vendieron varios terrenos y edificios que permanecían en manos de las tres Fuerzas.

Estas profundas reformas que dispuso el Gobierno, a pesar de su intento legitimador a partir del discurso de la modernización y actualización a los nuevos tiempos, produjeron irritación, ya que suponían no sólo la disminución del gasto público, o una reorganización del mismo, sino el desmantelamiento de las estructuras estatales del antiguo orden, en el que las Fuerzas Armadas desempeñaban un papel privilegiado y central (Palermo y Novaro, 1996: 251-252). Sin embargo, a pesar del "ajuste", el Presidente lograría la subordinación de los militares al régimen democrático y a las medidas de "modernización" económica. Para entender este respaldo al régimen democrático por parte del sector militar debemos tener en cuenta una pluralidad de motivaciones. Entre ellas, los dos indultos brindados por el Gobierno a la plana mayor de las Fuerzas Armadas, la fuerte recomposición de la autoridad pública alcanzada por el poder político tras la exitosa represión y neutralización del levantamiento carapintada y los efectos desestructurantes causados por la privatización de la casi totalidad de las empresas integrantes del "imperio industrial-militar", en el contexto integral de reducción del aparato estatal (Canelo, 2008: 236). Pero además de estos factores, debemos tener en cuenta también que, pese a la reducción en términos generales del presupuesto castrense, los salarios de sus integrantes y el propio presupuesto militar serían luego recompuestos parcialmente (*Clarín*, 03/04/91, 06/09/93, 16/09/93; *La Nación*, 07/08/91; *Página 12*, 03/10/91; *La Nación*, 04/01/94). En la misma línea, debemos destacar que, en una medida excepcional a lo acordado con la oposición parlamentaria, Menem mantendrá por decreto las jubilaciones de privilegio para los militares y policías (*Ámbito Financiero*, 24/07/91; *Página 12*, 20/08/91).

Por otra parte, cabe subrayar también como factor clave el fuerte repudio que los sectores castrenses generaban en una porción mayoritaria de la sociedad debido al fracaso en el desempeño de la Junta, la devastación que había sufrido la moral militar luego de la catastrófica derrota de Malvinas y el "clima de época" en favor de la democracia liberal (Palermo y Novaro, 1996: 253; O´Donnell, 1997: 223-227). En efecto, las Fuerzas Armadas sentirán fuertemente el impacto de la derrota militar en Malvinas, tanto en lo político como en lo moral. Ello se debe, por un lado, a que se disolverá el histórico mito de la "invencibilidad" de las Fuerzas Armadas nacionales, y por el otro, a que tras la derrota frente a los ingleses, la Dictadura sufrirá un fuerte desprestigio en amplios sectores de la sociedad. Debemos recordar que este creciente desprestigio de las Fuerzas, que luego sumaría, además, la ineptitud para solucionar la creciente crisis socioeconómica generada por la aplicación de las políticas monetarias iniciadas con Martínez de Hoz, había llegado al punto tal que la Junta militar se había visto obligada a dejar poco después el poder mediante una "transición por ruptura". Dicho marco le había impedido fijar condicionamientos políticos concretos tales como una legislación de amnistía anticipada que les garantizara un sistema de impunidad[14].

En cuanto al "clima de época", debemos considerar que en toda Latinoamérica se estaba llevando a cabo, desde comienzos de la década anterior, un proceso de creciente democratización política tras la experiencia de gobiernos dictatoriales comandados bajo el "Plan Cóndor". Este proceso de transición hacia el régimen representativo de democracia liberal, potenciado a fines de los ´80 por la caída del comunismo y la visión acerca de una ausencia de alternativas al nuevo orden

---

[14] Debemos mencionar "no obstante", la Ley de Autoamnistía que dictara el General Bignone y que Alfonsín anulara en diciembre de 1983 mediante el decreto 158/83.

global, se extendía también a los ex países socialistas y a países europeos que poco antes habían tenido regímenes tradicionales (España, Grecia y Portugal). En ese contexto, la clásica alternativa militar para dirimir las disputas ideológicas y económico-sociales entre las diversas fracciones de la sociedad, situándose por encima de todos los actores sociales para encarnar el bien común e indivisible de la Patria, perderá efectividad en pos de una concepción en la que se exaltarán las virtudes del régimen democrático y las críticas al autoritarismo militar[15].

Por otro lado, cabe señalar también que los grandes empresarios del capital concentrado, fuertemente beneficiados económicamente por las políticas de reforma de mercado llevadas a cabo por el gobierno de Menem, ya no requerirán de su histórica alianza con las Fuerzas Armadas para derrocar al régimen constitucional (Acuña y Smulovitz, 1995: 191-192; Basualdo, 2001). En efecto, tras las contradicciones vividas durante el Proceso, que además habían terminado favoreciendo a algunas fracciones empresariales y no temían perjudicar fuertemente a otras, en pos del objetivo principal de "aniquilación de la subversión", las experiencias vividas durante la década del ´80, y sobre todo durante los años ´90, cuando sus diversas fracciones habían logrado integrar (relativamente) sus múltiples demandas sociales en un frente común convergente y sin que hubiere una oposición consistente que pusiera en jaque su hegemonía, las nuevas circunstancias sociohistóricas y culturales mostraban que la democracia no era incompatible con la lógica de acumulación capitalista. Más aún, bajo el régimen democrático, en particular con la llegada al poder de Menem, los grandes grupos empresariales habían logrado acceder a beneficios económicos que superaban en gran medida los obtenidos durante períodos dictatoriales como los observados durante el Proceso. En ese contexto, la histórica apelación al "brazo armado" de la corporación militar para derrocar al gobierno de turno con el objeto de recuperar la tasa de ganancias, perderá uno de sus principales motivos para legitimarse (Basualdo, 2001).

---

[15] Cabe destacar, en ese sentido, la "autocrítica" realizada por el General del Ejército Martín Balza el 25 de abril de 1995 frente al accionar criminal de la Dictadura militar del ´76, en lo que sería el primer reconocimiento institucional ante la sociedad civil de los crímenes de "Terrorismo de Estado", por parte de un alto jefe militar argentino.

Pero además, debemos tener en cuenta que no sólo los grandes núcleos empresariales apoyaban el nuevo régimen. Ya desde 1983 había comenzado a sedimentarse, de la mano del discurso alfonsinista de lucha contra el autoritarismo, la idea general de que la democracia, pese a sus imperfecciones y limitaciones, era el régimen de gobierno más adecuado para garantizar y promover los derechos y libertades individuales. En ese marco, potenciado por el juzgamiento a la cúpula militar y el respaldo a la democracia por parte de los principales dirigentes de los partidos políticos tradicionales (no exento de cierta lógica racional que les permitía mantener sus cargos) (O´Donnell, 1997), y de prácticamente el conjunto de los voceros de los medios masivos de comunicación, se consolidaba la idea del "Nunca más" al retorno a la Dictadura.

Finalmente, debemos tener en cuenta también que, tras la caída del Muro de Berlín y el derrumbe del comunismo, ya no existía a nivel mundial una amenaza consistente al orden instituido. En efecto, por un lado había concluido la Guerra Fría, y con ella, la amenaza latente que durante más de 70 años representaba el bloque comunista y su "terror rojo". De este modo, uno de los principales argumentos tradicionalmente esgrimidos por los sectores de poder para justificar las intervenciones militares, el "peligro" del "comunismo internacional", había desaparecido. Pero además, en la nueva era de "democracia liberal" y el "Fin de la Historia", tampoco existía más el "peligro" de la "subversión" interna, aniquilada o "desaparecida" en gran medida durante el Proceso. En ese marco, la famosa "Doctrina de Seguridad Nacional" y su *concepción seguritista* dirigida a combatir a los "enemigos internos" para defender la "seguridad nacional", adquirían ahora una percepción más difusa (Saín, 2002: 220-223).

Carentes de la amenaza interna de la "subversión" y de la amenaza externa de países vecinos y del comunismo internacional, y por lo tanto, sin la posibilidad de situarse como garantes absolutos del orden público frente al peligro acechante que estos sectores representaban para la "Seguridad Nacional", las Fuerzas Armadas reconfigurarán sus tradicionales funciones mediante la participación en ejercicios militares conjuntos con otros Estados "amigos" y el envío de tropas a las misiones internacionales de paz. En ese nuevo contexto internacional, el Gobierno, en consonancia con las demandas de las Naciones Unidas y la "comunidad internacional", enviará tropas armadas a cada una de las distintas misiones que serán encomendadas por este organismo y por los Estados Unidos (Golfo Pérsico, Yugoslavia, Kuwait,

Croacia, Chipre, Somalia, etc.). Según Menem, mediante estas misiones "humanitarias" el país mostraba su compromiso por lograr la "armonía internacional" (Discurso oficial del 06/07/93: 31). Se trataba, en efecto, de "acompañar al Consejo de Seguridad de la Naciones Unidas (…) para restablecer la democracia, la libertad y el respeto a los Derechos Humanos en la isla" (*Página 12*, 11/08/94).

El envío de tropas a todas las misiones internacionales encomendadas por los organismos multilaterales, le permitía a Menem situarse como firme garante de la defensa de la paz y la democracia a nivel mundial. Al mismo tiempo, colocaba al presidente argentino como un líder netamente democrático que promovía la defensa de los Derechos Humanos. Pero además, la participación en las principales misiones humanitarias, en las que la Argentina sería el país latinoamericano más activo del continente (Canelo, 2008: 237), era señalada por Menem como un símbolo del inédito proceso de inserción nacional al nuevo mundo globalizado. En palabras del Presidente, el envío de tropas "posibilita la reubicación del país en el mundo moderno" (*Página 12*, 28/09/90). En ese marco, potenciado por las constantes muestras de aprobación y consentimiento de Estados Unidos, que nombraría a la Argentina aliado "extra OTAN", el país era situado por el discurso menemista en un sitial de "privilegio" que lo igualaba a las naciones desarrolladas y, en el marco de inéditos índices de crecimiento e inversión, le permitía recuperar su histórico "destino de grandeza" (Fair, 2009b, 2010b).

En suma, el fuerte desprestigio social del sector militar tras el fracaso político y socioeconómico del Proceso, la eliminación de sus estructuras económicas y de parte de su personal, situación que sería reforzada a partir de la supresión en 1994 del servicio militar obligatorio y su reemplazo por un sistema de contratos voluntarios rentados, y la ausencia de un "enemigo" amenazante de la Seguridad Nacional con quien antagonizar de manera concreta tras el derrumbe del comunismo, en un contexto en donde sus principales demandas corporativas habían sido satisfechas, llevarán, así, a las Fuerzas Armadas, a modificar su histórica tendencia a constituirse en un actor antisistémico, para pasar a una mayor profesionalización de sus estructuras. De ese modo, en un contexto de apoyo general al régimen democrático, subordinarán sus intereses a cumplir su nuevo rol de garantes de la democracia (García Delgado, 1994: 151-152; Acuña y Smulovitz, 1995), disciplinándose al poder político. En el marco de este inédito disciplinamiento al poder político que lograría el menemismo a partir de 1991 y desde entonces, el Presidente logrará evitar nuevos pronunciamientos militares, consolidando en este campo el discurso neodecisionista de orden y gobernabilidad que había sido amenazado tras la rebelión carapintada de diciembre de 1990.

3.2.1. El discurso menemista de pacificación y reconciliación nacional

Hemos visto en el apartado anterior la solución política del liderazgo menemista frente al problema heredado de la corporación militar y su acecho sobre las instituciones democráticas. Señalamos, en ese marco, el discurso de "reconciliación" que desarrollará el Presidente para legitimar la firma de los diversos indultos redactados entre 1989 y 1990. Ahora bien, este discurso de unidad y pacificación nacional, que se verá acompañado también por un fuerte discurso de transformación social, lo que hará del menemismo tanto el Partido del Orden, como el Partido de las Reformas (Leiras, 2009: 58)[16], representará, en verdad, una cons-

---

[16] Como lo trabajamos en detalle en otro lugar (Fair, 2007, 2009b, 2010b), el discurso presidencial no sólo se limitaba a la dimensión ordenadora o pacificadora, sino que incluía, además, una fuerte dimensión rupturista, una dimensión tangible de ruptura o transformación social, asociada a la estabilidad monetaria, así como a la inserción inédito al "mundo moderno", con los beneficios derivados de la Modernidad, como el acceso al consumo masivo, el crecimiento económico, el desarrollo y el progreso. Cada uno de estos componentes de ruptura se hallaban presente desde su primer discurso. Sin embargo, sólo a partir del éxito contundente del 1 a 1 pudieron hacerse efectivos en la práctica cotidiana y adquirir un principio de legitimación social extendido. En efecto, a partir del éxito innegable del Régimen de Convertibilidad, el Presidente había logrado establecer el orden, la paz y la unidad social (hasta entonces) ausentes en el seno de la comunidad y, al mismo tiempo, había conseguido garantizar la estabilidad monetaria, el crecimiento de la economía, la inserción internacional al mundo en un sitial de privilegio, la modernización económica y el progreso inédito, todos significantes asociados a la ruptura social con un pasado de atraso, inestabilidad e involución que ahora era dejado atrás de forma definitiva. Además, desde el discurso menemista, a partir del logro de la estabilización monetaria se había alcanzado el fin de la especulación financiera, a los que debemos agregar, a partir del proceso inédito de inserción al orden internacional como un país privilegiado, el afianzamiento de las libertades civiles y de la democracia política y económica. De este modo, lejos de limitarse al restablecimiento de la paz social, en el discurso de Menem se hará presente una mezcla de confrontación con el pasado y reconciliación, unidad social y cambio, pacificación y transformación.

tante que se hará presente a lo largo de todo el gobierno de Menem[17].

Desde la concepción de Menem, el enemigo era asociado a un pasado representado, por un lado, por la hiperinflación del ´89, que disolvió los lazos sociales y llevó al caos de los saqueos y al desorden y la ingobernabilidad política y social. A su vez, era vinculado a un pasado asociado al primer gobierno peronista, que ya debía ser superado por la "evolución" de la Historia y la actualización consecuente de las banderas históricas del peronismo. En ese contexto, la alteridad era tanto el caos hiperinflacionario de 1989, como los que "se quedaron en el ´45" y no lograron comprender la realidad mundial, o bien aquellos que persistían en defender sus "intereses políticos" o "ideológicos" vinculados a un pasado mítico ya superado por el nuevo orden mundial y su metáfora de la "aldea global". En ese marco, el principal antagonismo se trazaba en relación a un pasado de postración, atraso y frustración ligado a la existencia de un Estado elefantiásico, fraudulento, prebendario e ineficiente, que había terminado de estallar en la crisis de 1989 (Fair, 2009c, 2010b). Sin embargo, el discurso de Menem planteará también, al mismo tiempo, un "discurso hobbesiano de superación del caos" (Aboy Carlés, 2001). Este discurso, al que sólo le faltaba el acecho de la "guerra civil" para confirmarse en toda su magnitud (Baldioli y Leiras, 2010b: 65), lejos de promover el conflicto explícito, trazará un enfrentamiento difuso con un pasado histórico de "desencuentros" entre los propios argentinos:

> Argentina está caminando este nuevo destino con paso firme, seguro, pese a todos los inconvenientes (...) que estamos tratando de ir superando, de ir marginando para que rápidamente pueda salir Argentina de una larga y densa crisis que lleva décadas, producto también del desencuentro de los argentinos (28/05/91: 142).

Según Menem, estos desencuentros, producto de décadas de "luchas" y "enfrentamientos" nacionales, habían llevado a la Argentina "al borde de la disgregación" social:

---

[17] Incluso, ya durante la campaña electoral del ´89, al tiempo que prometía realizar una "Transformación nacional" para "cambiar la historia" (Menem y Duhalde, 1989), Menem decía que "Mi primer compromiso, mi primer solemne compromiso, es por la unidad nacional" (*Clarín*, 12/05/89).

> Muchos años de luchas, de sacrificios, de renunciamientos, de enfrentamientos, que llevaron a la República Argentina al borde de la desesperación, al borde de la disgregación (...) (10/12/93: 225).

> Llegamos prácticamente al borde de la disgregación de nuestra comunidad (...). Una Argentina que venía de enfrentamientos en enfrentamientos, de fracasos en fracasos, de gobiernos democráticos a pseudodemocráticos o totalitarios y, lo que es peor, reitero, de desencuentros entre muchos sectores de la vida nacional (...) En alguna medida, los políticos, los empresarios, los comerciantes, los sindicalistas y los obreros, nos estamos recuperando y reivindicando ante nuestros pueblos por los graves errores que hemos cometido en los últimos años y que nos han llevado a la situación que ya todo el mundo conoce, vivida en 1989 (10/11/93: 101-102 y 105).

Como vimos anteriormente, a lo largo de la historia nuestro país estuvo enmarcado por distintos tipos de enfrentamientos políticos en los que el Otro, la alteridad constitutiva de toda identidad (Laclau y Mouffe, 1987), era negado como actor social legítimo. Desde la lucha entre unitarios y federales, pasando por los antagonismos entre liberales y conservadores, militares y civiles, peronistas y antiperonistas y peronistas y radicales, nuestra historia estuvo signada por la intolerancia hacia la legitimidad propia de la identidad antagónica. Así, mientras unos eran la Civilización, el Pueblo, la Causa o la Patria, los Otros eran rechazados por ser la Barbarie, el Antipueblo, el Régimen o la Antipatria.

> Veníamos en las últimas décadas a los tumbos, frustración tras frustración, producto de nuestros permanentes enfrentamientos e inclusive, diría, que desde los mismos inicios de nuestra Patria, como una Patria libre, nacieron esos problemas, expresados a través de una serie de antinomias que fueron acompañando los tiempos históricos del devenir de nuestra querida Argentina: unitarios y federales, radicales y conservadores, peronistas y radicales, peronistas y antiperonistas, civiles y militares, no teníamos paz en ese sentido, una serie de péndulos se daba entre gobiernos democráticos, pseudodemocráticos y gobiernos de facto (15/09/92: 227).

En la década del ´70, el eje de la lucha política y social se trasladará a la izquierda y la derecha del movimiento peronista. Mientras los primeros acusarán a los segundos de "traidores" e "imperialistas", éstos acusarán a sus enemigos de "infiltrados" y "comunistas" (Sigal y Verón, 2003). En ese contexto, la culpa del fracaso argentino era siempre trasladada al exterior, ya sea al "imperialismo de izquierda", ya sea al "imperialismo de derecha". Desde la visión menemista, que aquí tomaba como base la "teoría de los dos demonios" que era corriente durante el período de "guerra sucia" del Proceso (Barros, 2002), nadie había tenido la valentía de asumir su propia "responsabilidad" en promover esa situación. En palabras de Menem:

> Todos fuimos culpables y en nuestra soberbia nos encargamos permanentemente de justificar esa culpabilidad, tratando de echarle responsabilidades a otros, que ni tan siquiera éramos nosotros los argentinos. Si algo nos pasaba, las cosas no andaban bien aquí, la responsabilidad era de los imperialismos de turno, si los que opinaban eran de derecha, le echaban la culpa al imperialismo de turno de izquierda. Si los que opinaban eran de izquierda, la culpa la tenía el imperialismo de turno de derecha. Pero dejamos pasar el tiempo y nunca asumimos la responsabilidad cristiana de asumir nuestras propias culpas (12/11/93: 120).

> Estábamos ubicados entre los diez mejores países del planeta, y en 1989, estábamos entre los últimos países, cerca del centésimo lugar en el ranking de las naciones del mundo. Los argentinos nos devanábamos los sesos tratando de encontrar un responsable de nuestros males. Por supuesto, con la política del avestruz, escondíamos la cabeza y dejábamos todo el cuerpo afuera. Siempre apelábamos a los imperialismos de turno. Nunca tuvimos la valentía o el coraje de decir: "los únicos responsables de esta calamitosa situación, éramos y fuimos los argentinos (08/11/93: 77).

En efecto, desde el discurso de Menem, los "culpables" del "fracaso" y la decadencia" nacional no debían buscarse "afuera", en los "imperialismos de turno", sino que eran los "propios argentinos":

> El fracaso de Argentina no es producto de los de afuera o de los imperialismos de turno, como nos quisieron vender los falsos ideólogos de una política ya superada aquí y en el mundo. El fracaso de Argentina es producto de nosotros, los argentinos (07/11/91: 89-90).

> No le echemos la culpa, por Dios, a los de afuera, nosotros somos los responsables de esta situación y, desde hoy en más, nosotros seremos los artífices de nuestra propia grandeza (*Clarín*, 02/10/89).

> Ya no podemos agitar de ninguna manera la conspiración en nuestra contra. Ya no podemos seguir repitiendo permanentemente que nos iba mal por culpa de los imperialismos de turno, cuando la culpa era absolutamente nuestra, exclusivamente nuestra. Nosotros fuimos responsables de la decadencia y nosotros vamos a ser los responsables de este resurgimiento y de esta proyección de Argentina como un gran país, como una gran nación (07/07/93: 46).

Este discurso de la "culpa compartida" (Fair, 2011) ya se hallaba presente desde su primer discurso como Presidente. En ese entonces, Menem afirmaba que:

> Este Gobierno de unidad nacional que hoy nace, parte de una premisa básica, de una realidad que debemos admitir, para ser capaces de superar: todos, en mayor o menor medida, somos responsables y copartícipes de este fracaso argentino. Y entre todos, sólo entre todos, construiremos todos juntos el hogar que nos merecemos (08/07/89).

> Si el país no está donde debe estar, no es por culpa del país, sino por responsabilidad de los argentinos. De nuestras divisiones, de nuestros lastres históricos, de nuestros prejuicios ideológicos, de nuestros sectarismos (08/07/89).

En realidad, para ser más exactos, ya en su libro *La Revolución Productiva* (1989), el por entonces candidato presidencial se refería a la necesidad de "sabernos responsables y copartícipes" del "fracaso argentino":

> La Argentina se transformó en una caricatura. En una simplificación torpe, donde todos nuestros males no admitían término medio. O nos venían impuestos fatal y exclusivamente desde afuera. O se originaban en nuestra incapacidad absoluta para ser mejores. O eran culpa total del imperialismo. O eran responsabilidad íntegra de nuestras oligarquías (...) Es en esta ceguera donde debemos buscar la causa primera de nuestra frustración cotidiana y permanente de los últimos tiempos (...) ¿Quién tuvo la culpa? Todos. Y no pretendemos fundamentar la responsabilidad de cada sector y de cada uno de los argentinos, sino más bien postular la necesidad de una actitud: la de sabernos responsables y copartícipes de este fracaso argentino (Menem y Duhalde, 1989: 26).

Una vez electo, continuando con su concepción organicista (Borón, 1991; Fair, 2009c), el Presidente se presentará como aquel líder soberano que venía a unir a las "dos argentinas enfrentadas", al país "oficial" y al país "sumergido", al país liberal, de Alberdi, Sarmiento y Mitre, y al país unitario, de Rosas, Facundo Quiroga y el "Chacho" Peñalosa, al país radical, de Irigoyen y Balbín, y al peronista:

> Se acabó el país oficial y el país sumergido. Se acabó el país visible y el país real. Yo vengo a unir a esas dos argentinas. Vengo a luchar por el reencuentro de esas dos patrias. Yo no aspiro a ser el Presidente de una fracción, de un grupo, de un sector, de una expresión política. No deseo ser el Presidente de una nueva frustración. Yo quiero ser el Presidente de una Argentina unida (...). Yo quiero ser el Presidente de la Argentina de Rosas y de Sarmiento, de Mitre y de Facundo, de Ángel Vicente Peñalosa y de Juan Bautista Alberdi, de Pellegrini y de Irigoyen, de Perón y de Balbín. Yo quiero ser el Presidente de un reencuentro, en lugar de transformarme en el líder de una nueva división entre hermanos (08/07/89: 14).

> Hemos terminado por entender que aquel que tenemos al frente no es nuestro enemigo, es un argentino como nosotros que quizás no comparta nuestras ideas desde el punto de vista político, pero quiere una Argentina tan grande como la queremos nosotros (...) (26/08/91: 140).

En este sentido "reconciliador" de las tradiciones nacional-populista y liberal-democrática (Leiras, 2009: 44), es como debe entenderse, entonces, la repatriación, a fines de 1989, de los restos del símbolo del federalismo: Juan Manuel de Rosas[18]:

> La sangre de Sarmiento y la sangre de Quiroga eran afines, las unía la misma pasión esencial por Argentina, la misma obstinación por hacer la Patria. Esa lucha los enfrentó, pero esa pasión los une ante millones de argentinos que en esta hora están iniciando la reconstrucción de una historia distinta. Queremos cambiar la historia y la vamos a cambiar en nuestra Patria. Por eso (...) quiero soñar que Don Domingo y Don Facundo se estrechan la mano como el símbolo más emocionante de que ya no existen dos argentinas. Hay una sola Argentina, la más hermosa, es la Argentina que estamos comenzando a levantar palmo a palmo entre todos nosotros, entre todos los argentinos. Hoy la Patria quiere una historia que no nos divida (...). Hoy queremos una historia que tenga el coraje de sumar lo mejor que tuvieron y de restar los odios que los enfrentaron, los odios que nos obligarían a tener que elegir aún hoy entre uno u otro, y, en consecuencia, a seguir empobreciéndonos (...). Esta es la patria que queremos, esta es la patria unida que necesitan las futuras generaciones y también que necesitamos nosotros. Por eso decimos a todos estos próceres, y recitamos como un himno militante, el mandato de esta hora de reconciliación para todos los argentinos (...) (11/09/89: 72-74).

> A cada obrero, a cada empresario, a cada intelectual, a cada dirigente, a cada profesional, a cada ciudadano, le quiero

---

[18] Durante su Gobierno, Menem trajo desde Inglaterra los restos de Rosas con la idea de enterrarlos junto a los de Sarmiento (*Clarín*, 01/10/89). Pretendía, de ese modo, reconciliar un pasado de enfrentamientos entre unitarios y federales cuyos máximos símbolos habían sido aquellos. En el mismo sentido simbólico pacificador creemos que puede entenderse la creación del billete de $20 con la cara de Rosas, lo que lo hará convivir con liberales como Roca, Belgrano, Pellegrini y San Martín.

hacer una pregunta. Una pregunta clave (...) ¿es posible construir una verdadera Patria sobre el odio entre hermanos? ¿Es posible la Argentina si continuamos desgarrándonos sobre nuestras viejas heridas? ¿Es posible una nueva y gloriosa Nación si continuamos alentando odios, recelos y sospechas entre compatriotas? ¿Es posible levantar un país en serio sobre los falsos pilares de la discordia, de la desunión y de la lucha fratricida? (...) el clamor de este tiempo es no, no a la revancha, no a la división, no al resentimiento, no al sectarismo, no a la ceguera ideologizada (...), no a la intolerancia, no al veneno de seguir agitando nuestros viejos errores, no al fantasma de reanimar nuestros tristes desencuentros (...) Por eso, al dar la bienvenida al brigadier General Don Juan Manuel de Rosas, también estamos despidiendo a un país viejo, malgastado, anacrónico, absurdo (...) Si nuestros antepasados fueron capaces de sobreponerse a las diferencias y reconocer estos valores más allá de las distintas ideologías, ¿cómo no vamos a ser capaces nosotros, los argentinos de hoy, de transformar nuestra historia común en una impulsora de cambios y progresos? ¿Cómo no vamos a convertirla en una fuente de unión para que deje de ser una pared de división y desencuentros? (30/09/89: 101-102).

Y en la misma lógica de "suturar heridas" se inscribirán también, como hemos visto, los indultos militares otorgados por el Gobierno a fines de 1989 y 1990:

Esta medida que hemos asumido se inscribe, fundamentalmente, en aquellas acciones que ponen en marcha los hombres cuando les toca conducir o regir los destinos de las naciones, para suturar heridas que siempre quedan abiertas después de enfrentamientos, de guerras, de revoluciones, de luchas fratricidas (*Clarín*, 11/10/89).

Cuando asumí les comprometí tres banderas: una es la unidad nacional, y claro que la estamos consiguiendo (...) Hemos traído desde Europa los restos de Juan Manuel de Rosas, y nos dejamos de pelear por quien fue uno de los grandes héroes de la Argentina. Hubo que indultar y asumí

> la responsabilidad del indulto, porque yo sigo las enseñanzas de Perón: para un argentino nada mejor que otro argentino. Y le pido al pueblo que me siga, para que vayamos consolidando la unidad nacional (08/07/91: 38).

En efecto, si, como vimos, durante el gobierno de Alfonsín el tema militar había concluido con la "indignación" de las leyes de Obediencia Debida y Punto Final, los indultos firmados por Menem habían permitido "pacificar" al país y lograr la ansiada "unidad nacional":

> Se hablaba de la pacificación y nadie se animó a ponerle el sello de la pacificación a la República Argentina, y entonces nació una legislación, que fue llamada Obediencia Debida y Punto Final, con resultados que realmente indignaba: personas imputadas por el mismo delito, algunas quedaban dentro de la cárcel y otras fuera de la cárcel. De esta forma no íbamos a pacificar a la República Argentina, y siempre tuve en cuenta las palabras de Perón: 'la unidad nacional'. Me jugué, me jugué el todo por el todo; indulto, para terminar con esta serie de barbaridades que venían poniendo a la Argentina en situaciones realmente límites. Pusimos la cara, no anduvimos con vueltas, y (vino) el indulto (15/09/92: 232).

Se trataba, entonces, de una verdadera "revolución conservadora" (Leiras, 2009: 45) o, como la denominará el Presidente, una "revolución en paz"[19]:

> Vengo a conversar con Uds., a estrecharlos en un fuerte abrazo y a pedirles que sigan acompañando, no a este Gobierno, sino a la República Argentina, en este proceso de transformación revolucionario; una revolución en paz, para poner a Argentina al servicio del pueblo, como corresponde (08/07/92: 47).

---

[19] En realidad, ya desde antes de asumir, Menem decía que su modelo iba a ser "profundamente revolucionario en su concepción y profundamente pacífico en su realización" (Menem y Duhalde, 1989: 32).

> Esta puesta en marcha de reformas y de cambios es revolucionaria, si se me permite la expresión; no hay que tenerle miedo, porque el cambio, cuando es en paz, es el verdadero cambio revolucionario (06/11/91: 77).

> Es la revolución por la cual hemos luchado siempre, la revolución en paz, la revolución sin ningún tipo de proscripción, la revolución sin las cárceles abiertas para aquellos que no pensaban lo mismo que el gobierno de turno, la revolución, reitero, para vivir en libertad y en el marco de la libertad, como verdaderos hermanos, que es la grandeza de esta querida Patria Argentina (10/12/93: 226).

De este modo, podemos apreciar que, en realidad, existirá un desdoblamiento del exterior constitutivo en virtud de la doble dimensión del discurso menemista. Por un lado, el exterior discursivo era el gobierno de Alfonsín y, al mismo tiempo, los "ideologismos" del pasado que habían defendido concepciones políticas "incapaces de comprender los inmensos cambios que se registran actualmente en todo el mundo" (Discurso del 24/10/89: 132), se habían quedado en el primer gobierno peronista, o bien eran aquellos que sólo defendían "intereses políticos". Por otro lado, sin embargo, los "culpables" de la decadencia nacional eran también los propios argentinos, que históricamente se habían enfrentado entre sí tanto política, como ideológicamente[20].

La solución a ese conflicto subyacente entre los propios argentinos era, entonces, el logro de la unidad y pacificación nacional. Precisamente, las políticas soberanas aplicadas por el liderazgo menemista, desde el retorno de los restos de Rosas para que descansaran con los de Sarmiento, el abrazo simbólico con Isaac Rojas, líder del Golpe de Estado de 1955 contra Perón, la incorporación al Gobierno de dirigentes del partido antiperonista UCEDÉ y la firma de los indultos a los militares, se inscribirían en esta lógica y en este discurso de legitimación neodecisionista tendiente a suturar las históricas heridas del cuerpo social, alcanzando el ansiado logro de la paz y la reconciliación nacional.

---

[20] El Presidente nunca hará mención, por ejemplo, a la fragmentación social originada durante el Proceso. Está claro que su exterior no podía estar nunca allí, ya que sus propias políticas acentuaban esa pérdida de unidad nacional que su discurso tanto rechazaba.

3.3. *La respuesta a la crisis económico-social*

Uno de los principales y más preocupantes problemas heredados por el liderazgo menemista desde su llegada al poder se hallaba representado por la profunda situación de caos e ingobernabilidad socioeconómica. En efecto, hemos visto que Alfonsín había tenido que abandonar el mando a mediados de 1989 en medio de una inédita crisis de gobernabilidad que conjugó una hiperinflación descontrolada y saqueos a supermercados y comercios en las principales ciudades del país. En ese contexto de "profunda desorganización económica" (Leiras, 2009: 100), una vez asumido, Menem llevó a cabo un "giro copernicano" que lo llevó a adherir efusivamente a las políticas neoliberales que se habían iniciado contradictoriamente durante el Proceso. En una primera etapa, dos fueron las principales políticas económicas que marcaron el cambio de rumbo: las leyes de Reforma del Estado y Emergencia Económica. Como destaca Leiras, mediante la rápida aprobación de estas dos leyes se pretendía "redefinir las relaciones históricamente existentes entre Estado, mercado y sociedad civil a partir de la segunda posguerra" (Leiras, 2009: 79).

La Ley de Emergencia Económica (N°23.697), sancionada el 18 de agosto de 1989, tenía como núcleo central el recorte de los subsidios estatales. Para ello, se determinó la suspensión por seis meses (aunque luego se convalidó indefinidamente) de los regímenes de promoción industrial, regional y de exportaciones y, al mismo tiempo, se suspendieron las preferencias que beneficiaban a las manufacturas nacionales en las compras estatales. Al mismo tiempo, se reformó la carta orgánica del Banco Central, se igualó el tratamiento para el capital nacional y extranjero y se eliminó la autorización exigida por parte del Poder Ejecutivo para el ingreso de inversiones externas. Además, se desafectaron los fondos con destino específico, se elaboró un régimen de compensación de créditos y deudas con el Estado y se tendió a dificultar el gravamen de patrimonios y rentas en el mercado de capitales mediante la eliminación de las acciones. Finalmente, se facultó al Poder Ejecutivo para modificar los regímenes de empleo y reubicar personal estatal de cualquier dependencia del sector público y se pusieron límites a los esquemas salariales de privilegio en la administración. En cuanto a la Ley de Reforma del Estado (N°23.696), sancionada el 1 de septiembre, sentó las bases del imparable proceso de privatizaciones, al permitirle al Estado intervenir cualquier ente, privatizar total o parcialmente o liquidar empresas públicas, reestructurar el sector público sin ningún tipo de limitaciones, establecer mecanismos de capitalización de la deuda interna y externa, otorgar beneficios tributarios, eliminar pasivos de las empresas públicas y refinanciar créditos. Todas estas facultades concentradas en el Presidente eran autorizadas, a su vez, para ser utilizadas mediante la aplicación de decretos (Lozano y Feletti, 1991: 130-132; Gerchunoff y Torre, 1996: 736). En ese marco, el Poder Ejecutivo se vio investido de la posibilidad de hacer uso de las siguientes prerrogativas: 1) Despedir y prescindir de los empleados públicos; 2) Derogar por decreto todas aquellas leyes que otorgaran privilegios, monopolios y prohibiciones discriminatorias que impidieran la privatización de empresas públicas; 3) Acelerar el trámite de las contrataciones de bajo monto, determinando el número y valor de las unidades de contratación, y rescindir los contratos de obra pública por motivos de fuerza mayor; 4) Suspender la ejecución de sentencias contra el Estado por el plazo de dos años a partir de entrada en vigor de la ley y 5) Otorgar concesiones de explotación a particulares para la conservación de obras públicas existentes (Leiras, 2009: 80).

La sanción de estas dos megaleyes neoliberales constituyó el eslabón inicial para comenzar un profundo proceso de privatización y/o concesión de las empresas públicas, apertura y desregulación comercial y financiera, flexibilización del mercado laboral, reducción o focalización del gasto público social y modificación de la estructura tributaria. En ese marco, se produjo un profundo e inédito cambio en las tradicionales funciones del modelo estadocéntrico (Cavarozzi, 1997) de posguerra que modificó para siempre la morfología de la estructura económica y social del país (Azpiazu, 1995; Gerchunoff y Torre, 1996; Beccaria, 2002; Basualdo, 2006).

Ahora bien, a pesar de esta profunda e inédita transformación estructural, el liderazgo menemista obtuvo un fuerte y persistente apoyo social que incluyó desde los grandes grupos empresarios, hasta una parte considerable de los sectores populares. Para entender el respaldo de esta amplia y heterogénea coalición social debemos tener en cuenta, en primer lugar, el contexto sociohistórico y cultural en el que emergió el discurso menemista. En efecto, el Estado emergido del proceso hiperinflacionario de 1989 era un Estado que había perdido el control político y que se encontraba en una situación caótica. Como destacan Palermo y Novaro (1996), esta situación anómala fue generando un malestar colectivo que exacerbó la disponibilidad de la sociedad al cambio de rumbo.

En efecto, se había establecido un "consenso negativo generalizado", había que huir de la crisis a como diera lugar. En ese contexto de "crisis galopante", los diferentes sectores sociales, no sólo los populares, convergerán en intensas demandas de un orden político que pusiera fin a esa situación de "anomia" y "disgregación de la autoridad pública", sin importar cuál fuese ese orden, con tal de que fuese alguno (Palermo y Novaro, 1996; Cavarozzi, 1997). Debemos tener en cuenta que ya desde mediados de los años ´80, en parte como consecuencia del mal funcionamiento del Estado, y en parte debido al lobby del *establishment* local e internacional, se venían sedimentando las ideas neoliberales a favor de la reducción de las funciones sociales del Estado (Fair, 2010b). No obstante, en un primer momento, este "consenso de terminación" no implicaba un respaldo activo a las reformas pro-mercado. Si bien la necesidad de "huida" de aquel presente insoportable de "inseguridad, desorden e incertidumbre", y el "temor" a regresar a esa situación extrema de "caos político y social", fueron importantes para que Menem lograra el apoyo a las reformas estructurales, estos factores sólo proporcionaron la disposición a realizarlas. Para lograr que éstas fueran asumidas como la opción de salida hacía falta, además, generar una operación política. Según este enfoque, esta operación consistió en la estrategia de unir la implementación de las reformas neoliberales con el logro de la estabilización. En este sentido, la clave del apoyo al menemismo estaría en el vínculo establecido entre "economía cerrada", "estatismo" y alta inflación, por un lado, y privatizaciones, desregulación, apertura y control de la inflación, por el otro (Palermo y Novaro, 1996: 236). Como consecuencia de esta ligazón, a la que le debemos sumar el impacto de la experiencia hiperinflacionaria, se formó un consenso, difuso pero perceptible, de "fuga hacia adelante". Este tipo de consenso social creó las condiciones favorables para que un liderazgo decisionista, "en un contexto de excepción altamente propicio para tomar decisiones rápidas y fulminantes", primero señalara el nuevo camino y luego construyera una operación política que le permitiera obtener la delegación de poderes a cambio del restablecimiento del "orden", la "seguridad" y la "certidumbre" (Palermo y Novaro, 1996: 124 y ss.).

Desde una perspectiva similar, Aboy Carlés (2001) señala que, en un contexto que puede ser asemejado al "Estado de naturaleza", el presidente electo se constituirá mediante un "discurso hobbesiano de superación del caos". La edificación de este nuevo orden no habría sido posible, sin embargo, sin la traumática experiencia hiperinflacionaria. Como destaca Hugo Quiroga (2005), en situaciones de tensión extrema, como las vividas en 1989, se incrementan el pánico y la desconfianza. Esto se traduce en un "fenómeno de desmoronamiento repentino del orden social, de pérdida de rumbo" (Quiroga, 2005: 125). Ello se debe a que la moneda no es sólo una cuestión económica que se constituye en equivalente comercial de las mercancías, sino que es uno de los elementos que permiten cohesionar simbólicamente a la sociedad. Precisamente, en el contexto de caos hiperinflacionario del alfonsinismo, la imposibilidad de representar un orden que permitiera resguardar el valor de la moneda se proyectará en la desagregación y atomización de la sociedad (Quiroga, 2005: 122-123). En respuesta a esa situación de fragmentación y práctica disolución de lo social (Aboy Carlés, 2001: 292), se requería una nueva identidad que "suturara" el espacio "dislocado". En ese marco, el Presidente logrará hacerlo mediante el establecimiento de un discurso hobbesiano superador del caos. Este discurso le permitirá restaurar una "agencia de autoridad pública" (Cavarozzi, 1997), garantizando un "futuro venturoso" de orden y estabilidad política frente al caos inmediato y anterior (Aboy Carlés, 2001).

3.3.1. El Régimen de Convertibilidad, o la consolidación de la solución política a la crisis socioeconómica

Hacia fines de enero de 1991, el malestar social generado por la imposibilidad de controlar la creciente tasa de inflación, con índices que llegarán a un 7% en enero, alcanzando un alarmante 27% en el mes de febrero, a lo que se le sumarán las graves denuncias de corrupción en el Gobierno[21], llevarán la popularidad de Menem a los niveles más bajos desde su asunción. En ese contexto, resurgirán fuertemente los conflictos laborales, llegando a movilizarse un millón de trabajadores en los sindicatos de médicos, policías, transportistas, magistrados, funcionarios de la justicia nacional, metalúrgicos, bancarios, textiles, alimentación y Luz y Fuerza. Al mismo tiempo, se llevará a cabo una extensa huelga de ferroviarios (que durará 45 días), maestros y docentes universitarios (Fair, 2009a).

---

[21] Además de la denuncia del Swiftgate de enero de 1991, en marzo el entorno presidencial se verá nuevamente afectado cuando se desate el "Yomagate", una denuncia sobre lavado de dinero proveniente del narcotráfico que afectaba a distintos funcionarios directamente ligados al Presidente (*Clarín, La Nación* y *Página 12*, marzo y abril de 1991).

En esas circunstancias caóticas, en enero de 1991 el Presidente reconfigurará su Gabinete, nombrando como nuevo Ministro de Economía a quien hasta ese momento ocupaba el cargo de Canciller, Domingo Cavallo. El flamante Ministro, aprovechando el elevado nivel de reservas, legado de la gestión anterior de Erman González, propondrá implantar un sistema de paridad cambiaria legal de la moneda nacional, por entonces el Austral[22], con el dólar estadounidense.

La instauración de la Ley de Convertibilidad, sancionada el 27 de marzo de 1991, resultaría crucial para estabilizar la tasa inflacionaria, al tiempo que contribuiría a legitimar el discurso neodecisionista de Menem. Debemos tener en cuenta que, como ha sido destacado por la corriente neo-institucionalista de la Ciencia Política (North, 1993), las reglas generan un marco de referencia estable que limita la incertidumbre. En la misma línea, Giddens afirma, desde los aportes de la teoría social, que las instituciones, en particular aquellas vinculadas a la cuantificación, permiten desarrollar un marco de "seguridad ontológica" en los sujetos que limita la inseguridad y la angustia constitutivas, incentivando la confianza necesaria para la reproducción social (Giddens, 1995). En este caso, la institucionalización de una moneda de paridad fija mediante un marco legal genera, precisamente, una confianza social que excede la "seguridad jurídica" que demandan los agentes del mercado. Esta generación de confianza es aún más importante en un país y un contexto sociohistórico y cultural como el de la Argentina de comienzos de los años ´90, con una moneda nacional que carecía de ningún tipo de valor comercial como elemento de cambio, lo que se expresaba en una dolarización de hecho de la economía.

No obstante su eficacia política y simbólica en la construcción de un principio de confianza social generalizada, el tipo de cambio se hallaba fuertemente sobrevaluado desde su implementación. En ese contexto, el Estado se vio en la obligación de buscar fuentes de financiamiento externo que permitieran el ingreso masivo de divisas, necesarias para incrementar el nivel de reservas y mantener, así, la paridad cambiaria. Este problema lo resolvió, en un primer momento, desprendiéndose de casi la totalidad de sus empresas, profundizando la liberalización y desregulación del comercio y las finanzas, y flexibilizando fuertemente el mer-

---

[22] A mediados de octubre de 1991, el Presidente firmó un decreto que estableció el reemplazo del Austral por el Peso a partir del 1 de enero del año siguiente.

cado de trabajo para fomentar el ingreso de inversiones, y luego, mediante el mecanismo del endeudamiento externo con los organismos multilaterales de crédito (Basualdo, 2006). El régimen cambiario, por lo tanto, implicaba una verdadera reforma estructural (Gerchunoff y Torre, 1996: 745), íntimamente ligada a una multiplicidad de políticas que permitían y a su vez resultaban funcionales a su sostenimiento (Azpiazu, 1995). En este sentido, aunque no necesariamente el Plan de estabilización (Ley de Convertibilidad) y las reformas estructurales (privatizaciones, desregulación, apertura comercial y financiera) se hallaban integradas *a priori*, siendo dos políticas económicas diferenciales, la funcionalidad y organicidad adquirida entre ambas y la insistencia desde los núcleos de poder político y empresarial sobre la necesariedad de entenderlas como un conjunto homogéneo e integrado, nos permiten denominarlo como un Plan o Régimen de Convertibilidad (Fair, 2010c).

Dijimos que la instauración del Régimen de Convertibilidad fue una consecuencia de la desconfianza histórica hacia la moneda. Debemos recordar, en ese sentido, que la situación de finales de la década del ´80 se encontraba dominada por la extrema desconfianza hacia la moneda local. En ese contexto, caracterizado por la dolarización de hecho de toda la economía, se requerían medidas urgentes y tajantes que brindaran un marco de confianza social generalizada. Precisamente, el 1 a 1, al estar garantizado mediante un marco legal, lo que obligaba a sancionar una nueva ley en el Congreso para poder salir hipotéticamente del esquema cambiario, permitiría recuperar la necesaria confianza de los agentes del mercado y de la sociedad en su conjunto de que el nuevo régimen socioeconómico se mantendría estable en el tiempo. En ese contexto, que incluiría, además, diversas "señales" simbólicas al mercado por parte del Gobierno para mostrar la permanencia indiscutible del nuevo rumbo, uno de los cuales sería la posibilidad de acceder a un conjunto de privatizaciones de empresas públicas a partir de amplios beneficios económicos y la promesa de abonar la deuda externa en moratoria desde 1988 -aunque debemos incluir también aquí el discurso anti-devaluación del presidente Menem y su defensa tajante del nuevo rumbo tomado-, los grandes empresarios del capital concentrado local e internacional, junto con los acreedores externos, y, en un nivel más amplio, la sociedad en su conjunto, recuperarán la confianza general en la moneda nacional e invertirán fuertemente en el país sin miedo a posibles riesgos que pusieran en cuestión su rentabilidad económica. En otras palabras, las nuevas reglas de juego instauradas por el Régimen de Convertibilidad permitirán que la ciudadanía en su conjunto, y especialmente los agentes del mercado, recuperen la confianza social en la moneda, elemento clave y crucial para lograr una economía estable en el tiempo (Fair, 2010c).

Con los recursos monetarios provenientes de las privatizaciones y las expectativas positivas generadas en los principales actores socioeconómicos como consecuencia de la paridad cambiaria fija y legalizada, la Convertibilidad comenzará a dar paulatinamente sus primeros frutos: se producirá una importante desaceleración inflacionaria, las firmas cesarán las remarcaciones preventivas de precios, los depósitos comenzarán a retornar a los bancos y reaparecerá el crédito para consumo. De este modo, a partir de la desaparición del "impuesto inflacionario", que se reducirá de casi 5.000% anual en 1989 a cerca de 0% cinco años después, el poder de compra de las masas urbanas logrará expandirse de manera creciente y la estabilidad se traducirá en una fuerte reactivación económica y social que afectará positivamente al conjunto de la población (Gerchunoff y Torre, 1996: 746-747). En ese contexto de motorización de la demanda, el consumo interno y la inversión, estimulados por el abaratamiento del dólar, el Presidente logrará incrementar considerablemente su legitimidad, articulando y consolidando una sólida hegemonía que incluirá a amplios sectores sociales, no sólo populares, y logrará extenderse en el tiempo hasta permitir la cómoda reelección presidencial en mayo de 1995 (Fair, 2009a, 2009b, 2010b, 2010c).

3.3.2. El discurso de legitimación social del "giro de 180 grados"

Como dijimos anteriormente, durante los primeros meses de Gobierno, a pesar de que las aguas se habían calmado, el regreso del fantasma de la hiperinflación y del desborde social continuaba acechando. En ese contexto, el Orden social no se expresaba más que como una "ausente plenitud de la comunidad" (Laclau, 1996: 104), como una "falta constitutiva" (Laclau, 1996: 114) que ningún objeto podía "llenar". El 1 de abril de 1991 marcaría, sin embargo, el inicio de una profunda transformación, en el momento en que entrase en vigencia la llamada Ley de Convertibilidad. Esta ley, que pronto funcionaría como un Régimen socioeconómico más amplio, al vincularse políticamente a la profundización de las reformas neoliberales iniciadas en 1989 y a la propia estabilidad y expansión del consumo masivo, marcará un punto de inflexión, al lograr el control definitivo de la hiperinflación (Fair, 2010c).

En el plano específico del análisis del discurso político presidencial, el "1 a 1" resultaría crucial para consolidar el éxito político del liderazgo neodecisionista de Menem. En efecto, el Régimen de Convertibilidad logrará "vaciarse" discursivamente, en los términos de la teoría del discurso de Ernesto Laclau (1996, 2005), contribuyendo a articular y consolidar una amplia hegemonía constituida de forma frágil y precaria en 1989 (Fair, 2009a, 2009c, 2010b). Este nuevo orden logrará, en primer lugar, satisfacer la extendida demanda social de "gobernabilidad política", en contraposición al caos de los saqueos y la hiperinflación. Sin embargo, en un primer momento, el Gobierno tendrá serias dificultades en controlar los índices inflacionarios, e incluso deberá lidiar, hacia fines de 1989 y comienzos de 1990, con una nueva escalada hiperinflacionaria. De todas maneras, incluso en medio de esa crisis, que se verá acompañada de nuevos "asaltos" a supermercados y comercios de todo el país, el Presidente hará mención a la situación de "caos" que había recibido de su antecesor, con una "hiperinflación impresionante", "explosiones sociales" y "gente armada en las casas defendiendo su propiedad". Así, a comienzo de 1990, dirá:

> Soy el Presidente de un país que he recibido en estado de hiperinflación impresionante, con explosiones sociales, con gente armada en las casas defendiendo su propiedad, en un tiempo que no era el nuestro y estamos evidentemente con muchos problemas, pero saliendo de esta situación difícil (*Clarín*, 06/02/90).

> Hemos puesto en marcha un programa de Gobierno, especialmente en el campo de lo económico, durísimo, para revertir una situación de crisis y de caos que, reitero, hemos heredado antes de tiempo (*Clarín*, 19/01/90).

No obstante, a partir del éxito del Plan de Convertibilidad, hacia mediados de 1991, el Gobierno logrará controlar definitivamente la situación de "caos total" y "disolución de lo social" en la que había asumido el poder. En ese contexto, el discurso menemista logrará edificar y expandir una amplia cadena equivalencial constituida por los significantes "país civilizado" y "en vías de crecimiento", que trazaba una "frontera de exclusión" en relación a una cadena de equivalencias externa representada por los significantes "caos" = "disgregación" =

"ingobernabilidad" = "guerra civil", todos elementos relacionados con los episodios de 1989:

> Yo simplemente les pido que, con una mano sobre el corazón, pensemos dónde estábamos hace dos años nada más. Al borde de la guerra civil, y hoy, gracias a dios, tenemos un país civilizado y en vías de crecimiento (08/07/91: 34).

> En 1989, cuando asumí la conducción de la República Argentina, estábamos, como todo el mundo lo sabe, en un verdadero caos. Una inflación anual de cerca del 26.000% (sic.), la inexistencia de moneda, una desocupación galopante, varios conflictos en las calles, asaltos a supermercados, una deuda externa y una deuda interna de las cuales no sabíamos el monto y problemas a nivel internacional (...). Una serie de situaciones que había que corregir porque el sistema se había hecho ingobernable. [En ese contexto] el ex Presidente de la Nación [Raúl Alfonsín] me pidió que me hiciera cargo del Gobierno, al igual que empresarios y sindicalistas y el pueblo argentino, con 6 meses de anticipación (10/08/92: 118).

> En menos de tres años hemos superado una situación de emergencia permanente, con un caos total (...). Sé que tuvimos que tramitar momentos muy duros, pero ese trámite por un camino plagado de inconvenientes, ya ha empezado a dar sus frutos. Hemos vivido de emergencia en emergencia. No podemos ser tan cortos de memoria para olvidarnos lo que Argentina ha vivido en las últimas décadas. No podemos ser tan rápidos y alegres en nuestros juicios sin tener en cuenta lo que hemos tenido que vivir en aquellos tiempos. No podemos olvidar la historia (...). Historias que llevaron a la República Argentina al borde de la disgregación (01/07/92: 16-17).

Como hemos destacado, a partir de los aportes de Hugo Quiroga (2005), la moneda no es sólo el producto de un proceso vinculado con el intercambio mercantil que actúa como equivalente general, sino que constituye también, dentro de un contexto discursivo particular que le otorga significación, una institución que contribuye a cohesionar simbólicamente a la sociedad. En otras palabras, la construcción del discurso político permite que la moneda exceda su configuración como un simple equivalente de mercancías, para constituirse en un elemento simbólico que contribuye a integrar imaginariamente el lazo social comunitario. En este sentido, en los términos que venimos utilizando, la moneda excede por mucho su significado concreto para convertirse en un significante que, en su pura función política, permite instituir lo social (Laclau, 2005: 150), es decir, articular múltiples relaciones sociales en un campo signado por antagonismos constitutivos (Laclau y Mouffe, 1987: 195).

Ahora bien, la alteridad del discurso menemista no se agotará, sin embargo, en la marcación de una frontera política en relación a la "pura amenaza" que representaba el caos de la hiperinflación, contrapuesto al logro de la estabilidad. En efecto, desde su llegada al poder, el Presidente centrará también su artillería en una despiadada crítica al intervencionismo estatal, culpable de todos los males de la sociedad:

> Un Estado enorme, elefantiásico, sin respuesta a las necesidades más acuciantes de nuestra comunidad, dio como resultado el caos, el incendio diría yo, y la posibilidad cierta de un enfrentamiento masivo en el seno de nuestra comunidad, allá cuando nos hicimos cargo del Gobierno (31/01/91: 33).

> Argentina entró en crisis, no hay ninguna duda, pero esa crisis es producto, casualmente, de una pésima organización estatal. El Estado ha servido para favorecer a determinados sectores de la comunidad y no estuvo al servicio de la comunidad en su conjunto (27/05/91: 138).

Desde el discurso de Menem, que retomaba en este punto las críticas neoliberales de los organismos multilaterales de crédito, el Estado era caracterizado como burocrático, ineficiente y corrupto (Fair, 2010b). Se trataba, en palabras de Menem, de "un gigante con pies de barro, un gigante que siempre marchó con paso totalmente inseguro y tambaleante; que se fue recargando de funciones no afines con su responsabilidad en las últimas décadas y terminó como ya todos conocemos" (Discurso del 16/01/92: 14). Según el Presidente, había sido, precisamente, ese Estado "que todo lo absorbía" y que generaba "enormes pérdidas" a partir de sus empresas "deficitarias", el que había llevado, en 1989, a la "ingobernabilidad" del sistema y la posterior renuncia antes de tiempo de Alfonsín:

> El Estado que todo lo absorbía, que todo lo hacía, daba, a partir de las empresas que administraba, enormes pérdidas; todos los servicios públicos en la República Argentina eran deficitarios, transporte aéreo, ferrocarriles, obras sanitarias, puertos, petróleo, gas (...). Así se encontraba Argentina en 1983 y lamentablemente continuó, pese a la democracia, durante casi seis años. Los esfuerzos que hizo el ex presidente de la Nación, Doctor Raúl Alfonsín, para enderezar esta situación, fueron vanos. Y ante la ingobernabilidad del sistema, me transfirió el poder con seis meses de anticipación a la fecha que correspondía (25/11/93).

Ese Estado "sobrecargado", caracterizado alternativamente mediante una cadena equivalencial externa formada por los significantes "prebendario", "elefantiásico", "dadivoso", "hiperburocrático", "ineficaz", "ocioso" y "macrocefálico", ahora debía reducirse a sus "funciones básicas": salud, educación, justicia y seguridad (Fair, 2010b). Y será precisamente el modelo socioeconómico aplicado por Menem, al llevar a cabo la "exitosa" Reforma del Estado iniciada en 1989 y consolidada desde 1991, el que logrará terminar definitivamente con ese Estado "elefantiásico", "dadivoso" y "fraudulento" heredado, reemplazado ahora por un Estado "moderno", dedicado a sus "funciones específicas" (Discurso del 01/10/92: 32-33). En efecto, a partir del "exitoso" proceso de reforma estructural, el liderazgo menemista había logrado terminar con aquel Estado basado en "estructuras totalmente perimidas" y "vetustas", que habían llevado al país a un "estancamiento" e hiperinflación "sin precedentes", para alcanzar ahora el "crecimiento" de la economía y el "desarrollo" nacional. En ese contexto, que además había permitido al país alcanzar una inédita "inserción internacional" al orden global, fomentando una creciente modernización, progreso y desarrollo social, la Argentina lograba recuperar el "terreno" que había perdido en las últimas décadas. De este modo, contraponiendo el fracaso estrepitoso del "estatismo" y el éxito indiscutible de las reformas de mercado llevadas a cabo durante su Gobierno, el Presidente logrará reforzar la dicotomía discursiva entre una cadena equivalencial externa que era simbolizada por los significantes Argentina "vieja" = "atraso" = "involución" = "decadencia" = "aislamiento" = "frustración" = "estancamiento", frente a una cadena equivalencial interna representada por una Argentina "nueva" = "moderna" = "progreso" = "desarrollo" = "crecimiento" = "triunfo" = "proyección" internacional (Fair, 2009b, 2010b).

En resumen, mediante la institución del régimen cambiario, la comunidad logrará satisfacer la demanda de una "falta originaria" (Laclau, 1996: 162) en el orden social, la existencia de un bien (hasta entonces) ausente como era la estabilidad política, en contraposición a la situación previa de violencia y práctica descomposición de la cohesión social. Las demandas sociales, sin embargo, excedían por mucho el puro orden sociopolítico. En efecto, para alcanzar el logro de la plenitud comunitaria no bastaba con garantizar la estabilidad política. Por el contrario, el "orden de la comunidad" (Laclau, 1996) sólo llegaría cuando se terminase definitivamente con el "impuesto inflacionario" y se alcanzase lo que en los hechos constituía la principal demanda ciudadana: el logro de la estabilidad económica.

Consciente de esta presencia dominante de una pluralidad de "demandas sociales insatisfechas" (Laclau, 2005), sobre todo en los sectores populares, vinculada a la necesidad de solucionar como fuera los efectos regresivos de la feroz crisis económica, ya desde su llegada al poder, el discurso de Menem había trazado una marcada alteridad discursiva con respecto al "enemigo de la justicia social" que representaba el "impuesto inflacionario" (Discursos del 09/07/89: 17, 03/07/91: 18 y 19/07/91). En contraposición al "fantasma" de la hiperinflación, que representaba el "peor impuesto que teníamos", el éxito del Plan de Convertibilidad, al estabilizar plenamente la economía, permitirá terminar en los hechos con ese "cáncer voraz" (07/06/91: 170; 05/08/91: 95-96). De este modo, el Presidente había alcanzado algo que "parecía casi imposible" en nuestro país: el "logro histórico" de la "estabilidad económica" (29/08/91: 159; 18/11/91: 126).

Precisamente, el rápido éxito socioeconómico alcanzado tras la aprobación del Régimen de Convertibilidad de 1991 incentivará, a partir de la sobrevaluación de la moneda local, la reducción de las tasas de interés y la apertura asimétrica de la economía al capital transnacional, un "boom" de inversión y consumo interno que, junto a las expectativas favorables generadas por la institucionalización de la paridad fija, promoverá un rápido control de los habituales episodios hiperinflacionarios. Así, la tasa de inflación, que en marzo de 1991 había alcanzado un 11%, disminuirá a sólo 3,1% en junio, llegando a un mínimo de 1,3% en agosto. De este modo, con tasas de interés que registraban el índice más bajo desde 1974, el Presidente terminará de coronar la demanda, incompletamente satisfecha hasta ese momento, de estabilización económica:

> Piensen cómo estábamos en 1989 y cómo está actualmente la República Argentina. No teníamos moneda y ahora tenemos una moneda fuerte; no había estabilidad y ahora hay estabilidad; no había posibilidad de cambiar un peso en el resto del mundo, porque no había confiabilidad en Argentina, y ahora, en cambio, nuestra moneda se cotiza en algunas partes del mundo, y aquí esa moneda que circula tiene un respaldo total y absoluto en oro y divisas, cosa que no ocurría en 1989 cuando heredamos el Banco Central (24/02/93: 71).

> En 1989 estábamos al borde de la guerra civil, el Banco Central tenía un rojo de casi 6.000 millones de dólares y actualmente tenemos reservas por 6.000 millones de dólares y una Ley de Convertibilidad garantizada (...). Está totalmente consolidada la estabilidad económica nacional (*Página 12*, 26/12/91).

En ese contexto, podemos decir que si el discurso de Menem se constituirá mediante una frontera política en relación al pasado de caos hiperinflacionario, para encarnar un "orden virtuoso" que satisfará las demandas sociales de paz y estabilidad (Aboy Carlés, 2001), con sus correlatos de "orden, seguridad y certidumbre" (Palermo y Novaro, 1996: 233), sólo a partir del acto de institución exitosa del Régimen de Convertibilidad logrará vaciar estas demandas sociales equivalenciales y edificar un eje organizador que las unifique simbólicamente (Fair, 2010b).

Como destacan Leiras y Bosoer, esta noción de una figura que unifica a una voluntad colectiva dispersa y pulverizada encuentra semejanzas con la idea gramsciana del "mito-príncipe". Si bien Gramsci (2008) señalaba que la función del Príncipe organizador era ocupada en los tiempos contemporáneos por el partido político, en circunstancias particulares, "donde se suponga que una voluntad colectiva ya existente, aunque desmembrada, dispersa, haya sufrido un colapso peligroso y amenazador (...) y sea necesario reconcentrarla y robustecerla (...)", podía ser encarnada "en un individuo concreto" (Bosoer, 1999: 152; Bosoer y Leiras, 2001: 51). Precisamente, el liderazgo personalista de Menem, potenciado por sus sucesivas apariciones en los medios masivos de comunicación y su capacidad de interpelación de la ciudadanía en su conjunto (Novaro, 1994; Leiras, 2009: 56-61), representaría a aquel líder plebiscitario erigido como "fuente principal de la decisión efectiva y garantía de la estabilidad política y económica" (Leiras, 2009: 122). En esas circunstancias, el Presidente logrará articular y consolidar en última instancia la (hasta entonces) frágil cadena de equivalencias que conformaba la identidad menemista, generando, así, una identificación afectiva de los distintos sectores de la sociedad en torno a su liderazgo (Fair, 2010c).

4. El Pacto de Olivos, o la llave para la perpetuación institucional del neodecisionismo menemista

Vimos en apartados anteriores el proceso de constitución del discurso neodecisionista de Carlos Menem. Este discurso tenía como objeto "reconstituir o defender un núcleo constitutivo del orden político: la decisión soberana en tiempos excepcionales" (Leiras, 2009: 48). De esta manera, se asemejaba a las características que asume la idea gramsciana del Príncipe encarnado en una persona-mito, en este caso Carlos Menem, que "actúa sobre un pueblo disperso y pulverizado para suscitar y organizar su voluntad colectiva" (Bosoer y Leiras, 1999; Leiras, 2009: 48). En ese marco de demandas colectivas de un orden soberano, destacamos la respuesta del liderazgo menemista frente a la crisis de gobernabilidad político-institucional, la crisis político-militar y la económico-social. Frente a la crisis de representación política y el peligro de caos y disolución de la cohesión social de 1989, una situación de emergencia signada por la ineficacia decisional, la debacle hiperinflacionaria, la amenaza del actor militar y los saqueos a supermercados y comercios, el discurso de Menem había instaurado un orden político soberano basado en la estabilidad monetaria y la pacificación y reconciliación nacional.

En el campo político-institucional (luego veremos la relevancia que adquirió el Efecto Tequila de 1994 en el campo socioeconómico), la llave maestra que permitiría fortalecer y consolidar el discurso neodecisionista de Menem sería la Reforma Constitucional. Ya desde unos meses antes de la victoria electoral en las elecciones legislativas de octubre de 1993, en la que el Gobierno obtuvo un apoyo mayor al 40% de los votos, triunfando en la mayoría de las provincias[23], ron-

---

[23] Tras el cómodo triunfo electoral del oficialismo en las elecciones legislativas de septiembre de 1991, donde obtuvo un porcentaje cercano al 40% de

daba en el menemismo la idea de modificar la Constitución Nacional con el objeto de permitir un segundo mandato electoral consecutivo del Presidente. El artículo 90 de la Carta Magna, así como la cláusula novena, impedían, por ese entonces, cumplir el sueño presidencial de estar más tiempo en el poder que el mismísimo Juan Perón. En ese contexto, con acuerdo del Senado, el menemismo se propuso llamar a un plebiscito para reformar la Constitución. Frente al peligro de que se aprobase el plebiscito, a comienzos de noviembre de ese mismo año se produjo una reunión secreta entre el ex presidente Alfonsín y Menem en la residencia del Primer Mandatario en Olivos, que modificaría el curso histórico de los acontecimientos.

El resultado del encuentro fue la firma, a mediados del mes siguiente, del llamado Pacto de Olivos (por el lugar dónde se realizó la reunión), que dio lugar a un núcleo de coincidencias básicas como condiciones para la reforma constitucional que aprobaría la asamblea constituyente en abril de 1994. Entre los aspectos más relevantes del acuerdo entre el oficialismo y la oposición radical se destacan los siguientes: 1) el aumento del número de senadores por provincia de dos o tres integrantes y la elección directa de los mismos a partir del 2001 mediante sistema de lista incompleta, 2) la modificación del sistema electoral para la elección del Presidente y del Vicepresidente con la introducción del balotaje (*ballotage*) o segunda vuelta en caso de que ninguno de los candidatos obtuviere un porcentaje mayor al 45% de los votos o del 40% con diferencia mayor al 10% en relación al segundo candidato más votado, 3) la eliminación del Colegio Electoral, considerándose el país como distrito único para la elección presidencial, 4) la introducción de la figura del Jefe de Gabinete para contrapesar el poder presidencial, 5) el acortamiento del mandato presidencial a un período de cuatro años y la incorporación de la cláusula de reelección

---

los votos, el 3 de octubre de 1993 se realizaron las segundas elecciones legislativas. El oficialismo, en una clara victoria, obtuvo el 42,46% de los sufragios, frente al 30,23% de la UCR y 5,78% del MODIN (INDEC, 1998). Además de vencer en distritos claves como la Capital Federal, históricamente esquiva al justicialismo, y el Gran Buenos Aires, el PJ sumaría 10 Diputados. El radicalismo, en cambio, perdería 1 Diputado, mientras que el partido de centroderecha de la UCeDé, absorbido casi en su totalidad por los votos dirigidos hacia el Gobierno, reduciría su caudal en 4 bancas (*La Nación* y *Página 12*, 04/10/93 y 05/10/93).

por un lapso consecutivo, 6) la reglamentación (postergada indefinidamente) de la utilización de las atribuciones legislativas por parte del Poder Ejecutivo Nacional, así como el control bicameral de la Legislatura y 7) la conformación del Consejo de la Magistratura con el objeto de establecer un nuevo mecanismo de selección más democrática de los jueces[24] (Leiras, 2009: 94; Baldioli y Leiras, 2010b: 60).

La firma del Pacto de Olivos, lejos de morigerar el componente decisionista del liderazgo menemista, terminaría exacerbando las tendencias a la concentración del poder en el ejecutivo decisor (Leiras, 2009: 94). En efecto, además de la incorporación de la cláusula de reelección presidencial (artículo 90), que permitió la nueva elección de Menem en las presidenciales de mayo de 1995, los nuevos incentivos institucionales posibilitaron la introducción de una cláusula constitucional que preveía la facultad presidencial para emitir disposiciones de carácter legislativo, con la excepción de las concernientes a materia penal, tributaria, electoral o del régimen de partidos políticos (artículo 99, inciso d) (Baldioli y Leiras, 2010b: 60).

En el plano del discurso de legitimación política de Menem, el acuerdo interpartidario se concentraría nuevamente en la idea de fomentar la reconciliación social, en este caso, entre las fuerzas políticas tradicionalmente enfrentadas entre sí. En ese marco, si el indulto y la expatriación de los restos de Rosas habían contribuido a la necesaria "reconciliación" y "pacificación" nacional y, por lo tanto, al fin de los conflictos y antagonismos[25], el Pacto de Olivos con el otrora "enemigo" radical será legitimado del mismo modo:

> Veníamos de antinomia en antinomia los argentinos. Federales y unitarios; después, avanzando un poco más en el tiempo, para no hacer tan larga esta cuestión, radicales y con-

---

[24] Además de estas modificaciones, la reforma de la Constitución establecerá también la elección directa del Intendente (ahora llamado Jefe de Gobierno), la autonomía de la Ciudad de Buenos Aires, el derecho constitucional a réplica y a la resistencia a actos de fuerza contra la democracia (*Página 12*, 23/08/94). Ver Capítulo I

[25] Unos años después, Menem afirmará que la firma de los indultos "fue una medida tendiente a la pacificación y no me voy a arrepentir. Con esa actitud se acabó la subversión en la Argentina y se acabó la actitud golpista de muchos sectores de las Fuerzas Armadas" (*Clarín* y *Página 12*, 04/05/95).

servadores. Cuando el conservadorismo dejó de tener una presencia muy firme en la Argentina, peronistas y radicales, justicialistas y radicales. Muchos hombres de ambas organizaciones políticas procuraron llegar a un entendimiento; lamentablemente, no lo consiguieron. Los dos últimos que lo intentaron con un abrazo que es histórico, Perón y Balbín, lamentablemente, no pudieron conseguir sus objetivos y, al poco tiempo, Balbín despedía los restos del general Perón (...) Por eso es que durante varios meses, hemos decidido abrir una suerte de diálogo desde el Partido Justicialista, partido mayoritario, hacia el partido mayoritario en el campo de la oposición, que es el radicalismo (15/11/93: 128).

Desde hace muchos años, la clase política en la República Argentina, venía soportando enfrentamientos y una serie de frustraciones realmente lamentables. Hace pocos días clausuramos esa triste etapa en la República Argentina. Hemos llegado a un entendimiento con el jefe del partido de la oposición para llevar a cabo tareas compartidas, en cuanto hace a la reforma de nuestra legislación (23/11/93: 164).

Si algo le faltaba a Argentina para cumplir un excelente ciclo en los últimos tiempos, era llegar a un entendimiento en el campo de lo político multipartidario. Necesitábamos, fundamentalmente, poner un broche de oro al proceso de pacificación que nos facilitó una profunda transformación de las estructuras económicas y sociales con proyección a lo internacional de la República Argentina (...) Esta reforma de la Constitución, consensuada por la inmensa mayoría del espectro político argentino, nos da la posibilidad, entonces, de seguir trabajando con profundidad en todo aquello que hace a una Argentina grande y con un pueblo feliz (29/12/93: 277).

En esas circunstancias, al mantenerse "invariante" (Sigal y Verón, 2003) la estrategia discursiva "reconciliadora", el Presidente lograría conservar el respaldo social. El radicalismo, en cambio, del mismo modo que había resultado deslegitimado por haber "pactado" en 1987 con los sectores militares, ahora lo haría por "pactar" con el menemismo. Como reconocerá en una entrevista el diputado radical Federico Storani:

> Con el viraje de 180 grados, el radicalismo cayó en el doble discurso y empeñó su credibilidad. Si el objetivo central de la reforma constitucional era el control y el equilibrio del poder e impedir la concentración autoritaria y hegemónica de Menem, vamos en sentido contrario. Fuimos absorbidos por el poder (*Clarín*, 09/12/93).

Debemos tener en cuenta, en ese sentido, que el radicalismo se mantenía hasta la firma del Pacto de Olivos como un discurso de oposición (predominantemente institucional) al menemismo. En los términos de la teoría de la hegemonía de Laclau y Mouffe (1987), se ubicaba en una cadena externa de equivalencias que antagonizaba políticamente con el discurso menemista. No obstante, a partir de la firma del acuerdo, y la posibilidad de reformar la Constitución Nacional para permitir la reelección presidencial, el discurso radical, especialmente el más crítico, que provenía de las fuerzas del alfonsinismo, perderá credibilidad para situarse como un discurso contrahegemónico efectivo. En ese contexto de fuerte pérdida de poder político, gran parte de sus votos de oposición serán "absorbidos" por el menemismo y los sectores de centro-izquierda del recientemente constituido partido Frente Grande, tal como se observaría poco después en la disputa electoral[26].

Precisamente, en las elecciones para Constituyentes realizadas el 10 de abril de 1994, tal como temía el diputado Federico Storani, el

---

[26] Según Mayer (1995), la UCR, tan imbricada históricamente con la importancia de la "ingeniería institucional" y la defensa de las ideas republicanas, olvidará la importancia clave de ejercer una oposición sólida que fuese capaz de situarse como una alternativa efectiva al oficialismo. En ese contexto, y frente a la posibilidad de que el Gobierno llamase a un plebiscito para legitimar una posible reelección presidencial, el centenario partido se propuso crear mecanismos institucionales que limitasen o atenúen de algún modo el poder presidencial. No tuvo en cuenta, sin embargo, que el nuevo sistema, a partir de la posibilidad de un tercer Senador por provincia y la creación de la figura parlamentaria del Jefe de Gabinete, terminaría fomentando el crecimiento de los partidos chicos y fragmentando a la oposición. En ese contexto, lejos de cumplir sus objetivos, se exacerbaría el presidencialismo y el poder político del menemismo (véanse especialmente pp. 282-284).

oficialismo, con el respaldo al "éxito" del modelo económico[27], obtendrá una contundente victoria electoral, alcanzando el 38,8% de los sufragios, y casi duplicando al radicalismo que, fuertemente desprestigiado tras la firma del Pacto, llegará a su mínimo histórico, con el 20,5% de los votos, al tiempo que el Frente Grande, partido alternativo constituido en 1993, alcanzará el 13,6% (*Clarín*, 12/04/94). En ese contexto, como lo reconocerá el propio Alfonsín.

> "No podemos negar que la pérdida de apoyos tradicionales a nuestro partido fue el resultado de un rechazo a las posiciones adoptadas en materia de reforma constitucional por los dos principales partidos históricos (...). Nuestro esfuerzo a favor del país no fue adecuadamente comprendido[28] (*Página 12*, 07/05/94).

De esta forma, el acuerdo de Olivos terminaría no sólo por fomentar una consolidación de los poderes decisionales del Ejecutivo, en desmedro del Poder Legislativo, sino que, además, le permitiría a Menem legitimar socialmente su discurso de Orden frente a la ciudadanía, al tiempo que le posibilitaría deslegitimar al radicalismo, acusado de haber "traicionando" sus tradicionales banderas políticas con la firma del Pacto.

5. De la Crisis del Tequila, a la reelección presidencial

Hacia fines de 1994, el gobierno de Menem podía mostrar como éxitos concretos de su gestión el haber logrado una recuperación del orden soberano en el seno de la comunidad. Por un lado, se había

---

[27] En efecto, del total de votos del PJ, una encuesta del CEOP señala que un 39,5% expresaron su apoyo al Plan económico y un 34,7% a la acción del Gobierno. La tradición, por su parte, fue motivo del voto de sólo un 19,3% del electorado peronista (*Clarín*, 12/04/94). Otras encuestas confirman, del mismo modo, el respaldo al plan económico y al Presidente, en contraposición al voto por partido (*Página 12*, 11/04/94).

[28] Poco después, al ser derrotado en las elecciones del '95, expresará, en la misma línea, que "no hay ningún tipo de dudas que acá hubo un gravísimo error estratégico con el tema del Pacto de Olivos" (*Página 12*, 15/05/95).

concluido con el peligro que representaban las Fuerzas Armadas y se había restablecido la paz social frente a la situación de caos y anomia de 1989. Por el otro, frente a la crisis hiperinflacionaria, se había alcanzado una inédita estabilidad económica y social que parecía eternizarse junto a su garante, el Régimen de Convertibilidad. Sin embargo, a fines de diciembre de 1994 se produjo un sorpresivo estallido, en el momento en que México se vio obligado a devaluar su moneda. El llamado Efecto Tequila, junto con los efectos recesivos de la aplicación de las políticas neoliberales iniciadas en 1989 y profundizadas a partir de 1991, produjeron una rápida caída de los indicadores económicos, y sobre todo sociales, que alcanzarían niveles inéditos en la historia reciente de nuestro país. En efecto, mientras que durante el primer trimestre de 1995, el PBI caerá en un 3,1% y las reservas del Banco Central un 24,9% (ADEBA, 1995), la desocupación, que se había mantenido en 6,9% entre junio de 1991 y mayo de 1992, se elevará a un 9,9% en mayo del año siguiente, alcanzando el 10,7% en mayo de 1994 y 12,1% en octubre de ese mismo año. El gran salto, sin embargo, se producirá en mayo de 1995, cuando llegue a la cifra récord de 18,4% (INDEC, 1998). Al mismo tiempo, la tasa de subocupación hará lo propio, aumentando desde un 8,6% en junio del '91, a 10,4% en octubre del '94 y 11,3% en mayo de 1995 La pobreza, por su parte, también se incrementará. Así, la tasa de hogares pobres en el Gran Buenos Aires, que había caído desde un 21,9% en mayo de 1991 a 14,2% en octubre de 1994, se elevará a 16,3% en mayo de 1995, al tiempo que el porcentaje de los hogares indigentes, que habían sido reducidos de 3,6% a 3% entre mayo de 1991 y octubre de 1994, se elevarán al 4,3% al año siguiente.

No obstante, a pesar de estas fallas en la estructura del sistema de Convertibilidad, Menem lograría ser reelecto cómodamente en las elecciones de mayo de 1995, con un porcentaje cercano al 50% de los votos. ¿Cómo se explica que, en medio de una fuerte crisis económica y social, con guarismos que, como en el caso del desempleo, llegarán a niveles récords, además de constantes escándalos de corrupción que afectaban de cerca al entorno presidencial[29], el Presidente alcanzara

---

[29] Si por un lado, la tasa de desocupación alcanzaría en mayo el récord de 18,5%, por el otro, debemos tener en cuenta que el Presidente se encontraba enredado en medio de un escándalo por una supuesta venta ilegal de armas a Croacia y Ecuador, denunciada dos meses antes (*Clarín*, 08/03/95 y ss.).

semejante grado de legitimación, un porcentaje que superaba incluso al que había obtenido en las elecciones de 1989 y sobrepasaba por más de 20 puntos a su inmediato perseguidor? Para entender este particular, debemos considerar que la crisis mexicana produjo, como una consecuencia no intencional, una respuesta que terminaría siendo funcional al discurso neodecisionista de Menem. En efecto, la devaluación de la moneda mexicana potenció el temor de la sociedad frente al peligro de que retornara el caos hiperinflacionario y una posible devaluación que afectara a los sectores medios y altos, muchos de los cuales se encontraban fuertemente endeudados en dólares.

Recordemos que, desde el discurso menemista, el temor a la hiperinflación y el caos político y económico resultaba un potente legitimador social. Si bien este temor se había aplacado en gran medida como consecuencia de los largos años de estabilidad monetaria, aún continuaba acechando en la memoria colectiva. Como expresará Menem en las Jornadas de la Asociación de Bancos de la República Argentina, "Pensar en la hiperinflación, en la pérdida absoluta del valor de la moneda, en la incertidumbre y en la zozobra personal y empresarial, es pensar en un pasado no demasiado lejano para que lo podamos olvidar o para que lo podamos recordar sin bajar la guardia" (ABRA, 1994: 48). En el marco del retorno a la situación de caos y "emergencia", tal como el observado en la Argentina de comienzos de 1995, esta demanda en torno al orden soberano se potenciaría, aunque ahora con eje directo en el peligro de la devaluación del peso[30]. El propio Cavallo fomentará esta visión, al afirmar que "nadie que piense de manera razonable puede considerar que sea necesario devaluar" (*Página 12*, 13/05/95). Y ello en razón de que "una devaluación generaría un drástico recorte de ingresos de la gente, desataría expectativas inflacionarias y una recesión muy severa" (*Clarín*, 10/05/95). Del mismo modo, Eduardo Duhalde afirmará que "nosotros no instalamos el miedo, pero en un país que tuvo un 5.000 por ciento de inflación, el miedo no es zonzo" (*Página 12*, 10/05/95).

---

[30] Debemos tener en cuenta, en ese sentido, que hacia mediados de mayo de 1995, nada menos que 2.095.806 millones de personas, incluyendo desde sectores medios-bajos, hasta grandes empresas, poseían deudas en dólares por un total de 11.485 millones de dólares (*La Nación*, "Economía", 12/05/95).

En una prueba elocuente del temor generalizado ante una posible devaluación monetaria en gran parte de la sociedad, y la persistencia de lo que hemos definido como demandas sociales conservadoras (Fair, 2007), durante los meses anteriores a las elecciones del '95, se producirá un fuerte encarecimiento y reducción del crédito hipotecario y para consumo y una caída pronunciada en la venta de autos y electrodomésticos (*Clarín*, 08/04/95 a 10/04/95). Al mismo tiempo, se producirá un incremento de las compras en efectivo o con créditos a corto plazo y sin cuotas, al tiempo que se postergará el consumo y el endeudamiento en dólares. Estas medidas preventivas harán subir considerablemente las tasas de interés, e incentivarán la escasez del crédito, profundizando la incertidumbre existente (*Clarín*, 09/04/95). En ese contexto, se producirá una fuerte caída en los depósitos financieros, que llegará, en sólo 100 días, a 8.000 millones de dólares, al tiempo que el crédito para consumo, sólo en marzo, se reducirá en 3.500 millones de dólares (*Clarín*, 09/04/95). Para principios de mayo de 1995, la caída de depósitos en efectivo, en relación al 20 de diciembre, fecha de inicio de la devaluación mexicana, había alcanzado un 26,3% (ADEBA, 1995). En esas circunstancias, el propio Cavallo reconocerá que "Hay un retiro generalizado de depósitos en todo tipo de entidades" (*Clarín*, 10/03/95), y tendrá que salir a prometer en varias oportunidades que la moneda no se devaluaría[31] (Fair, 2007).

En ese contexto, el discurso de Menem se situará como aquel liderazgo soberano que había iniciado en 1989 un proceso de radical transformación y al que ahora debía apoyarse para garantizar la continuidad y el éxito del proceso. En una entrevista realizada a pocos días de las elecciones presidenciales de 1995, Menem resumirá claramente el panorama que se presentaba:

> La gente ve toda esta Argentina nueva. Porque nosotros terminamos con la Argentina de la decadencia, de la postración, de la involución, del no crecimiento. Y hay que tener en cuenta la

---

[31] En una prueba elocuente del miedo que generaba una posible devaluación monetaria, en el mes anterior a las elecciones presidenciales, los depósitos bancarios se habían reducido en 626,6 millones de dólares, mientras que en la primera jornada hábil tras la reelección de Menem, los plazos fijos en pesos y en dólares aumentarán en nada menos que 300 millones de dólares (*Página 12*, 19/05/95).

insersión internacional y la estabilidad, que lo sabe bien el que se ha comprado sus cosas estos años. La gente sabe que mientras estemos nosotros, no hay ninguna posibilidad de cambiar todo lo que hace a la cuestión económica (...) Todos van a poder seguir pagando las cuotas como realmente se han programado. Entonces ¿a título de qué van a cambiar los argentinos? (*Clarín*, 10/05/95).

En esas circunstancias de predominancia de las demandas conservadoras, el Presidente intentará retener la confianza social, colocándose como el único garante de la estabilidad, el prestigio y el crecimiento económico alcanzado. Al mismo tiempo, prometerá hasta al hartazgo que, en caso de ser reelecto, no dudaría en mantener la paridad cambiaria:

> El primer compromiso es la defensa a rajatabla de la estabilidad, de la Convertibilidad y de la paridad 1 a 1 de nuestro signo monetario (*Clarín*, 02/03/95).

> Por la estabilidad y la Convertibilidad yo me juego totalmente, y nada ni nadie nos hará cambiar de rumbo (*Clarín*, 04/03/95).

> Al menos mientras yo esté, el dólar se va a mantener (Entrevista a Carlos Menem, *Clarín*, 10/05/95).

La garantía de mantenimiento del Régimen de Convertibilidad por parte del Gobierno, con la consiguiente certeza tranquilizadora de que ese orden se mantendría estable en el tiempo, sin sufrir modificaciones arbitrarias, resultará, en ese sentido, crucial para mantener el apoyo de los diversos sectores sociales integrantes de la hegemonía menemista. Esta renovación de la confianza se expresará en un importante retorno de los depósitos bancarios (*Síntesis informativa*, 1995).

En ese contexto, podemos decir que la crisis del Tequila, lejos de debilitar al discurso menemista, terminaría fortaleciéndolo. En efecto, por un lado, mostró los efectos "catastróficos", rememoró el retorno al caos económico y social que podía ocurrir si se producía una devaluación de la moneda. Por el otro, reforzó la legitimidad social del Plan, al poner en evidencia que la crisis mexicana no había afectado mayormente a la economía nacional como en aquel país. En pocas palabras, el Tequila mostró la fortaleza del Plan de Convertibilidad, al tiempo que expuso los efectos negativos que podría tener una salida del mismo. Finalmente, potenció las demandas conservadoras en torno al liderazgo "piloto de tormentas" (Novaro, 1994; Bosoer y Leiras, 2000; Leiras, 2008: 56, 2009: 49) de Menem.

En esas circunstancias de prevalencia de las demandas conservadoras por parte de los principales componentes de la coalición social de apoyo al menemismo, y en ausencia de hegemonías alternativas[32], el discurso de Menem no hará más que prometer el mantenimiento del orden vigente ya afianzado (con su amplia cadena equivalencial de orden y estabilidad económica y política, paz social, consumo masivo, inserción inédita al orden mundial, desarrollo, progreso y modernización), modificando sólo sus consecuencias indeseadas (en particular, en relación al tema de la desocupación), que quedarían solucionadas en un futuro cercano, tal como se había solucionado previamente el problema de la hiperinflación. De esta manera, el Presidente, acompañado por Carlos Ruckauf, no tendrá dificultades en ser reelecto con el 49,89% de los votos en las elecciones presidenciales del 14 de mayo de 1995, frente al 28,37% que obtendrá la fórmula del Frente del País Solidario (Frepaso), José Octavio Bordón- Carlos "Chacho" Álvarez. El radicalismo, por su parte, fuertemente desprestigiado debido a la "claudicación" asociada a la firma del Pacto de Olivos, sólo alcanzará, con la fórmula Massaccesi-Hernández, el 16,75%, llegando a su mínimo histórico[33].

6. Conclusiones

En el momento de asumir la presidencia, el liderazgo de Menem debía hacer frente a tres grandes problemas heredados: la crisis político-institucional, la crisis político-militar y la crisis socioeconómica. El nuevo decisionismo que inició Menem en 1989 logró resolver exitosa-

---

32 Ausencia que se expresará en una profunda división inter e intrapartidaria en el seno de la oposición partidaria que se potenciará con la firma del Pacto de Olivos por parte de Alfonsín. Al respecto, véanse Abal Medina (1998); Fair (2007).

33 El justicialismo, además, sumará 7 diputados, obteniendo quórum propio, mientras que el radicalismo perderá 12 y el Frepaso sumará 13 (INDEC, 1998; *Página 12*, 16/05/95 y 18/05/95).

mente cada una de estas crisis de gobernabilidad. Lo hizo a partir de un estilo de liderazgo personalista y soberano que apelaba a la "emergencia permanente" para erigirse en una figura plebiscitaria, símbolo de la eficacia decisional. En ese marco, frente al caos económico, político y social en el que había asumido el mando, su estilo neodecisionista se situaba como garante de la recuperación del orden público, la paz social y la estabilidad macroeconómica. A partir de una metodología basada en el análisis del discurso, destacamos el proceso de formación ideológica y legitimación social del neodecisionismo menemista. Observamos, en ese contexto, la respuesta del liderazgo de Menem frente a la triple crisis de gobernabilidad de 1989. En primer lugar, frente a la crisis de representación o crisis de representatividad de la política, el discurso menemista logró generar un principio de orden público que, con la ayuda de los *mass media*, repolitizó a la ciudadanía en torno a su figura. En segundo término, frente al problema heredado con las Fuerzas Armadas y frente a los conflictos internos, el discurso de Menem se erigió como aquel liderazgo neodecisionista que había logrado una reconciliación y pacificación nacional que hasta entonces sólo se hacía presente en su ausencia. Finalmente, frente a la grave crisis socioeconómica, el Presidente se situaría como aquel líder soberano que, a partir del éxito indiscutible del modelo de Convertibilidad, había logrado estabilizar definitivamente los indicadores macroeconómicos y cohesionar socialmente a la ciudadanía.

En una segunda etapa, indagamos en la función ejercida por dos elementos que contribuirían a consolidar el neodecisionismo menemista, sentando las bases para profundizar el éxito social de su hegemonía. El primero de ellos sería la firma del Pacto de Olivos. Este acuerdo interpartidario entre el justicialismo y el radicalismo permitiría consolidar los poderes decisionales del Ejecutivo, condición de posibilidad para la posterior reelección presidencial. En el plano de legitimación discursiva, el acuerdo profundizaría la eficacia del discurso político de pacificación y reconciliación nacional del Presidente, inicialmente dirigido a legitimar la firma de los indultos a las Fuerzas Armadas, en este caso a partir de la necesidad de articular a las fuerzas partidarias frente a décadas de desencuentros entre los propios argentinos. Al mismo tiempo, el acuerdo deslegitimaría al propio radicalismo, al evaporar la capacidad de oposición del centenario partido y al consolidar su pérdida de credibilidad social frente a la ciudadanía, que lo acusaría de traicionar las banderas históricas del partido. Finalmente, el pacto profundizaría las diferencias interpartidarias e intrapartidarias dentro del seno de la oposición, impidiendo conformar una contra-hegemonía que pudiera oponerse de forma exitosa al liderazgo menemista.

El segundo elemento clave que permitiría explicar el éxito político y la persistencia temporal del discurso neodecisionista de Menem sería la crisis del Tequila de diciembre de 1994. Esta crisis, lejos de erosionar la eficacia del discurso presidencial, la fortalecería, al rememorar el temor al caos político, económico y social que podría constituir una posible devaluación monetaria como la acontecida en México. Destacamos, en ese sentido, la importancia crucial que había tenido la aplicación del Régimen de Convertibilidad en la legitimación popular al liderazgo menemista, éxito que se expresaría en los rotundos triunfos del oficialismo en las elecciones legislativas de 1991 y 1993 y en la Convención Constituyente de 1994. En ese marco, Menem se situaría discursivamente como el único garante de la permanencia de la estabilidad y el orden social, recordando el peligro de caos e ingobernabilidad que significaría cualquier cambio de rumbo político. En un contexto de ausencia de alternativas y disciplinamiento social de amplios sectores de la población, el liderazgo neodecisionista de Carlos Menem no tendrá problemas en obtener el respaldo necesario para reformar exitosamente la Constitución Nacional y, poco más de un año después, ser reelecto cómodamente con casi el 50% de los votos en las elecciones presidenciales de mayo de 1995.

7. Bibliografía

Abal Medina, Juan Manuel, "El partido Frente Grande, análisis de una experiencia inconclusa", en *Revista América Latina Hoy*, (Instituto Iberoamericano de Estudios de América Latina y Portugal. Universidad de Salamanca), Salamanca, (1998), páginas 101-110.

Aboy Carlés, Gerardo, *Las dos fronteras de la democracia argentina. La reformulación de las identidades políticas de Alfonsín a Menem*, Homo Sapiens, Rosario, 2001.

Acuña, Carlos y Smulovitz, Catalina, "Militares en la transición argentina: del gobierno a la subordinación constitucional", en Carlos Acuña (Comp.), *La nueva matriz política argentina*, Nueva Visión, Buenos Aires, 1995.

Azpiazu, Daniel, "La industria argentina ante la privatización, la desregulación y la apertura asimétricas de la economía. La creciente polarización del poder económico", en Daniel Azpiazu y Hugo Nochteff (Edits.), *El Desarrollo ausente*, Tesis-Norma-FLACSO, Buenos Aires, 1995, páginas.

Bajtín, Mijail, "El problema de los géneros narrativos", en *Estética de la creación verbal*, Siglo XXI, México, 1982.

Baldioli, Alberto, "Neodecisionismo en América Latina: entre la apatía y la participación cívica. Argentina y Brasil (1989-1992)", *Debates Latinoamericanos*, Número 1 (Centro Latinoamericano de Estudios Avanzados-CLEA), Buenos Aires (2003), disponible en www.rlcu.org.ar/revista

Baldioli, Alberto. "La esencia política de los decretos de necesidad y urgencia en la democracia argentina", Trabajo presentado en el V Congreso Latinoamericano de Ciencia Política, Asociación Latinoamericana de Ciencia Política (ALACIP). Buenos Aires. 28 al 30 de julio de 2010.

Baldioli, Alberto y Leiras, Santiago, "Democracia, estado de excepción y decisionismo político: consideraciones y conceptos", en Santiago Leiras (Comp.), *Estado de excepción y democracia en América Latina*, Editorial Homo Sapiens, Colección Politeia, Santa Fe, 2010.

Baldioli, Alberto y Leiras, Santiago, "Argentina en la década de la decisión política. El liderazgo neodecisionista de Carlos Saúl Menem", en Santiago Leiras (Comp.), *Estado de excepción y democracia en América Latina*, Editorial Homo Sapiens, Colección Politeia, Santa Fe, 2010.

Barros, Sebastián, *Orden, democracia y estabilidad. Discurso y política en la Argentina entre 1976 y 1991*, Alción, Córdoba, 2002.

Basualdo, Eduardo, *Sistema político y modelo de acumulación en la Argentina*, FLACSO, Buenos Aires, 2001.

Basualdo, Eduardo, *Estudios de historia económica argentina. Desde mediados del siglo XX a la actualidad*, Siglo XXI-FLACSO, Buenos Aires, 2006.

Beccaria, Luis, "Empleo, remuneraciones y diferenciación social en el último cuarto del siglo XX", en VVAA, *Sociedad y sociabilidad en la Argentina de los 90*, Editorial Biblos, Buenos Aires, 2002.

Bonetto, María Susana y Martínez, Fabiana, "Las palabras de Menem. Representaciones neoliberales en el discurso nacional populista", *Anuario*, Número 2 (Centro de Investigaciones Jurídicas y Sociales,

Facultad de Derecho y Ciencias Sociales, Universidad Nacional de Córdoba), Córdoba (2000), disponible en: http://168.96.200.17/ar/libros/argentina/cijs/SEC1005.HTML

Borón, Atilio, "Los axiomas de Anillaco. La visión de la política en el pensamiento y en la acción de Carlos Saúl Menem", en AA.VV., *El Menemato. Radiografía de 2 años de gobierno de Carlos Menem*, Letra Buena, Buenos Aires, 1991.

Bosoer, Fabián y Leiras, Santiago, "Posguerra fría, neodecisionismo y nueva fase del Capitalismo. El alegato del Príncipe-gobernante en el escenario global de los ´90", en Atilio Borón, Julio Gambina y Naúm Minsburg (Comps.), *Tiempos violentos: neoliberalismo, globalización y desigualdad económica en América Latina*, Eudeba-CLACSO, Buenos Aires, 1999.

Bosoer, Fabián y Leiras, Santiago, "Los fundamentos filosófico-políticos del decisionismo presidencial: Argentina 1989-1999 ¿Una nueva matriz ideológica para la democracia argentina?", en Julio Pinto (Comp.), *La Argentina entre dos siglos: la política que viene*, Editorial Universitaria de Buenos Aires, Buenos Aires, 2001.

Camou, Antonio, "Saber técnico y política en los orígenes del menemismo", en *Revista Perfiles Latinoamericanos*, Número 12 (Facultad Latinoamericana de Ciencias Sociales-FLACSO), México (1998), páginas 85-107.

Canelo, Paula, *El Proceso en su laberinto. La interna militar de Videla a Bignone*, Prometeo, Buenos Aires, 2008.

Cavarozzi, Marcelo, *Autoritarismo y democracia (1955-1996). La transición del Estado al mercado en la Argentina*, Ariel, Buenos Aires, 1997.

De Riz, Liliana, "Política y partidos. Ejercicio de análisis comparado: Argentina, Chile, Brasil y Uruguay", en *Revista Desarrollo Económico*, Número 100 (Instituto de Desarrollo Económico y Social-IDES), Buenos Aires (1986), páginas 659-682.

Etchemendy, Sebastián, "¿Límites al decisionismo?", en Ricardo Sidicaro y Jorge Mayer (Comps.), *Política y sociedad en los años del menemismo*, Oficina de publicaciones del Ciclo Básico Común, Universidad de Buenos Aires (UBA), Buenos Aires.

Fair, Hernán, *Identidades y representación. El rol del Plan de Convertibilidad en la consolidación de la hegemonía menemista (1991-1995)*, Tesis de Maestría para aplicar al grado de Maestro en Ciencia Política y Sociología, Facultad Latinoamericana de Ciencias Sociales (FLACSO), mimeo, Buenos Aires, 2007.

Fair, Hernán, "El Estado y los trabajadores durante el primer gobierno de Menem en Argentina (1989-1995)", *Estudios Sociológicos* (El Colegio de México), Número 80, México (2009a), páginas 551-594.

Fair, Hernán, "El mito de Argentina país potencia", *Contribuciones desde Coatepec*, Número 16 (Facultad de Humanidades y del Centro de Investigaciones en Ciencias Sociales y Humanidades, Universidad Autónoma del Estado de México), México, (2009b), páginas 115-146.

Fair, Hernán, "Los dispositivos de la enunciación menemista y la tradición peronista. Un análisis desde la dimensión ideológica", *Signa* (Universidad Nacional de Educación a Distancia), Número 18, Madrid (2009c), páginas 251-283.

Fair, Hernán, "La construcción y consolidación del discurso neodecisionista de Fujimori en Perú (1990-1995)", en Santiago Leiras (Comp.), *Estado de excepción y democracia en América Latina*, Editorial Homo Sapiens, Colección Politeia, Santa Fe, 2010a.

Fair, Hernán, "Identidades, discurso y política. La articulación y consolidación de la cadena significante menemista en torno al Régimen socioeconómico de la Convertibilidad (1991-1995)", *Pléyade*, Número 5, Santiago de Chile (2010b), páginas 83-146.

Fair, Hernán, "El Régimen de Convertibilidad y la construcción de una nueva hegemonía discursiva. Consideraciones a partir del primer gobierno de Menem", *Revista de Ciencias Sociales*, Número 17 (Universidad Nacional de Quilmes-UNQ), Buenos Aires (2010c), páginas 187-204.

Fair, Hernán, "Las relaciones políticas entre el menemismo y las Fuerzas Armadas. Un análisis histórico del período 1989-1995", en *Revista Kairós*, Año 15, Número 27 (Universidad Nacional de San Luis-UNSL), San Luis (2011), Disponible en línea en: http://www.revistakairos.org/k27-archivos/Fair.pdf

Ferreira Rubio, Delia y Goretti, Mateo, "Cuando el presidente gobierna solo. Menem y los decretos de necesidad y urgencia hasta la reforma constitucional (julio 1989-agosto 1994)", en *Revista Desarrollo Económico*, Número 141(Instituto de Desarrollo Económico y Social-IDES), Buenos Aires (1996), páginas 443-474.

García Delgado, Daniel, *El cambio de relaciones Estado-sociedad en el proceso de modernización en Argentina*, Instituto de investigaciones de la Facultad de Ciencias Sociales, Universidad de Buenos Aires, mimeo, Buenos Aires, 1994.

García Sigman, Luis Ignacio, "Estilo decisionista matizado de gobierno. La influencia del contexto institucional en la viabilidad de ejecutivos con estilos decisionistas matizados de gobierno. Carlos Saúl Menem y Fernando Collor de Mello entre 1990 y 1992", Tesina de Grado, Licenciatura en Ciencia Política, Universidad de Belgrano, Buenos Aires, 2008, disponible en http://www.ub.edu.ar/investigaciones/tesinas/313_garcia.pdf

Gerchunoff, Pablo y Torre, Juan Carlos, "La política de liberalización económica en la administración de Menem", *Desarrollo Económico*, Número 141 (Instituto de Desarrollo Económico y Social-IDES), Buenos Aires (1996), páginas 733-768.

Giddens, Anthony, *La constitución de la sociedad*, Amorrortu, Buenos Aires, 1995.

Gramsci, Antonio, *Notas sobre Maquiavelo, sobre la política y sobre el Estado moderno*, Nueva Visión, Buenos Aires, 2008.

Hadida, María Eva y Pérez, Soledad, "Las campañas electorales de la década del ´80. Alfonsín y Menem", *Argentina Reciente*, Número 1, Buenos Aires (1999), páginas 7-65.

Hilb, Claudia, *Promesa y política. Promesas traicionadas y transición democrática*, Secretaría de Gestión Institucional, Universidad de Buenos Aires, Buenos Aires, 1994.

Incarnato, Florencia y Vaccaro, Victoria, "El caso de Collor de Melo en Brasil: ¿límites al decisionismo?", en Santiago Leiras (Comp.), *Estado de excepción y democracia en América Latina*, Editorial Homo Sapiens, Colección Politeia, Santa Fe, 2010.

Kerz, Mercedes y Leiras, Santiago, "Veinte años de democracia en la Argentina. ¿Qué democracia?", *Revista venezolana de Ciencia Política*, Número 25 (Universidad de Los Andes), Zulia (2004), páginas 90-96.

Kruijt, Dirk y Koonings, Kees, "Fuerzas Armadas y política en América Latina"; *Iberoamericana*, Número 8 (2002).

Laclau, Ernesto y Mouffe, Chantal, *Hegemonía y estrategia socialista*, Fondo de Cultura Económica, Buenos Aires, 1987.

Laclau, Ernesto, *Emancipación y diferencia*, Ariel, Buenos Aires, 1996.

Laclau, Ernesto, *La Razón populista*, Fondo de Cultural Económica, Buenos Aires, 2005.

Leiras, Santiago, "Liderazgo político: estilo (neo) populista, estrategia (neo) decisionista. Hacia un modelo de interpretación en contexto democrático", *Ecuador Debate*, Número 73 (Centro Andino de Acción Popular-CAAP), Quito (2008), páginas 47-62.

Leiras, Santiago, *El cono sur y sus líderes durante los años '90*, Lajouane, Buenos Aires, 2009.

Llanos, Mariana, "El Presidente, el Congreso y la política de privatizaciones en la Argentina (1989-1997)", *Desarrollo Económico*, Número 151 (Instituto de Desarrollo Económico y Social-IDES), Buenos Aires (1998), páginas 743-770.

Lozano, Claudio y Feletti, Roberto, "La economía del menemismo. Cambio estructural, crisis recurrentes y destino incierto", en AA.VV., *El Menemato*, Letra Buena, Buenos Aires, 1991.

Mayer, Jorge, "Algunas notas sobre el menemismo", en Ricardo Sidicaro y Jorge Mayer (Comps.), *Política y sociedad en los años del menemismo*, Oficina de publicaciones del Ciclo Básico Común, Universidad de Buenos Aires (UBA), Buenos Aires, 1995.

Menem, Carlos y Duhalde, Eduardo, *La Revolución Productiva*, Peña Lillo, Buenos Aires, 1989.

Mustapic, Ana María, "Tribulaciones del Congreso en la nueva democracia argentina. El veto presidencial bajo Alfonsín y Menem", *Ágora*, Número 3, Buenos Aires (1995), páginas 75-94.

North, Douglass, *Instituciones, cambio institucional y desempeño económico*, Fondo de Cultura Económico, México, 1993.

Novaro, Marcos, *Pilotos de tormentas: crisis de representación y personalización de la política en Argentina. 1989-1993*, Letra Buena, Buenos Aires, 1994.

O´Donnell, Guillermo, *Contrapuntos. Ensayos escogidos sobre autoritarismo y democratización*, Paidós, Buenos Aires, 1997.

Ortiz, Ricardo y Schorr, Martín, "Crisis del Estado y pujas interburguesas. La economía política de la hiperinflación", en Alfredo Pucciarelli (Coord.), *Los años de Alfonsín*, Siglo XXI, Buenos Aires, 2006.

Palermo, Vicente y Novaro, Marcos, *Política y poder en el gobierno de Menem*, Norma- FLACSO, Buenos Aires, 1996.

Pinto, Julio, *Carl Schmitt y la reivindicación de la política*, Editorial Universidad de La Plata, La Plata, 2000.

Pucciarelli, Alfredo, "¿Crisis o decadencia? Hipótesis sobre el significado de algunas transformaciones recientes de la sociedad argentina", Sociedad, Números 12/13, Buenos Aires, páginas. 5-36, 1998.

Quiroga, Hugo, *Argentina, en emergencia permanente*, Edhasa, Buenos Aires, 2005.

Quiroga, Hugo, "Presentación", en Santiago Leiras (Comp.), *Estado de excepción y democracia en América Latina*, Editorial Homo Sapiens, Colección Politeia, Santa Fe, 2010.

Saín, Marcelo, "Las Fuerzas Armadas en la Argentina. Los dilemas de la reforma militar en una situación de crisis", *Security and Defense Studies Review*, Número 2 (2002), páginas 217-245.

Sidicaro, Ricardo, "Poder político, liberalismo económico y sectores populares en la Argentina 1989-1995", en AA.VV., *Peronismo y menemismo*, El Cielo por Asalto, Buenos Aires, 1995, páginas 121-156.

Sigal, Silvia y Verón, Eliseo, *Perón o muerte. Los fundamentos discursivos del fenómeno peronista*, Legasa, Buenos Aires, 2003.

Spinetta, Robertino, "Autocracia y legitimidad política. Alcances y límites de la forma decisionista de gobierno de Venezuela entre 1998 y 2006", en Santiago Leiras (Comp.), *Estado de excepción y democracia en América Latina*, Editorial Homo Sapiens, Colección Politeia, Santa Fe, 2010.

Torre, Juan Carlos, "América Latina: el gobierno de la democracia en tiempos difíciles", *Estudios Políticos*, Número 74 (Centro de Estudios Constitucionales-CEPC), Madrid (1991), páginas 145-161.

Waisbord, Silvio. *El gran desfile. Campañas electorales y medios de comunicación en la Argentina*, Buenos Aires, Sudamericana, 1995.

Yannuzzi, María de los Ángeles, *La modernización conservadora. El peronismo de los '90*, Fundación Ross, Rosario, 1995.

8. Fuentes y documentos

Diarios *Ámbito Financiero, Clarín, La Nación, Página 12.*

ABRA (1994), "Las estrategias del desarrollo. La banca, el crecimiento y la inversión social", Cuartas Jornadas Bancarias de la República Argentina, Asociación de Bancos de la República Argentina, Buenos Aires, agosto de 1993.

ADEBA (1995), Memoria anual, *Asociación de Bancos de la República Argentina, Buenos Aires.*

INDEC (1998), Anuario Estadístico de la República Argentina, Instituto Nacional de Estadísticas y Censos, Buenos Aires, Vol. 14.

Página oficial del INDEC, www.indec.gov.ar

Síntesis informativa, económica y financiera (1995), Publicación del Banco Provincia, Buenos Aires, Argentina.

Discursos oficiales del presidente de la Nación, Dr. Carlos Saúl Menem, Dirección General de Difusión, Secretaría de Medios de Comunicación, Presidencia de la Nación, República Argentina (varios tomos).

Capítulo III
Limitando la excepción: el rol del Congreso durante la segunda presidencia menemista (1995-1999)

Agustín Vallejo y Robertino Spinetta *

1. Introducción

El análisis de los presidencialismos en Latinoamérica desde el último retorno democrático implica pensar la forma en que se articuló, dividió y ejerció el poder institucional. La tercera ola democratizadora puso a prueba en América Latina la capacidad de las sociedades y sus clases dirigentes de consolidar la forma en que ejerció la labor gubernamental y el rol de las instituciones que acompañan al presidente.

El caso argentino ofrece para su análisis cambios en el rol de estas instituciones, de acuerdo a los contextos económicos y sociales que marcaron este período. Particularmente la presidencia de Carlos Saúl Menem muestra los vaivenes de la economía argentina acompañados por transformaciones en el plano institucional: el contexto inicial de crisis económica, política y social estuvo marcado por una concentración de facultades para el ejecutivo, mientras que el proceso de estabilización estuvo caracterizado por la demanda de una mayor participación para la toma de decisiones por parte del poder legislativo. Paralelamente a esta demanda de protagonismo institucional, el

---

* UBA

Congreso pasará a jugar un nuevo rol como limitador de la discrecionalidad presidencial en el proceso de generación de políticas.

En el presente capítulo estudiaremos el proceso de limitación a la forma de gobernar decisionista que Menem encontró durante su segundo mandato (1995-1999) por parte del Congreso Nacional. Para ellos realizaremos una lectura de los fundamentos originales con los que se definió a las instituciones del sistema político argentino. Luego realizaremos una revisión de la literatura sobre relaciones entre poderes surgida desde el retorno democrático. Siguiente a esto entraremos en el segundo período menemista en donde se estudiará la relación entre presidente y Congreso. Allí veremos una nueva forma de obrar de un parlamento que buscaba recuperar el protagonismo institucional que había delegado en 1989. Esto nos dará paso para estudiar el frustrado intento de renovación de mandato de Carlos Menem en 1999 y los frentes en los que se estructuró la oposición a esta empresa, tanto fuera como por dentro del partido del presidente. Luego veremos la relación conflictiva entre Congreso y presidencia a la luz de la política de privatizaciones. Seguido a esto, presentaremos a algunos datos descriptivos del período que den cuenta de la relación entre estas instituciones y nos ayuden a sostener nuestra hipótesis (leyes aprobadas, vetos, decretos de necesidad y urgencia). Finalmente estableceremos las conclusiones en torno al modo en que el presidente y el Congreso se conjugaron para dar forma institucional a la nueva Argentina democrática.

2. Antecedentes en la investigación

En un trabajo anterior realizado dentro del mismo marco institucional (Incarnato y Vaccaro, 2010) se estudió la presidencia de Collor de Melo en Brasil como un caso de limitación del poder presidencial a partir de la labor parlamentaria. En consonancia con Pérez Liñán (2009), se sostuvo en ese trabajo que la mediatización de los escándalos políticos, acompañada por la pérdida del apoyo parlamentario, desembocó en la fragilidad institucional del presidente. El proceso culminó en la destitución del primer mandatario a través de un proceso de juicio político, instancia novedosa en el subcontinente hasta el momento. Este caso inauguró un "nuevo patrón de inestabilidad en América Latina" (Pérez Liñán, 2009) caracterizado por el accionar de mecanismos novedosos para interrumpir el mandato de presidentes sin que se ponga en juego la continuidad democrática.

De esta forma quedó expuesto cómo los liderazgos presidenciales en América Latina, a pesar de caracterizarse por su estilo personalista y decisionista, pueden estar controlados por y sujetos a mecanismos de rendición de cuentas, frente a otras instituciones, que ponen en riesgo su supervivencia en el poder.

Acorde al objeto de estudio de esta investigación, el antecedente presentado y sus eventuales réplicas en otros países de la región, nos plantean algunos interrogantes a la hora de embarcar una agenda abocada a estudiar los presidencialismos en una lógica neo-decisionista. A raíz de estos procesos de destitución presidencial cabría preguntarse: ¿qué tan poderosos son los presidentes en América Latina? ¿De qué depende la fortaleza o debilidad de un primer mandatario latinoamericano? ¿Qué tan débiles (o tan poderosas) son las instituciones que rodean a la presidencia? ¿Qué diferencias sustanciales encontramos entre aquellos presidentes que logran llegar al final de sus mandatos de manera exitosa frente a aquellos que ven sus gestiones interrumpidas? ¿Qué características tiene que tener un Congreso para poder actuar como contrapeso de un presidente?

Planteando la cuestión en territorio argentino nos topamos con sus particularidades. En primer lugar el sistema de partidos nacional. Durante el período que nos ocupará (1995-1999) tenemos un bajo nivel de fragmentación. De igual forma, el número de partidos parlamentarios a nivel nacional es bajo. Desde 1983 Argentina tuvo un sistema bipartidista, conformado por el Partido Justicialista (PJ) y la Unión Cívica Radical (UCR), que se extendió hasta 1995. En esos años surgió como alternativa electoral sólida el Frente País Solidario (FREPASO), formado a partir de ex miembros del Partido Intransigente y miembros anti menemistas del PJ. Sin embargo para los fines de nuestra investigación sólo tomaremos el período en el que el FREPASO actúa como bloque opositor que, como quedó demostrado, mostró un alto nivel de cooperación con la UCR (Jones, Hwang y Micozzi, 2009). En segundo lugar, en Argentina las carreras políticas se encuentran ligadas a los partidos y la mayor parte del armado de listas corresponde a los líderes provinciales (Jones, 1998). Esto repercute en el comportamiento de los legisladores en el Congreso Nacional, haciendo que actúen con un alto nivel de obediencia al gobernador o líder provincial, quien maneja la carrera de los legisladores (Jones, Saiegh,

Spiller y Tommasi, 2002; Jones y Hwang, 2005). Ambos elementos (sistema de partidos nacional e influencia de los gobernadores sobre los legisladores nacionales) repercuten en el tipo de oposición que el presidente va a encontrar en el Congreso: por un lado, Menem encontró oposición con dos grandes bloques, tanto dentro como fuera del PJ. Por otra parte, el comportamiento de los diputados de estos bloques se encontraba fuertemente influido por los intereses de los gobernadores o jefes provinciales. De esta forma, los legisladores encuentran una doble limitación: a) por un lado la limitación del partido. Ir en contra de un presidente del mismo color implicaría votar conjuntamente con el partido opositor. Y b) las limitaciones territoriales sujetas a las negociaciones entre gobernador y presidente.

Estos instrumentos para el análisis nos llevan a pensar que una limitación al poder del ejecutivo en la Argentina de Menem debió establecerse a partir de un criterio diferente al brasilero (existencia de escándalos y ausencia de un escudo parlamentario). Para entender este proceso se estudiará el segundo período de Carlos Menem bajo una concepción decisionista en el rol del poder ejecutivo, y se verá desde qué lugar el Congreso pretenderá desafiar al presidente, generando fluctuaciones en las fronteras que delimitan el rol de ambos poderes.

3. Hipótesis de trabajo.

En el presente capítulo contribuiremos a la tesis central del libro en el que se encuentra contenido:

Bajo condiciones de crisis estatal, económica y social sería posible establecer una correlación entre regímenes democráticos y estados de excepción.

Las situaciones de emergencia política desembocan en dos consecuencias que resultan de nuestro particular interés: a) el reforzamiento de los poderes presidenciales, y b) el debilitamiento del rol de las instituciones parlamentarias.

En momentos de excepcionalidad política, social y económica los actores institucionales de rendición de cuentas vertical como también horizontal se estructuran de manera tal que permiten a la presidencia un proceso de toma de decisiones fuertemente centralizado. A partir de la segunda presidencia de Carlos Menem buscaremos evidencia empírica que sostenga esta tesis.

A través de esta hipótesis intentaremos responder a la pregunta sobre si el neodecisionismo, como estilo presente en América Latina en las últimas décadas, responde a una "salida" para los momentos de crisis, o bien constituye un modo gubernamental característico de la región, y particularmente propio de la nueva Argentina democrática. En el primero de los casos deberíamos encontrar un cese de esta forma de ejercer la gobernabilidad en períodos de "normalidad"[1]. En el segundo de los supuestos, este estilo de gobernar no sería la excepción a la regla, sino que sería una constante, y posiblemente se haya visto profundizado en períodos de emergencia, pero no necesariamente respondería a ella. Para dar cuenta de estos procesos nos dispondremos ahora a dar cuenta de la relación histórica entre poderes en Argentina.

4. La relación ejecutivo-legislativo en Argentina.

Los estudios sobre las relaciones entre ejecutivo y legislativo en Argentina presentan un déficit histórico debido fundamentalmente a la poca atención que despertaba en los estudiosos el rol del Congreso. Los motivos de esta desatención curricular correspondían al desbalance de poder que existe entre Presidencia y Congreso. Este desequilibrio produjo que los estudios se volcasen hacia el estudio del primero en detrimento del segundo. El carácter hiperpresidencialista con el que fue pensado (en su momento fundacional) y ejercido (durante su desarrollo) el sistema político argentino, hizo que el Congreso sea considerado un actor secundario en la vida institucional de la nación. A su vez, todas las interrupciones al régimen democrático que tuvieron lugar en Argentina durante el siglo XX coincidieron en la suspensión de la labor del parlamento. Esta falta de continuidad en sus funciones es también parte de la explicación de la disminución del interés por los estudios parlamentarios.

La falta de estudios sobre el Congreso provocó que dos ideas se hicieran predominantes, a tal punto que hoy se mantienen vigentes dentro de la opinión pública:

---

[1] Para una consideración sobre la distinción entre "estado de excepción" y "estado de normalidad" aplicado en América Latina ver Baldioli y Leiras (2010)

1. La debilidad institucional del Congreso desemboca en el sometimiento de éste frente al poder Ejecutivo.[2]
2. El Congreso es un obstáculo para la política presidencial.[3]

Sin embargo, si bien los dos enunciados se sostienen de manera crítica hacia el poder legislativo, y además, son contradictorios entre sí, ambos tienen un punto en común que resulta acertado: aluden a la principal función de todo Congreso, es decir, otorgar o retirar el apoyo a un gobierno. Una relación de la literatura nos servirá para entender la relación entre poderes.

Desde las elaboraciones teóricas iniciales es posible observar cómo el fin de la concepción del Congreso argentino muestra rasgos característicos que la diferencian de su par norteamericano. Mientras que los autores de *El Federalista* (Hamilton, Madison y Jay, 2010) pensaron a la presidencia como un contrapeso frente al poder de la asamblea (Congreso), y se ocuparon de diferenciarla de un rey; en *Las Bases* (2009), Alberdi piensa que un ejecutivo enérgico y dotado de facultades institucionales fuertes, sería el camino por el cual se haría posible el pasaje de la República Posible a la República Verdadera. Mientras que el Congreso es una institución deseable para la República Verdadera, durante la República Posible y frente a la amenaza del atraso social, ésta debía ser postergada cediendo su espacio a un ejecutivo vigoroso. De acuerdo a los "padres fundadores", en Estados Unidos el ejecutivo se combinaría con otros dos poderes fuertes (Congreso y Justicia) generando un sistema de pesos y contrapesos. De manera muy distinta, para Alberdi el presidente argentino debía contar con los recursos necesarios para sacar a la sociedad del atraso. El caso norteamericano tuvo como resultado la división y el equilibrio de poderes, mientras que en el argentino un desbalance a favor del poder ejecutivo (Mustapic, 1997).

Desde ese momento y hasta nuestros días la presidencia argentina ha sido pensada como instrumento para la reforma de la sociedad civil

---

[2] En el lenguaje coloquial suelen utilizarse términos como "escribanía" o "sello de goma" para referirse a este supuesto del Congreso argentino.

[3] Idea que ya aparece presente desde Alberdi, para quien un Ejecutivo vigoroso era el instrumento necesario para la transformación de la sociedad civil, mientras que el Congreso representaba un impedimento para la toma de decisiones expeditas necesarias.

(Mayer y Gaete, 1998). Éste es el mismo argumento que encontramos en el Estado Burocrático Autoritario (EBA) de Guillermo O'Donnell (2010). ¿Qué es un EBA sino un modelo de Estado que se propone la transformación de la sociedad civil a partir de la toma del poder ejecutivo? Durante todo el siglo XX se ha pensado a la presidencia desde esa óptica, y los golpes militares que atravesaron el período tuvieron este mismo fundamento. De esta forma, no es difícil entender por qué los estudios sobre el Congreso se vieron tan postergados, siendo la presidencia la institución sobre la que giró la política durante un siglo.

A partir del último retorno democrático los estudios sobre las relaciones entre estos dos poderes ocuparon un lugar de mayor visibilidad en la agenda politológica. Este nuevo interés está marcado en primer lugar por la continuidad democrática, y la consecuente persistencia institucional del Congreso en sus funciones. La capacidad de analizar en períodos sucesivos el comportamiento de un actor institucional, así como de prever la prolongación de sus funciones en el largo plazo, abrió una nueva agenda de investigación. Por otra parte, a partir de la "tercera ola democratizadora" (Huntington, 1994) el Congreso, no solamente en Argentina, sino también en toda América Latina, ocupó un nuevo rol de contralor del Ejecutivo, que hasta el momento le había sido postergado. Este nuevo rol del Congreso puede ser interpretado a la luz del nuevo patrón de inestabilidad (Pérez Liñán, 2008) que tiene lugar en el subcontinente, frente al cual es posible dar cuenta de nuevas crisis de gobernabilidad que desembocan en la culminación anticipada de los mandatos presidenciales, pero no del régimen democrático[4].

A partir de 1983 una nueva serie de estudios se hizo presente. Un trabajo clásico de este período es el de Guillermo Molinelli *Presidentes y Congresos en Argentina. Mitos y realidades* (1991). Este trabajo abarca el estudio de las relaciones entre poderes desde 1862 hasta los primeros años de Alfonsín. Trabaja sobre variables como: a) el modo de la relación entre poderes: *colaboracionista* o *adversario*; b) el balance

---

[4] En su texto Juicio Político al Presidente, Aníbal Pérez Liñán sostiene como uno de los pilares para la supervivencia presidencial en situaciones de crisis gubernamental la consolidación de un "escudo parlamentario", es decir del apoyo del número necesario para un presidente de bancas en el Congreso para permanecer en el cargo.

entre poderes: *equilibrio, superioridad presidencial* o *superioridad del Congreso*[5]; y c) el ritmo de las sesiones *parlamentarias*. La continuación de este trabajo aparecerá años más tarde con el título *Las relaciones presidente-congreso en Argentina '83-'95*. En este trabajo el autor reconoce que en este período el Congreso puede evidenciar la existencia de un poder real para la formulación de políticas.

Otro conocido estudio fue el de Scott Mainwaring y Matthew Shugart (1997) *Presidencialismo y democracia en América Latina*. En este trabajo se plantea el problema del peso legislativo del presidente en las cámaras como potencial factor de inestabilidad. El arribo al que llegan es que los presidencialismos alcanzan un funcionamiento estable con un *número efectivo de partidos* bajo[6].

También Ana María Mustapic escribe sobre las relaciones entre ejecutivo y legislativo. En su trabajo *Oficialistas y diputados: las relaciones ejecutivo-legislativo en Argentina* (2000) la autora trabaja las presidencias de Alfonsín (1983-1989) y la primera de Carlos Menem (1989-1995) observando el proceso de producción de disciplina partidaria. Allí se establece que el uso de los vetos responde a una estrategia presidencial para mantener el poder de iniciativa legislativa. Por su parte, los decretos de necesidad y urgencia se utilizan cuando el liderazgo del presidente sobre el partido es débil y cuando se es lo suficientemente fuerte para impedir la formación de una coalición opositora.

Por otra parte, el trabajo de Cox, Morgenstern, y Wolfson *Legislaturas reactivas y presidentes proactivos en América Latina* (2001) reconoce cuatro tipos de legislaturas con los que se enfrentan los presidentes latinoamericanos: a) *recalcitrantes*, legislaturas que brindan poco apoyo o directamente rechazan los proyectos del Ejecutivo; b) *negociadoras*, que exigen voz y voto en el proceso de toma de decisiones; c) *parroquiales*, que conceden al Ejecutivo la aprobación de sus proyectos a cambio de intercambios; y d) *subordinadas*, que muestran alto nivel de apoyo al Ejecutivo y altas tasas de aprobación.

---

[5] Aunque el estudio no dé cuenta de la existencia alguna en la historia argentina de balance de poder con superioridad del Congreso.

[6] El número efectivo de partidos (NEP) es el indicador de fragmentación de un sistema de partidos con mayor consenso académico. La fórmula utilizada con mayor frecuencia para medir el NEP es la de Laakso y Taegepera (1977). Sin embargo se ha criticado que esta fórmula suele sobredimensionar el peso del partido mayoritario en el número que arroja y se han propuesto fórmulas alternativas (Molinar, 1991).

Otros trabajos estuvieron abocados al estudio de esta relación a la luz de las atribuciones legislativas del presidente y las instancias de conflicto entre ambos poderes, fundamentándose en datos estadísticos descriptivos. Así, encontramos el trabajo de Ferreira Rubio y Goretti (1996) *Cuando el presidente gobierna solo: Menem y los decretos de necesidad y urgencia hasta la reforma constitucional.* Este trabajo indaga sobre los factores que facilitaron la concentración de facultades en el presidente, y encuentra dos variables explicativas fundamentales: a) el control que el partido justicialista tenía sobre las principales áreas institucionales del Estado; y b) la crisis económica que condujo a la delegación de atribuciones del Congreso a la presidencia.

Estos son algunos de los textos surgidos a la luz democrática sobre las relaciones entre poderes. Ahora, luego de haber revisado parte de la literatura sobre sobre la relación entre presidencia y Congreso en Argentina, nos disponemos a desarrollar esta relación durante la segunda presidencia de Carlos Menem (1995-1999).

5. El segundo período menemista.

Habiendo conseguido en 1994 la reforma constitucional que lo habilitase para presentarse a la reelección[7], y al año siguiente el triunfo electoral con el 45% de los votos, Carlos Menem asume su segundo mandato el 9 de julio de 1995. El mayor capital a partir del cual

---

[7] Un trabajo interesante sobre los procesos de reforma constitucional en América Latina puede leerse en Negretto (2006). Allí el autor plantea para el caso argentino como en un momento inicial la Unión Cívica Radical rechazaba negociar con el Partido Justicialista la cláusula de la reelección. Sin embargo, ante la amenaza de Carlos Menem de someter a un referéndum popular esta propuesta la UCR se vio obligada a negociar la reforma. De esta negociación resultó también el acotamiento del mandato presidencial y la creación de la figura del Jefe de Gabinete. En el plano electoral se estableció una negociación en la cual el PJ pretendía cambiar la fórmula de colegio electoral por una de mayoría simple. Por su parte la UCR acordaba el cambio de sistema electoral pero por una mayoría absoluta. Finalmente la negociación resultó en un punto intermedio entre ambas posturas en donde se adoptase un sistema de doble vuelta de umbral (45% de los votos positivos) y distancia (40% de los votos positivos con distancia de 10% con respecto al segundo).

Menem conquistó a gran parte del electorado y alcanzó la reelección fue el éxito para mantener la estabilidad económica que hasta ese momento logró el sistema de convertibilidad. Este modelo económico, además de haber establecido reglas de juego económico estables y creíbles durante seis años, había tenido un impacto distributivo inicial favorable a los sectores más vulnerables, y en el mediano y largo plazo había generado beneficios económicos para los sectores más ricos y parte de los sectores medios[8]. Sin embargo el tipo de cambio fijo dependía fuertemente del ingreso de capitales, que hasta ese momento había sido posible a través de la privatización de empresas y del endeudamiento con organismos internacionales, lo cual lo hacía potencialmente sensible a los cambios en la economía mundial.

Junto al fundador del Partido Justicialista, Juan Domingo Perón, Carlos Menem compartía la misma lectura de los procesos electorales. Como explica Tulio Halperín Donghi (1994), para el primer líder del partido y el movimiento justicialista las elecciones no representaban un recurso de legitimación democrática sino más bien una instancia de confirmación plebiscitaria de sus aptitudes de líder y conductor. De igual manera, Menem pensó que su reelección al frente del Ejecutivo Nacional significaba una ratificación en torno al rumbo elegido en su primera presidencia. Por eso, no creía necesario cambiar de modelo económico ni de estilo político. En esta nueva etapa de mandato iba a continuar con el estilo discrecional para la toma de decisiones que había llevado durante los 6 años anteriores. Sin embargo se iba a topar en este período con limitaciones de tipo estructurales, dadas por los cambios en la economía internacional, así como variaciones en el plano electoral por fuera (la Alianza), pero también por dentro del Partido Justicialista.

En los siguientes incisos trabajaremos sobre la nueva conformación del poder legislativo; los vaivenes en la imagen positiva del presidente y sus políticas; analizaremos la continuidad de la política de privatizaciones, el principal recurso para el ingreso de dinero capaz de mantener el tipo de cambio; y revisaremos el uso de vetos y decretos de necesidad y urgencia por parte de Carlos Menem.

---

[8] Puede leerse en Gervasoni (1998) como Menem en esta elección logra transformar la base electoral del peronismo, manteniendo el apoyo típico de este partido, es decir, popular y pro-estatista; y, a través de las políticas pro-mercado llevadas a cabo en los 6 años anteriores, conseguir el acercamiento de sectores de altos y medios, de centro y de derecha, tradicionalmente antiperonistas.

6. La nueva conformación del Congreso.

En el plano parlamentario, el PJ en 1995 no sólo mantuvo la mayoría en el Senado (Tabla 1), sino que también obtuvo más de la mitad más uno de las bancas en la Cámara de Diputados (Tabla 2). El período 1995-97 sería el único en donde Carlos Menem contaría con un gobierno unificado entre ejecutivo y ambas cámaras del legislativo. Sin embargo, a partir de la reelección y hasta culminar el mandato, el por entonces presidente encontraría la mayor cantidad de impedimentos para continuar con la lógica de concentración de poder y discrecionalidad para definir el rumbo político y económico de la nación.

Tabla 1. Composición del senado argentino por bloques partidarios (1989-98)

Partido Político	1989-92		1992-95		1995-98	
	Bancas	%	Bancas	%	Bancas	%
PJ	26	56,5	30	62,5	37	57,8
UCR	14	30,4	11	22,9	15	23,4
Partidos provinciales	6	13,1	7	14,6	10	15,6
FREPASO	–	–	–	–	2	3,2
Total	46	100	48	100	48	100

Nota: A partir de la reforma constitucional de 1994 se establece como nueva provincia a Tierra del Fuego aumentando así el número de senadores de 46 a 48.
Fuente: Llanos (2002)

Tabla 2. Composición de la Cámara de Diputados en Argentina (1989-1999)

Partido político	1989-91		1991-93		1993-1995		1995-1997		1997-1999	
	Bancas	%	Bancas	%	Bancas	%	Bancas	%	Bancas	%
PJ	120	47,2	117	45,5	128	19,8	131	51	119	46,3
UCR	90	35,4	84	31,7	83	32,3	68	26,4	66	25,7
FREPASO	–	–	–	–	–	–	22	8,6	38	14,8
UCEDÉ	11	4,3	10	3,9	4	1,5	2	0,8	–	–
PI	2	0,9	2	0,8	1	0,4	1	0,4	–	–
Otros	31	12,2	44	17,1	41	16	33	12,8	34	13,2
Total	254	100	257	100	257	100	257	100	257	100

Nota: A partir de la reforma constitucional de 1994 se establece como nueva provincia a Tierra del Fuego aumentando así el número de diputados de 154 a 257.
Fuente: Llanos (2002)

A pesar de contar durante en los primeros dos años (1995-97) con mayoría en ambas cámaras del Congreso, el ejecutivo encontró problemas para que se aprobaron sus proyectos tal cómo habían sido presentados. En el Congreso existía una mayor voluntad por convertirse en un actor activo en el proceso de elaboración de políticas públicas. Las reformas de mercado, que habían sido la principal consigna durante el primer gobierno de Menem, ahora eran el eje del conflicto entre los poderes. Las leyes propuestas por el presidente pasaron a ser sometidas a la demora, la modificación e incluso al rechazo en las cámaras.

Si bien la conformación de ambas cámaras daría la sensación de que el presidente poseía un gran control, ésta esconde las facciones que existían hacia adentro del PJ. Desde el segundo mandato de Menem, el por entonces gobernador de la provincia de Buenos Aires, Eduardo Duhalde estaba dispuesto a convertirse en el candidato presidencial del Justicialismo en 1999. Para ello aprovechó la estabilización macroeconómica lograda, para disputar el liderazgo dentro del PJ agrupando a los miembros del partido que no compartían las reformas estructurales que se estaban llevando a cabo. A partir de su influencia en la cámara de diputados Duhalde buscó mostrarse ante el electorado como una alternativa peronista a Menem. La baja imagen positiva que tenía el por entonces presidente, así como también el rumbo económico, había obligado a Duhalde a alejarse de ellos si quería mantener perspectivas presidenciales.

Legislativamente Menem encontró serias dificultades para gobernar. Ya no contaba con las facultades que le habían sido otorgadas durante su primer período, y el duhaldismo lo privaba de la oportunidad de gobernar con mayorías disciplinadas en ambas cámaras. Esta vocación electoral por dentro del justicialismo fue uno de los factores que determinaron un rol menos subordinado del Congreso.

Además de la competencia intrapartidaria, otros dos factores fueron determinantes para explicar la disminución del éxito parlamentario de Menem y la limitación a sus atribuciones de discrecionalidad: la caída de su imagen y la incapacidad de ser reelecto nuevamente.

7. El presidente frente a la opinión pública

Otro factor importante para entender la baja performance de Menem en el Congreso se debe a la pérdida de imagen positiva al poco tiempo de asumir el segundo mandato. Como prueban Calvo y Alemán (2008), la imagen positiva del presidente tenía impacto a la hora de obtener una mejor tasa de aprobación de proyectos en las cámaras[9].

Inmediatamente después de su reelección Carlos Menem capitalizaba una imagen positiva del 40%. A partir de ese momento sufriría un descenso abismal, a punto tal de llegar al 14% en los últimos tres meses de 1996. En marzo de 1997 la imagen presidencial aumentó levemente hasta el 18%. La desaprobación de la gestión presidencial descendía a números similares, y ambas se hacían más evidentes en los sectores medios y los grandes centros urbanos[10].

También caía la imagen positiva de las políticas que habían sido la bandera política de la gestión: la política económica y la política de privatizaciones. Las mismas ya venían en descenso desde antes de la reelección, pero finalmente después de ésta mostraron los puntos más bajos desde la gestión Menem.

Si bien la cantidad de escándalos que adquirieron dimensión mediática durante la segunda presidencia no fue mayor que en la primera, la imagen presidencial bajó. Por lo tanto, y a diferencia de Brasil, no podemos considerar que este descenso se deba a algún hecho de este tipo sino más bien a otros factores:

a) El desgaste presidencial después de seis años de mandato.

b) El crecimiento del desempleo, cuyo pico máximo llega en mayo de 1995 y a partir de allí no consigue una recuperación que lo ubique por debajo del 12%.

c) La consolidación de una alternativa electoral por fuera del Justicialismo (ALIANZA) que logra agrupar a los dos partidos opositores mayoritarios (UCR y FREPASO)[11] y que funciona parlamentariamente de manera coordinada[12].

---

[9] En este mismo trabajo citado otro hallazgo de los autores es el aumento de la tasa de aprobación de los proyectos impulsados por el Ejecutivo en la llamada "luna de miel", es decir, cuando este recién inicia el mandato. Sin embargo en el caso de Carlos Menem, al tratarse de su segundo mandato podemos establecer la inexistencia de este lapso en el periodo analizado.

[10] Diario *La Nación*. Edición impresa del domingo 16 de marzo de 1997. Disponible online en http://www.lanacion.com.ar/65290-la-imagen-de-menem-aun-se-mantiene-baja

[11] Diario *La Nación* Miércoles 27 de agosto de 1997 http://www.lanacion.com.ar/75677-habra-alianza-ucr-frepaso-en-12-distritos.

d) El surgimiento de un desafiante al poder presidencial desde dentro del PJ que dividiese al partido electoral[13] y legislativamente.

e) La imposibilidad de Carlos Menem de ser reelecto, así como de cambiar las reglas de juego que lo imposibilitaban[14].

Fuente: Ministerio de Economía y Producción en base a EPH (INDEC)

A continuación el Cuadro 2 muestra el descenso de la imagen presidencial, la política económica y las privatizaciones a partir de 1995. El descenso a partir de la reelección muestra una fuerte correlación en los tres indicadores, lo que nos permite suponer que para el caso menemista el descenso en la imagen estuvo relacionado en mayor medida a la performance económica antes que a la existencia de escándalos políticos que comprometiesen al primer mandatario.

---

[12] Diario *La Nación* del Lunes 27 de octubre de 1997 http://www.lanacion.com.ar/79583-la-alianza-controlara-la-legislatura.

[13] Diario *La Nación* del Jueves 20 de junio de 1996 http://www.lanacion.com.ar/175521-duhalde-se-distancio-de-menem-y-de-dominguez.

[14] Diario *La Nación* del Jueves 25 de marzo de 1999 http://www.lanacion.com.ar/132473

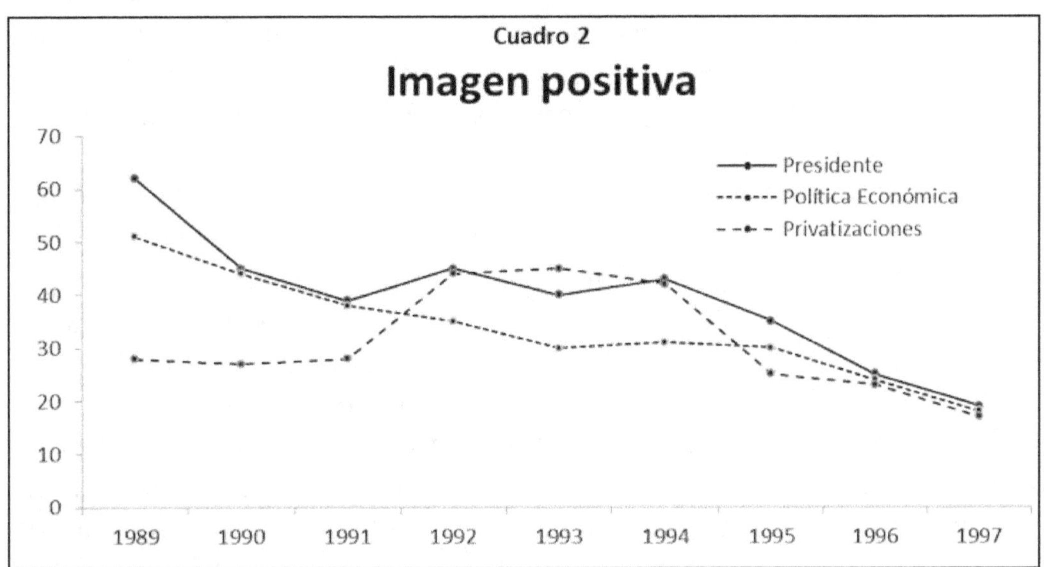

Nota: Promedios anuales.
Fuente: Centro de Estudios para la Nueva Mayoría.
Citado de Llanos (2002)

8. El intento de re-reelección.

Previo a las elecciones legislativas de 1997 quien parecía ser el heredero de la conducción del justicialismo a partir del fin del mandato de Menem en 1999 era Eduardo Duhalde. Hasta ese momento, el primer vicepresidente del menemismo había construido su apoyo político en base a su control sobre el conurbano bonaerense, la cámara de diputados y el congreso del Partido Justicialista. Si bien Menem había intentado detener una sucesión forzadamente anticipada, a partir de su apoyo en la "liga de gobernadores", este proceso parecía indeclinable a raíz de las alianzas que Duhalde cosechaba con los demás dirigentes del partido, principalmente tras comenzar la adjudicación de fondos del conurbano bonaerense a otras provincias, en competencia con los aportes del tesoro nacional.

Sin embargo, tras la derrota electoral de Eduardo Duhalde en su propio distrito[15] un sector de menemismo se entusiasmó al pensar

---

[15] Diario *La Nación* del Lunes 27 de octubre de 1997 http://www.lanacion.com.ar/79578 y http://www.lanacion.com.ar/79579-la-alianza-celebro-con-champagne

en la probabilidad de reelección del por entonces presidente vigente. Muchos de los hasta ese momento impulsores de la candidatura de Duhalde en 1999 se vieron tentados a apostar por Carlos Menem para enfrentar a la Alianza en esos comicios.

A pesar de esto, no todo parecía tan fácil para Menem. Por un lado, una re-elección implicaba ir contra la constitución que se había redactado unos pocos años antes: una eventual candidatura implicaría que la Corte Suprema se expidiera con respecto a la constitucionalidad o no del acto. Sin embargo, si bien Duhalde había resultado golpeado tras la derrota electoral, y su imagen había descendido ante la opinión pública, nada parecía indicar que Menem estaba en condiciones de lograr una mejor performance electoral en 1999. Por otra parte, el tercer jugador, la Alianza, que mostraba más optimismo electoral que sus competidores justicialistas, también manifestaba su rechazo a cualquier intento de reforma constitucional. Conjuntamente con Duhalde, la Alianza amenazó llevar a plebiscito la propuesta de Menem, sabiendo por sondeos que la misma contaba con más de un 80% de rechazo en la sociedad[16], y se mostraron dispuestos a llevar a juicio político a los jueces de la Corte Suprema, en caso de no declarar inconstitucional la candidatura del por entonces presidente vigente[17]. Estaba claro para Menem que no podría alcanzar su objetivo "por fuera", es decir, recurriendo a la corte o a la ciudadanía. De este modo supo que la disputa por la candidatura de 1999 debía resolverse hacia dentro del Partido Justicialista.

En el Congreso del Partido Justicialista convocado para julio de 1998 Menem esperaba obtener el apoyo de para su candidatura. Duhalde y sus aliados dentro del partido no asistieron e impugnaron el congreso acusándolo de "ilegal"[18]. Con denuncias de irregularidades cerró el congreso, del que algunos menemistas afirmaron que "no fue un éxito rotundo" como se esperaba. Duhalde, quien había optado por llevar la disputa por fuera del PJ, donde la idea de una nueva

---

[16] Diario *La Nación* del Domingo 14 de marzo de 1999 http://www.lanacion.com.ar/131133-la-alianza-y-duhalde-proponen-un-plebiscito
[17] Diario *La Nación* del Domingo 19 de julio de 1998 http://www.lanacion.com.ar/103966
[18] Diario *La Nación* del Sábado 18 de julio de 1998 http://www.lanacion.com.ar/103835

reelección tenía menor aceptación, salió fortalecido y continuó con su amenaza de plebiscitar el intento menemista. Después de este evento Menem se retiró de la carrera por mantenerse en la presidencia cuatro años más y se concentró en la presidencia del partido. Desde allí logró colocar como candidato a vicepresidente de Duhalde a Ramón "Palito" Ortega, un ex cantante, gobernador tucumano, y por entonces senador y "delfín" del presidente[19]. Casi todos los gobernadores justicialistas apoyaron esa fórmula.

9. La continuidad económica: privatizaciones.

Las privatizaciones habían sido, junto con el endeudamiento externo, la gran fuente de recursos económicos durante la primera presidencia para la manutención del tipo de cambio fijo. Siguiendo a Llanos (1998), el Congreso atravesó tres etapas durante la gestión menemista, en base a su modo de relacionarse con el ejecutivo en torno a este tema. Una primera etapa *delegativa*, inmediatamente posterior a la crisis. En esta fase el Congreso otorgó al presidente la facultad de implementar las reformas por decreto, a través de la promulgación de la Ley de Reforma del Estado, renunciando así a sus potestades legislativas, y conservando solamente su poder de control. Finalizado el período de emergencia nos encontramos con una segunda etapa *cooperativa*, marcada por la búsqueda del Congreso de recuperar sus funciones. En esta fase podemos dar cuenta de un congreso más participativo en la elaboración de políticas, dispuesto a negociar cada reforma con el poder ejecutivo. Indicadores de esta nueva etapa parlamentaria son las demoras en el tiempo para la sanción de leyes, y la inclusión de modificaciones en las mismas[20].

---

[19] Diario *La Nación* del Jueves 15 de abril de 1999 http://www.lanacion. com.ar/135039

[20] De acuerdo al argumento las modificaciones establecidas en el texto de las leyes podían ser de tres tipos: a) modificaciones sobre el contenido mismo de la política pública; b) modificaciones sobre los poderes de control del Congreso sobre la aplicación de la política; o c) modificaciones sobre las concesiones particulares hechas a las provincias afectadas por la política. Este tercer tipo de modificaciones sirve para dar cuenta de la existencia de un interés de los líderes provinciales para mantener una reputación local favorable

Finalmente, podemos identificar una última etapa *conflictiva* en la segunda presidencia de Menem enmarcada y signada por la cuestión de la sucesión presidencial al interior del PJ. El grupo de diputados justicialistas que respondían a Eduardo Duhalde se rehusó a la aprobación de algunas leyes iniciadas por el Ejecutivo, ya que consideraron que tendría un impacto electoral negativo. En otros términos, el oficialismo no sólo tenía que enfrentar en el Congreso a la oposición (UCR y FREPASO), sino también al propio PJ. De nada le servía a Carlos Menem que el justicialismo tuviese más de la mitad de las bancas, cuando otro líder dentro de ese movimiento buscaba conseguir el éxito electoral a partir de una diferenciación dentro del mismo partido con quien hasta ese momento ejercía la presidencia.

Dentro de este período podemos dar cuenta del particular caso de la privatización de los aeropuertos. En 1996 el proyecto iniciado de ley del Ejecutivo tuvo su media sanción en el Senado, pero, sin embargo, encontró demoras y problemas para su aprobación en Diputados. Los diputados opositores rechazaron los dictámenes de las comisiones de Transporte, Defensa y Presupuesto, alegando la violación del reglamento de la Cámara. La impresión de que el trámite parlamentario demoraría más allá de los tiempos con los que el Ejecutivo se veía obligado a llevar la privatización a cabo, llevó a éste último a amenazar con efectuarla a través de un decreto. Por medio de dos decretos reglamentarios que apelaban al derecho de los privados a participar en la prestación de servicios, se dispuso la concesión de más de tres decenas de aeropuertos estatales. Ambos decretos fueron declarados inconstitucionales por la justicia. El caso no presentó precedentes: un conflicto entre Ejecutivo y Legislativo que se termina definiendo en la justicia. Sin embargo, estaba claro que un liderazgo como el que había desarrollado hasta ese momen-

---

frente a los comicios venideros. Tal es el caso de la Ley Nacional de Actividad Nuclear, que contemplaba la privatización de las plantas de Nucleoeléctrica Argentina y la construcción de centrales nucleares de la Empresa Nuclear Argentina de Centrales Eléctrica. La misma encontró oposición por parte de los diputados patagónicos que consideraban que la ley iba en contra de la naturaleza ecológica, económica, turística y de las soberanías federales. Finalmente la ley se aprobó con la inclusión de una cláusula que hacía necesaria la aprobación por ley de la provincia para la localización de una planta, así como la aprobación de la Autoridad Regulatoria Nuclear.

to Carlos Menem no se rendiría ante una situación semejante. Aún guardaba una carta más: apelar a la Corte Suprema. En efecto, la Corte terminó fallando a favor del presidente. En un controvertido fallo, una mayoría de 5 miembros se impuso invocando una defensa de la separación de poderes.[21]

El caso de las privatizaciones demuestra cómo el Congreso se propuso la recuperación de estas funciones a partir de la modificación y confección de los proyectos. Ahora nos disponemos a analizar el uso de decretos para llevar a cabo políticas en el período.

10. Leyes, decretos y vetos: ¿debilidad o fortaleza del Ejecutivo?

El uso de facultades legislativas por parte del presidente es un elemento central al estudiar relaciones entre presidentes y congresos, como también para entender al presidencialismo a partir de una lógica decisionista. El gobierno de Carlos Menem representó una revolución en la lógica gubernamental, incrementando el uso de estas facultades más que ningún otro gobierno previo. Sin embargo este uso de facultades no fue constante durante todo su mandato. A continuación mostraremos el uso de decretos, la aprobación de leyes, y el uso de vetos durante los dos mandatos del menemismo.

El cuadro 3 muestra la cantidad de decretos de necesidad y urgencia firmados por año desde 1989 hasta 1999. En él observamos que el reconocimiento constitucional de los DNU, a partir de la reforma de 1994, no significó un aumento en el uso de los mismos. Muy por el contrario, el número baja y tiende a estabilizarse hasta 1999 donde vuelve a crecer. Por lo tanto, debemos descartar que el reconocimiento constitucional de esta atribución legislativa del presidente haya tenido un efecto positivo sobre su uso.

---

[21] Diario *La Nación* de Jueves 18 de diciembre de 1997 http://www.lanacion.com.ar/83435-menem-puede-privatizar-los-aeropuertos

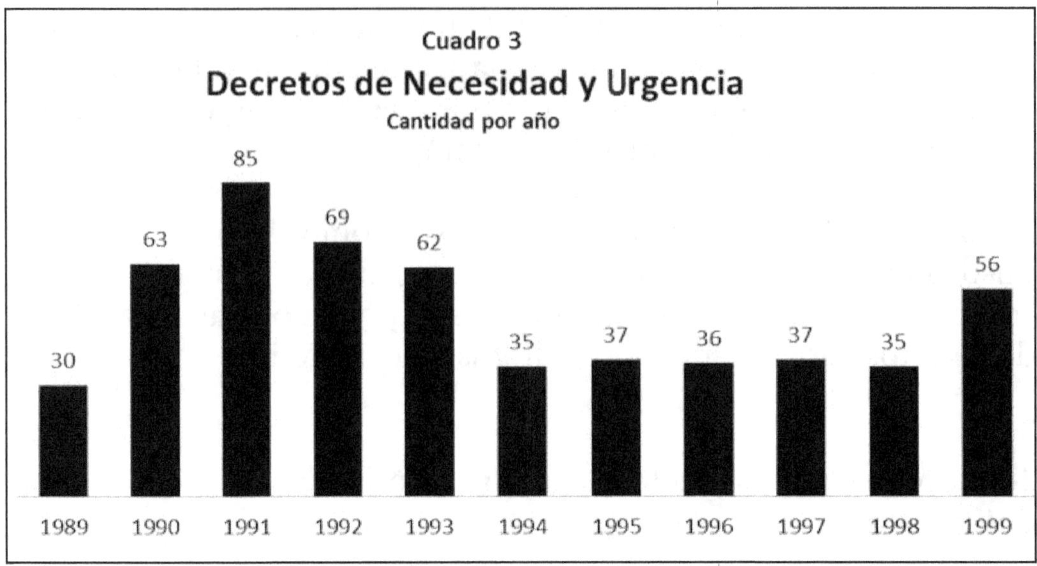

Fuente: Ferreira Rubio y Goretti (2000)

Si conectamos la información del cuadro 3 con la del cuadro 4 podemos observar que mientras el uso de DNU baja a partir de 1995, la tasa de leyes aprobadas de iniciativa del Congreso aumenta. Esto nos invita a sostener que en un momento de salida de un estado de emergencia económica, política y social, las instituciones que acompañan la labor gubernamental de la presidencia demandarán una mayor participación en la elaboración de políticas.

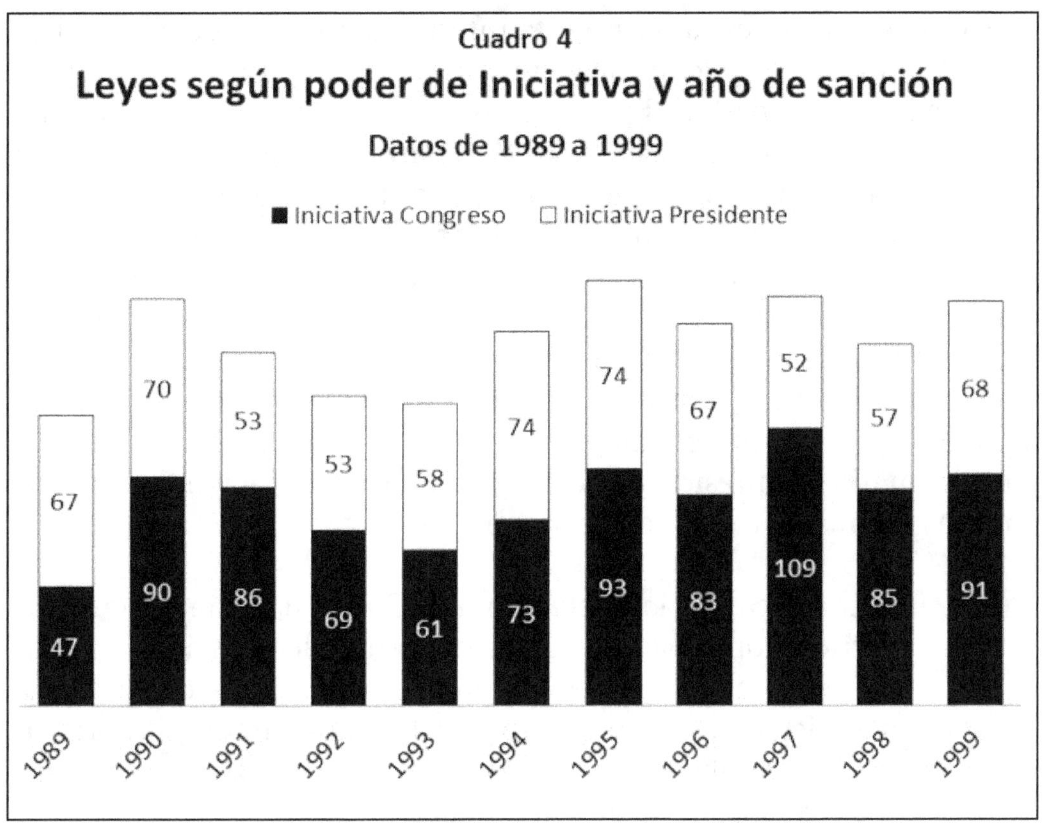

Fuente: Elaborado en base a De Luca y Malamud (2010)

¿Cómo entender entonces el uso de los decretos? De acuerdo a Llanos (1998), la utilización de recursos tales como los decretos o la apelación ante la Corte Suprema para llevar a cabo las políticas de privatizaciones, no hacen sino dar cuenta de la debilidad del presidente para encontrar respaldo a sus proyectos en el Congreso:

> ...el decreto aparece luego de que el trámite legislativo se estanca y se hace evidente que el Poder Ejecutivo no puede reproducir con éxito el patrón de relaciones institucionales que caracteriza a la fase cooperativa anterior, esto es, negociar ciertos contenidos de la ley a cambio de su aprobación final. Por lo tanto, los decretos muestran el fracaso del gobierno en el Congreso y, en este sentido, aparecen más bien como el recurso final de un presidente débil en apoyos parlamentarios que como un símbolo de un gobernante con poder absoluto. (Llanos, 1998)

De acuerdo a nuestra óptica esta interpretación no nos parece desacertada, aunque sí incompleta. El uso de decretos no remite solamente a una debilidad del Ejecutivo argentino para legislar a través del Congreso, sino también a su capacidad para sobrellevar e imponerse al mismo en situaciones de gobierno dividido y parálisis parlamentaria. Sin duda, la explicación de Llanos da cuenta de que Menem carecía de poder como para obtener resultados favorables en el parlamento, pero deja de lado que poseía el suficiente poder para así legislar a través de decretos sin que el Congreso lo impidiera.

Con respecto al recurso de la Corte Suprema, el mismo es a los ojos de la autora una estrategia que surge también de la debilidad parlamentaria del presidente combinada con la capacidad de influir en otras esferas de toma de decisiones:

> Dicho recurso (la apelación a la Corte) habilita un circuito decisorio que se activa para hacer frente a los obstáculos políticos y que, a diferencia de lo que sugiere el proceso legislativo, más bien muestra un gobernante que, aunque empobrecido en su capital político, puede escudarse en sus, todavía, significativos recursos institucionales. (Llanos, 1998)

En este punto estamos de acuerdo con la autora. La influencia del Ejecutivo sobre la Corte Suprema también hace alusión a su fortaleza. La capacidad de un poder para influir en las decisiones de otro, así como también, para nuestra percepción, la utilización de decretos, son indicadores no solamente de que Menem quería seguir gobernando a pesar de haber perdido apoyo en el Congreso, sino que además tenía recursos institucionales para hacerlo. Por eso nos inscribimos en los trabajos que reconocen en la utilización de decretos un lugar intermedio entre la insuficiente fuerza para obtener la aprobación de los proyectos en el Congreso, y el necesario poder para aprobarlos por otros medios y evitar el rechazo de los mismos por parte del parlamento.

Por su parte, el uso de vetos suele ser pensado como una estrategia del Ejecutivo para mantener su poder de iniciativa (Mustapic, 1995). De esta forma el presidente puede evitar que un Congreso opositor maneje la agenda de políticas. El cuadro 5 muestra la cantidad de vetos (totales y parciales) utilizados por Carlos Menem durante sus diez años de mandato sobre la cantidad de leyes aprobadas por el Congreso[22]. Puede observarse una leve tendencia en la primera parte del primer mandato (de 1989 a 1994) a la utilización de los vetos parciales sobre los totales. En cambio, en la segunda presidencia (excluyendo 1999) se ve una predilección por los totales. Este dato nos sugiere seguir pensando que en la primera etapa Carlos Menem se topó con un Congreso con mayor voluntad negociadora, mientras que en la segunda, a pesar de tener una mayoría del mismo color partidario, la relación fue conflictiva y el parlamento trató de diferenciarse del presidente.

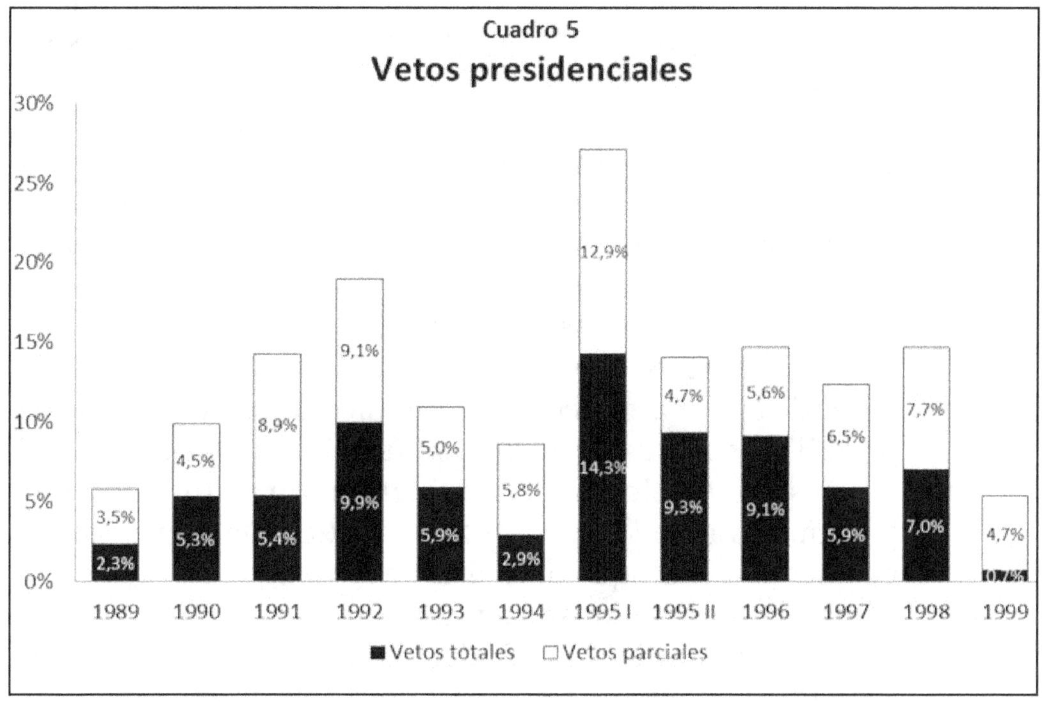

Nota: Porcentaje de leyes vetadas sobre el total de leyes aprobadas.
Fuente: Elaboración propia en base a *Revista de Derecho Parlamentario* núm. 10. Dirección de Información Parlamentaria, Buenos Aires, 2002.

---

[22] Los datos de 1995 se computan separando a las leyes y vetos correspondientes al primer periodo presidencial del segundo.

11. Conclusión

El presente capítulo intentó dar cuenta de cómo el Congreso puede operar como institución limitadora de las atribuciones presidenciales. Para ello se partió de hacer una reseña sobre la relación entre Ejecutivo y Legislativo en Argentina, y se revisó la bibliografía sobre el tema. Para dar cuenta del rol del Congreso se tomó por caso el segundo período presidencial de Carlos Menem, en el que se encontró una combinación de factores que lo hicieron posible:

1. La salida de un período de emergencia económica y la posterior estabilidad durante un período de diez años de gobierno.
2. La consolidación de una oposición externa al justicialismo con posibilidades reales de acceder al gobierno. La coalición entre UCR y FREPASO significó una amenaza a las aspiraciones de obtener una renovación en el plano electoral, y la labor coordinada en el parlamento dificultó el desempeño del presidente, en el plano legislativo.
3. El surgimiento de una oposición dentro del mismo partido justicialista. Las aspiraciones electorales de Eduardo Duhalde posibilitaron la canalización de las disidencias dentro del peronismo. Así, los actores disidentes imposibilitaron que Menem llevara adelante políticas públicas de manera independiente, y el bloque oficialista en el Congreso dejó de funcionar de manera orgánica y se transformó en un actor de modificación, control y veto de las iniciativas presidenciales.
4. La pérdida del apoyo popular, observable en la caída de su imagen frente a la opinión pública. Altamente ligada a la imagen de rumbo económico, la imagen presidencial cayó (con pocas y leves alzas) durante todo el período. Esta variable está vinculada a la anterior, ya que tanto los intereses disidentes dentro del peronismo, como Duhalde, encontraron un electorado que buscaba una alternativa al modelo neoliberal.
5. La incapacidad legal de presentarse a una nueva reelección. El intento menemista duró poco tiempo al encontrar poco apoyo dentro del partido y en la opinión pública.

Estos factores crearon y articularon los intereses necesarios para que Menem no pudiese gobernar de manera autónoma con respecto a las otras instancias institucionales. El lugar desde donde se optó por limitar la discreción presidencial en la elaboración de políticas fue el Congreso. Este nuevo rol del Congreso se reveló a partir de: a) modificación de los proyectos presidenciales; b) demoras en el tiempo de su aprobación; c) rechazo de otros proyectos, dando un lugar a una relación conflictiva entre ambos poderes.

A pesar de no contar con el Congreso de su parte, Menem pudo lograr la aprobación de muchos de sus proyectos a través de la utilización de decretos de necesidad y urgencia. Sobre este punto vimos cómo los mismos respondían a una doble lógica: el recurso es utilizado cuando el presidente no tiene suficiente poder en esta institución como para conseguir la aprobación, pero sí tiene capacidad para impedir que otro poder vete sus iniciativas por decreto.

Por otra parte, el uso de vetos fue una herramienta utilizada para mantener el poder de iniciativa en manos del Ejecutivo. Así se impidió que el bloque duhaldista del justicialismo, el aliancista, pudieran tener el control de la agenda gubernamental. Los decretos, en cambio, le permitieron al presidente mantener su poder de iniciativa en el plano legislativo.

Como reflexión final nos gustaría marcar el carácter permeable de las fronteras que dividen las funciones de las instituciones. Como marcamos al principio, la ampliación o la reducción de atribuciones por parte de uno u otro poder no son automáticos sino que implican disputas y negociaciones. La línea divisoria que separa las funciones de ambos poderes se encuentra en constante cambio de acuerdo a momentos que plantean situaciones más favorables para uno u otro poder. Cómo evolucionará esta relación es algo que hoy ni los políticos ni los estudiosos de la política estamos en condiciones de resolver.

12. Bibliografía.

Alberdi, Juan Bautista (1852), *Bases y puntos de partida para la Organización Política de la República Argentina*, Losada, Buenos Aires, 2003.

Alemán, Eduardo; y Calvo, Ernesto, "Analyzing Legislative Success in Latin America: The Case of Democratic Argentina", En Guillermo O'Donnell, Joseph Tulchin y Augusto Varas (eds.), *New Voices in the Study of Democracy*, Woodrow Wilson International Center for Scholars, Woodrow Wilson Center, 2008.

Baldioli, Alberto y Leiras, Santiago: "Democracia, estado de excepción y decisionismo político: consideraciones y conceptos", en Santiago Leiras (Comp.), *Estado de excepción y democracia en América Latina*, Homo Sapiens, Buenos Aires, 2010.

Basualdo, Eduardo; Nahón, Cecilia y Nochteff, Hugo: "Trayectoria y naturaleza de la deuda externa privada en la Argentina. La década del noventa, antes y después". FLACSO Argentina, Área de Economía y Política, Documento de Trabajo N° 14, Diciembre de 2005.

Cox, Gary; Morgenstern Scot; y Wolfson Leandro (2001). *Legislaturas reactivas y presidentes proactivos en América Latina. Desarrollo Económico*. Volumen 41, Numero 163 (Instituto de Desarrollo Económico y Social-IDES), Buenos Aires (2001), páginas 373-393.

De Luca, Miguel; y Malamud, Andrés (2010). "Argentina: Turbulencia económica, polarización social y realineamiento político". *Revista de Ciencia Política*, Volumen 30, N° 2, (Universidad Católica de Chile), Santiago de Chile (2010), páginas 173-189.

Ferreira Rubio, Delia y Goretti. Matteo: "Cuando el presidente gobierna solo: Menem y los decretos de necesidad y urgencia hasta la reforma constitucional" *Revista Desarrollo Económico*, Volumen 136, Número 141 (Instituto de Desarrollo Económico y Social-IDES), Buenos Aires (1996), páginas 443-474.

Ferreira Rubio, Delia; y Goretti, Matteo (2000). "Executive-Legislative relationship in Argentina: From Menem's Decretazo to a new style?" Annual Conference Argentina 2000: *Politics, Economy, Society and International Relations*, Oxford, May 15-17, 2000

Gervasoni, Carlos: "El impacto de las reformas económicas en la coalición electoral justicialista", Boletín SAAP, Buenos Aires, 1998.

Halperín Donghi, Tulio, *La larga agonía de la Argentina peronista*, Ed. Espasa Calpe, Buenos Aires, 1994

Hamilton, Alexander; Madison, James; y Jay, John (1780), *El Federalista*, Fondo de Cultura Económica, Buenos Aires, 2010.

Huntington, Samuel, *La tercera ola: La democratización a finales del siglo XX*, Editorial Paidós, Buenos Aires, 1997

Incarnato, Florencia y Vaccaro, Florencia: "El caso de Collor de Mello en Brasil: ¿Límites al decisionismo?" en Santiago Leiras

(Comp.), *Estado de excepción y democracia en América Latina*, Editorial Homo Sapiens, Rosario, 2010.

Jones, Mark; Hwang Wonjae; y Micozzi, Juan Pablo: "Government and Opposition in the Argentine Congress, 1989-2007: Understanding Inter-Party Dynamics through Roll Call Vote Analysis" en *Journal of Politics in Latin America*, Número 1 Volumen 1(Institute of Latin American Studies), Hamburgo (2009), páginas 67-96.

Jones, Mark; Saiegh, Sebastian; Spiller Pablo; y Tomassi Mariano: "Amateur Legislators -- Professional Politicians: The Consequences of Party-Centered Electoral Rules in a Federal System", *American Journal of Political Science*, Volumen 46, Número 3 (Midwest Political Science Association), Indiana (2002), páginas 656-669.

Jones, Mark; y Wonjae Hwan: "Provincial Party Bosses: Keystone of the Argentine Congress". En S. Levitsky y M. V. Murillo (Eds.), *Argentine Democracy*, University Park, Pennsylvania, The Pennsylvania State University Press, 2005.

Laakso, M. and Taagapera, R.: "Effective Number of Parties: A Measure with Application to West Europe", *Comparative Political Studies*, Volumen 12, Número 1 (Sage Publications Inc.), páginas 3-27.

Llanos, Mariana: "El presidente, el Congreso y la política de privatizaciones en la Argentina (1989-1997)" en *Revista Desarrollo Económico*, Volumen 38, Número 151 (Instituto de Desarrollo Económico y Social-IDES), Buenos Aires (1998), páginas 743-770.

Llanos, Mariana, *Privatization and Democracy in Argentina, an Analysis of President-Congress Relations*, Palgrave Macmillan, 2002

Mainwairing, Scott; y Shugart, Matthew (1997), *Presidencialismo y democracia en América latina*, Editorial Paidós, Buenos Aires, 2002.

Mayer, Jorge; y Gaete, Alejandra: "La República Vacía (Genealogía del Presidencialismo Argentino. En Orlandi, Hipólito (comp.), *Las instituciones políticas de gobierno/1*, EUDEBA, Buenos Aires, 1998.

Molinar, Juan: "Counting the Number of Parties: An Alternative Index", American Political Science Review, Volumen 85, Número 4 (American Political Science Association), Washington (1991), páginas 1383-1391.

Molinelli, Guillermo, *Presidentes y Congresos en Argentina. Mitos y Realidades*, Grupo Editor Latinoamericano, Buenos Aires, 1991.

Molinelli, Guillermo: "Las relaciones Presidente-Congreso en Argentina '83-'95", en *Revista Posdata* (Grupo Editor Universitario), volumen 2 (1996), páginas 59-90.

Mustapic, Ana María: "El papel del congreso en América Latina" en *Revista Contribuciones* (Fundación Konrad Adenauer), Número 4, Volumen 56, Buenos Aires (1997) páginas 59-76.

Mustapic, Ana María: "Oficialistas y diputados: las relaciones ejecutivo-legislativo en Argentina", en *Revista Desarrollo Económico* (Instituto de Desarrollo Económico y Social-IDES), Volumen 39, Número 156, Buenos Aires (2000), páginas 571-595.

Mustapic, Ana María: "Tribulaciones del Congreso en la nueva democracia argentina. El veto presidencial bajo Alfonsín y Menem" en *Revista Ágora*, Número 3, Buenos Aires (1995), páginas 61-74.

Negretto, Gabriel: "Choosing How to Choose Presidents: Parties, Military Rulers, and Presidential Elections in Latin America" en *Journal of Politics* (Cambridge University Press), Volumen 68, Número 2, Cambridge (2006), pages 421-433.

O'Donnell, Guillermo (1982), *El estado burocrático-autoritario, 1966-1973: Triunfos, derrotas y crisis*, Prometeo Libros, Buenos Aires, 2010.

Pérez Liñán, Aníbal, *Juicio político al presidente y nueva inestabilidad política en América Latina*, Fondo de Cultura Económica, Buenos Aires, 2009.

Capítulo IV
De la Rúa: los días en el poder
de un líder que no supo ser. Victoria
y fracaso de la Alianza.

*Florencia Incarnato y Victoria Vaccaro**

1. Introducción.

El 10 de diciembre de 1999 asume la Presidencia de la Nación Argentina el Dr. Fernando de la Rúa. Llega al Poder Ejecutivo de la mano de una coalición electoral conformada por la UCR y el FREPA-SO, siendo su compañero de fórmula en la contienda Carlos "Chacho" Álvarez. En el ocaso del siglo XX, tras diez años de gobierno menemista, este recambio parecía llegar para ordenar la vida política, económica y social del país en medio del colapso de una década marcada por el neoliberalismo rapaz, la corrupción y la impunidad. La Alianza proponía una combinación casi perfecta: mantener las bondades del sistema del 1 a 1 mejorando sus fallas e incorporando inclusión social y saneamiento institucional. Sin embargo, la ilusión aliancista duraría muy poco, y pronto la Argentina caería en una de las crisis más profundas de su historia.

La Alianza por el Trabajo, la Justicia y la Educación ganaba la presidencia de la Nación a los pocos años de haber sido conformada, y con la convicción de ser la única opción para sacar al menemismo del poder.

---

* UBA

Su primera aparición en la escena política fue en las elecciones legislativas del año 1997, cuando con promesas de mejoras en la calidad institucional dejaban en minoría al partido de gobierno en el Parlamento. Entretanto, un escándalo rodeaba las filas del Partido Justicialista. Carlos Menem intentaba dar una interpretación laxa al artículo 90 de la Constitución Nacional con el fin de habilitar una posibilidad de tercer mandato presidencial consecutivo. Este intento, a pesar de sus esfuerzos, fracasaría.

En las elecciones presidenciales de octubre de 1999, la Alianza se impuso por sobre la fórmula Duhalde-Ortega, representantes del PJ, con el 48,5% de los votos. Sin embargo, a pesar de ser la fuerza más votada y de superar por primera vez en la Cámara de Diputados al PJ en número de escaños, no alcanzó la mayoría absoluta. En el Senado el PJ mantuvo su mayoría, y en las provincias la Alianza UCR - Frepaso contaba con menos aliados que el PJ, que quedaba con más distritos. A la vez, la victoria obtenida en las presidenciales por la Alianza en la provincia de Buenos Aires -donde vive un tercio del electorado nacional- fue decisiva para el resultado global, pero el peronismo pudo imponer a su candidato en la gobernación, Carlos Ruckauf. Estos resultados reflejan que el éxito de la coalición electoral fue sólo relativo, y las consecuencias de este hecho se harían notar a los largo de los dos años de gobierno de De la Rúa.

Las coaliciones electorales deberían poder perdurar para constituirse en coaliciones de gobierno, es decir para llevar a cabo aquel plan de gobierno que los hizo llegar al poder; y para ser exitosas deben ser conciliadoras, tolerantes y abiertas a las negociaciones; sin embargo, esto no fue lo que sucedió en el caso de la Alianza. Su fracaso tuvo relación con dificultades típicas de los regímenes presidencialistas, en donde el Poder Ejecutivo sabe imponerse por sobre el Poder Legislativo y el Poder Judicial, y donde la decisión del Presidente parece tener más peso que la del gobierno en general, sobre todo en nuevas y aún institucionalmente débiles democracias que suelen volverse delegativas, como las latinoamericanas.

> Las democracias delegativas se basan en la premisa de que quien sea que gane una elección presidencial tendrá el derecho a gobernar como él (o ella) considere apropiado, restringido sólo por la dura realidad de las relaciones de poder existentes y por

un período en funciones limitado constitucionalmente. El presidente es considerado como la encarnación del país, principal custodio e intérprete de sus intereses. (O´Donnell, 1994: 12)

Sumado a esto, debemos referir que la Alianza, desde su fundación una coalición endeble que tenía como fin supremo sacar al menemismo del poder, no parecía tener un plan de acción que pudiera mantenerse en el tiempo, por esta razón no lograría consolidarse ni organizarse, y las disidencias entre los dos partidos que la conformaron no tardarían en aparecer provocando que no lograra constituirse en una verdadera coalición de gobierno. A este respecto, Mario Serraferro indica que las crisis atravesadas por la Alianza pondrán al descubierto

...la debilidad de una ingeniería institucional improvisada y carente de imaginación en la conformación y las reglas de funcionamiento de la coalición. (Serraferro, 2001)

Por último, la figura del presidente De la Rúa en sí, líder poco habilidoso que no supo configurar un liderazgo fuerte ni compartir el poder decisorio con la otra parte de la coalición, llevó al fracaso del gobierno que parecía llegar para transformar una realidad hostil marcada por la desocupación, la falta de transparencia y la corrupción.

En este sentido, tomamos a Arturo Valenzuela cuando recurre a Peter Hakim (Valenzuela, 2008), quien al hacer referencia a los múltiples obstáculos que enfrentan las nuevas democracias latinoamericanas, remarca que los partidos políticos fuertes y un mejor liderazgo son precondiciones necesarias para una gobernanza exitosa.

En el siguiente artículo haremos un breve recorrido por los 24 meses de gobierno aliancista, analizando sus debilidades y dificultades, concentrándonos en la figura de un líder que no supo ejercer el liderazgo y de una coalición que nunca se constituyó como tal en ninguno de los difíciles escenarios que se presentaron. Indagaremos en los orígenes de Fernando de la Rúa, en su llegada a la candidatura presidencial, en su entorno y en los hechos que llevan a deducir que un líder, por el sólo hecho de serlo, no siempre constituye en sí mismo un liderazgo. A la vez, profundizaremos en los roles que otros actores de relevancia tuvieron durante estos años.

2. De la Rúa: Carrera política y campaña presidencial de 1999.

Fernando de la Rúa nació en la provincia de Córdoba el 15 de septiembre de 1937. Se recibió de abogado en la Universidad Nacional de Córdoba y desde su juventud integró las filas de la Unión Cívica Radical. Su carrera política tomó impulso de la mano del líder radical Ricardo Balbín, y comenzó a ser parte de la vida pública del país a partir de su trabajo como asesor del Ministerio del Interior del Presidente Illia entre 1963 y 1966. A los 36 años, ingresó al Senado nacional representando a Buenos Aires en las elecciones de 1973, siendo en las segundas elecciones presidenciales del mismo año, en las que se impondría la fórmula Perón-Perón, candidato a vicepresidente junto con Balbín, fórmula que obtuvo solo el 24,3% de los voto contra el 62% que recibiera el FREJULI. Luego de esto, De la Rúa ejerció su mandato en el Senado hasta marzo de 1976, fecha del fatídico golpe militar que derrocó el gobierno de Isabel Perón, viuda del general y a cargo del Ejecutivo nacional desde 1974.

Con el retorno a la democracia en 1983, y con el Gobierno de la Nación en manos del también radical Raúl Alfonsín, De la Rúa consiguió una nueva banca en el Senado nacional por Buenos Aires, que ejerció hasta 1989, año en el que el PJ retomó una vez más el Poder Ejecutivo con Carlos Menem a la cabeza.

En el año 1991, fue elegido presidente del Comité Capital de la UCR, y en julio de 1992 retornó al escaño de senador porteño. Durante todos estos años, De la Rúa supo constituirse, ya sea por mérito o por azar (Novaro, 2002), en un dirigente con liderazgo, pues por una cosa o la otra logró imponerse como candidato en las primeras elecciones de la Ciudad, y además en defensor de las instituciones republicanas ultra crítico del modelo menemista, continuamente vinculado a escándalos de corrupción, señalado por su falta de transparencia, la concentración de poder y la mala administración de los recursos públicos. Si bien De la Rúa nunca se mostró como opositor del sistema neoliberal, sí logró instalarse como un gran crítico de su principal defecto: la exclusión social. Luego de la reforma constitucional de 1994, cuando la Ciudad de Buenos Aires se constituía en autónoma y elegía por primera vez su propio mandatario, se produce el gran salto en su carrera política, cuando por el 39,9% de los votos de los ciudadanos de la Ciudad, es electo como el primer Jefe de Gobierno porteño.

Como máxima autoridad porteña, De la Rúa consolidó una imagen positiva de político moderado y honesto, de convicciones democráticas y buen gestor de la transición en la Ciudad. Si bien varios analistas políticos ponen en duda sus capacidades como líder ya en esos años, lo cierto es que poco a poco fue imponiéndose ante la opinión pública. A pesar de todo, la UCR continuaba perdiendo seguidores en sus filas, y en las elecciones presidenciales de 1995 la fórmula radical encabezada por Horacio Massaccesi quedó en tercer lugar con un olvidable 17%, detrás del PJ (Menem - Ruckauf) y del FREPASO (Bordón - Álvarez). Ante este escenario, la dirigencia radial comenzó a pensar en la forma de sacar al peronismo del poder, conscientes ciertamente de su propia debilidad y de la imposibilidad de hacerlo solos.

El FREPASO - Frente País Solidario- por su parte, era un frente progresista constituido en 1994 por varios partidos de izquierda, peronistas y disidentes del PJ de Menem y hasta de la propia UCR. Representado por José Octavio Bordón y Carlos "Chacho" Álvarez, abandonando el primero dicho espacio político a partir de 1996, lograba entrar al juego político vernáculo que parecía acostumbrado al bipartidismo peronismo - radicalismo. A partir de 1996, el FREPASO y la UCR comenzarían a planear una estrategia conjunta con el único objetivo de sacar al menemismo del poder. Finalmente, el 3 de agosto de 1997 nació la Alianza por el Trabajo, la Justicia y la Educación, conocida simplemente como la Alianza.

Su primer performance conjunta fue en las elecciones legislativas nacionales de 1997, donde obtuvieron su primera victoria electoral aventajando al PJ. En diciembre de ese mismo año, De la Rúa es elegido presidente del Comité Nacional de la UCR en sustitución de Rodolfo Terragno. En agosto de 1998, De la Rúa, Alfonsín, Terragno, Fernández Meijide y Álvarez presentaban al país la denominada Carta a los Argentinos, documento que resumía el programa aliancista y trataba de dar una imagen de unidad y de alternativa sólida al menemismo de cara a las elecciones generales de 1999.

La Alianza se constituyó a pesar de varias diferencias entre sus integrantes tanto en lo referido al modelo económico como al sistema político. El FREPASO se venía consolidando como fuerza *outsider*, crítica de la política tradicional y de los políticos tradicionales, progresista y detractora del neoliberalismo, mientras que la UCR, partido orgánico y tradicional con más de 100 años de vida en la Argentina, se inclinaba por la conciliación con aquellos sectores peronistas y sindicalistas alejados y enfrentados con el menemismo, y con aquellos que reivindicaban el modelo neoliberal pero criticaban sus consecuencias. Finalmente, la coalición se arma consensuando en función de la necesidad de reciclar la deteriorada calidad institucional y terminar con la corrupción y la impunidad menemista sin modificar la base sobre la cual se asentaba el modelo económico de la década de los noventa, que tenía como pilar fundamental la convertibilidad. Es decir que en medio de una ya innegable crisis social, prometía transparencia institucional, trabajo, salud y educación universal combinado con los beneficios de la estabilidad monetaria y financiera. Combinación difícil pero no imposible para estos líderes que comenzaban a ganar cada vez más adeptos de distintas orientaciones políticas.

En pleno proceso de consolidación como fuerza nacional opositora al oficialismo, la Alianza realizó en 1998 unas novedosas internas abiertas para elegir a la persona que encabezaría la fórmula presidencial en 1999. En estas internas se enfrentaban Fernando de la Rúa por la UCR, y Graciela Fernández Meijide por el FREPASO. De la Rúa fue elegido candidato cuando se impuso en las internas por el 63% de los votos, fórmula en la que lo acompañaría Chacho Álvarez como representante del FREPASO, debido a que Fernández Meijide decidió bajarse la fórmula presidencial e ir por la Provincia de Buenos Aires como gobernadora. Sin embargo y a pesar de estas internas, que parecían representar cierta madurez por parte de la nueva coalición, Marcos Novaro (2002) afirma que este hecho no significó una madurez estructural de la coalición, ni en términos organizativos, ni de formación de un liderazgo consistente.

A partir de entonces comenzaría una campaña presidencial que incluiría singulares recursos de marketing político. De la Rúa y Álvarez se rodearon de un grupo de jóvenes, entre los que estaban los hijos del primero, que sabían interpretar lo que la opinión pública quería. Tanto fue así, que la campaña presidencial de la Alianza estuvo preformada por la entonces conocida y exitosa agencia de publicidad "Agulla & Baccetti". En el tránsito hacia la construcción nacional del líder, el joven publicista Ramiro Agulla y el resto del entorno del candidato, bautizado por los medios como "grupo sushi", comenzaron por convertir a De la Rúa en candidato en todo el país, no sólo en la clase media capitalina y cosmopolita, y por transformar su imagen insulsa en una virtud. Así nació el primer spot de la campaña, aún hoy recordado no con poca sorna, en el que De la Rúa decía desde su despacho de la Jefatura de Gobierno "Y dicen que soy aburrido". Esta frase buscaba instalar una imagen de austeridad, seriedad y disciplina frente a la de un presidente y un Gobierno que resaltaban por sus escándalos de corrupción, la malversación de fondos del Estado y el despilfarro en abundancia. Luego de este spot llegó otro en el que De la Rúa y sus asesores buscaban instalarlo como preparado para ocupar el sillón presidencial, en el que decía que estaba a "solo cien pasos de la Casa Rosada". Parecía que la opinión pública comenzaba a pensar en la posibilidad de una salida no pejotista a la crisis. Por último, y ya para situar a la coalición aliancista a nivel nacional, llegó el "Somos más" en el que De la Rúa y Fernández Meijide, respetada líder dirigente por los derechos humanos, se daban la mano formando una pirámide de ilusión y esperanza al tiempo que la desocupación trepaba a la cifra récord de 18,4% (INDEC, 1998).

Al respecto, de acuerdo con la descripción de Miguel de Luca (2007), la propuesta electoral aliancista se basaba en dos pilares fundamentales: por un lado, la lucha contra la corrupción, por el otro, la reparación de las consecuencias sociales generadas tras diez años de políticas económicas neoliberales.

Confirmando lo que indicaban los sondeos preelectorales, la Alianza se impuso en las elecciones presidenciales de 1999 por el 48% de los votos contra el 38% de los votos de la fórmula Duhalde - Ortega del PJ. Sin embargo, no corrió con la misma suerte en las legislativas: si bien la Alianza fue la más votada, no alcanzó la mayoría absoluta sino la primera minoría en Diputados, y no logró ni siquiera eso en el Senado, que continuó en manos del PJ así como la mayoría de las gobernaciones. A juzgar por los resultados electorales, diremos que De la Rúa y Álvarez asumieron el poder el 10 de diciembre de 1999 poniendo fin a una década de menemismo con una coalición de partidos que resultó relativamente exitosa, pues no se alzó ni con el Congreso entero ni con la mayoría de las provincias. Se aplica en este punto el concepto que acuña Guillermo Molinelli de "gobierno dividido", entendido como

> …aquella situación en que el partido que controla la presidencia no tiene mayoría absoluta - más de la mitad de las bancas - o relativa - primera minoría - en ambas cámaras del congreso, en contraposición a la noción de gobierno unificado, que se concibe como aquella en que el partido presidencial tiene mayoría absoluta o relativa en ambas cámaras. El caso en que el partido presidencial tiene mayoría de algún tipo - absoluta o relativa - en sólo una cámara es considerado dividido (Molinelli, 1998)

3. El Gobierno de la ¿Alianza?

Una coalición electoral se produce cuando dos o más partidos acuerdan entre sí para presentarse juntos en una elección con la intención de ganarla, en un contexto de fragmentación partidaria y/o de multipartidismo. Por otro lado, una coalición de gobierno se da cuando dos o más partidos que ya están en el poder se unen, consensúan, negocian y gobiernan juntos. Este último tipo de alianzas son delicadas, requieren de mucha disciplina y se dan por lo general en gobiernos parlamentarios donde hay pluripartidismo. Pero los gobiernos de consenso, con coaliciones de gobierno, son difíciles de sostener en sistemas de gobierno presidenciales. En la historia de la Argentina, desde la redemocratización ha habido, aunque pocas, coaliciones electorales que ganaron una elección a nivel nacional, pero resulta muy difícil reconocer coaliciones de gobierno que se mantuvieran en forma exitosa al frente del Poder Ejecutivo nacional. En el caso de la Alianza, frente a los resultados electorales, era indispensable para sobrevivir en el poder que esta coalición se sostuviera, pues el escenario de gobierno dividido entre un Ejecutivo nacional aliancista y un Parlamento opositor, sumado a mayoría pejotista en las provincias, volvía muy complicada la tarea de gobernar.

A poco de asumir, la Alianza debió repartir a los representantes de ambos partidos de la coalición los cargos del Gabinete Nacional. De 10 ministerios, la UCR se quedó con ocho, y el Frepaso con dos pero sumamente delicados dado el contexto de crisis: Trabajo y Desarrollo Social. Sin embargo, todo el Gabinete fue elegido en acuerdo. Parecía que la coalición electoral se acomodaba como coalición de gobierno. De acuerdo con Mario Serrafero (2001), cuando en ese entonces se hacía referencia a la "ingeniería institucional de la Alianza", se pensaba en una equilibrada distribución de candidaturas a nivel de presidencia, vicepresidencia, Jefatura de Gobierno de la Ciudad de Buenos Aires y la provincia de Buenos Aires, pero no se estaba analizando seriamente en cómo institucionalizar y estabilizar a la coalición de gobierno. Este hecho acarrearía consecuencias determinantes en un futuro cercano.

En los primeros meses comenzaron los problemas: el flamante Gobierno Nacional debió enfrentarse con una realidad quizá más álgida de la pensada. La situación económica del país era muy complicada, especialmente pensando en las promesas que la Alianza había hecho a su electorado de sostener la estabilidad cambiaria. Luego de la híper inflación de los 80', la ciudadanía no apoyaría a ningún gobierno que no asegurara estabilidad. Por otro lado, los índices de desocupación, precarización laboral y pobreza eran muy altos, y este gobierno había prometido terminar con las dos cosas. La consigna "más Estado y más mercado" no parecía posible. La recesión del último período menemista era cada vez peor, y al Estado le costaba encontrar recursos para afrontar el déficit público.

Sin embargo, la primera gran crisis institucional que enfrenta la Alianza es en junio del 2000, cuando desde el diario *La Nación* el periodista Joaquín Morales Solá realiza graves acusaciones de que el Ejecutivo habría entregado sobornos a representantes de la cámara alta de diversos partidos para votar a favor la polémica ley de Reforma del Mercado Laboral, que entre otras cosas suprimía el control de los sindicatos sobre el régimen de Seguridad Social, quitándoles poder y debilitándolos. Siendo que la Alianza se había constituido entre otras cosas exaltando la lucha contra la corrupción, pues así lo habían manifestado sus representantes en la "Carta a los argentinos" de agosto del año 1998, una acusación de este tipo afectaría mucho más de lo esperado su frágil constitución, y no contaría con la tolerancia de una ciudadanía extenuada de corrupción.

En este contexto se produce un gran enfrentamiento al interior de la coalición que resulta fatal: la actitud pasiva del presidente De la Rúa se contrapone con la indignación del vicepresidente Álvarez, quien proponía investigar a fondo las denuncias y llegar a la verdad, fuera cual fuera. A medida que avanzaba la investigación y el escándalo no menguaba, el Presidente anunció la renovación de su Gabinete, hecho que lejos de agradar a sus coalicionados los indignó aún más por el resultado que esta reestructuración, que en principio debía haber sido depurativa, tuvo: el Presidente ratificó en el poder a los funcionarios acusados, desoyendo así tanto los pedidos de la ciudadanía y los medios, como de sus pares al interior de la Alianza. Una vez más en la historia argentina, se repitieron por parte de un presidente prácticas decisionistas en las que, en estados de excepción, la decisión del primer mandatario está por encima de la norma escrita y la del resto de sus socios políticos, y que coinciden con lo que Guillermo O'Donnell denomina democracia delegativa.

Mario Serrafero (2010) explica, en el siguiente párrafo, que indefectiblemente un gobierno de coalición saludable y estable requiere que la relación entre el presidente de la coalición y el vice sea cooperativa y negociadora:

> La elección del vicepresidente y su relación con el presidente son cuestiones esenciales. Esa relación debe ser cooperativa y el presidente debe otorgarle un papel importante, pues, seguramente, el vicepresidente representará a un sector significativo de la coalición. (…) Es cierto que la Constitución le otorga potestades exclusivas como la designación y remoción de los ministros, pero también lo es que el marco de una coalición implica cierto cambio en el estilo de hacer política (Serrafero, 2010)

El escándalo de las coimas en el Senado puso de manifiesto una crisis, que sería terminal, entre el Presidente y el Vice, en un gobierno que se suponía de coalición. Serrafero (2001) afirma que las disidencias entre De la Rúa y Álvarez fueron *in crescendo* hasta convertirse en una competencia por el "liderazgo moral" de la Alianza. Según el autor, la imagen pública de Álvarez crecía a ritmos acelerados, y la de De la Rúa necesitaba potenciarse. Como consecuencia, la decisión presidencial, meditada sólo con su limitado entorno personal, de ratificar en el gabinete a los funcionarios cuestionados por Álvarez sin consensuarlo con el resto de la coalición, representó sin más su determinación de demostrar la primacía de su liderazgo. Sin embargo, este hecho lejos de legitimar la autoridad del presidente, provocó incertidumbre y malestar en la ciudadanía. Como anunciamos en la introducción, el desenlace de esta decisión demuestra a las claras la poca habilidad del líder para constituir un liderazgo.

El 6 de octubre de 2000 Carlos "Chacho" Álvarez renunciaba formalmente al cargo de vicepresidente de la Nación, dejando a la ciudadanía llena de desconcierto. De cerca lo seguirían Rodolfo Terragno, quien dejaba así la Jefatura de Gabinete y Ricardo Gil Laavedra, que se iba del ministerio de Justicia. La Alianza demostraba sus primeros y más drásticos desacuerdos, que la llevarían al colapso final.

4. Dificultades en la gestión

Antes de comenzar a indagar específicamente las dificultades y obstáculos de la gestión de De la Rúa, resulta conveniente recordar que a fines del siglo XX y principios del XXI el fracaso del Consenso de Washington, que proponía la premisa de "más Mercado y menos Estado" comenzaba a evidenciarse con fuerza ante los múltiples reveses que el ajuste estructural provocó en varios países del mundo, especialmente en los países en vías de desarrollo, como la Argentina. Con el fin del milenio se imponía el fin de un sistema económico de inclusión en el derrotero global a costa de la más cruda exclusión social, pero la Alianza no supo leer esta realidad y prometió mejorar, embellecer un modelo que ya no se podía sostener tal como era. Por otro lado, la ciudadanía estaba cómoda con el "1 a 1" y no aceptaba propuestas que fueran contra esto. Las consecuencias están a la vista.

De la Rúa y el Parlamento

Como ya hemos visto, las elecciones presidenciales del año 1999 se dieron en un clima de expectativas de cambio con respecto al modelo menemista. Fernando de la Rúa y Chacho Álvarez triunfaron con un 48,37% de los votos, mientras que el segundo puesto lo ocupó la fórmula del PJ compuesta por Eduardo Duhalde y Ramón Ortega, con un 38,09%.

Con respecto a la composición de las cámaras, la Alianza consiguió 127 bancas de las 257 que integran el cuerpo, logrando ser la primera minoría. En la Cámara alta la composición tornaba la relación un poco más compleja: de un total de 72 senadores, el Partido Justicialista controlaba la mayoría parlamentaria con 39 escaños.

No debe perderse de vista que con la reforma Constitucional de 1994, el Senado de la Nación había sufrido una doble modificación en su funcionamiento: por un lado, la elección era mediante el voto ciudadano directo (en forma progresiva hasta el 2001), por el otro, se incorporaba un senador por la minoría. Estas modificaciones pasarían a tomar protagonismo en los posteriores hechos, como lo destacan Horacio Cao y Josefina Vaca.

> Desde el retorno de la democracia, el Senado había estado sospechado de corrupción, venalidad, clientelismo. Algunos pensaron que esta característica estaba ligada a que los Senadores eran elegidos por métodos indirectos, lo que les restaba responsabilidad frente a los ciudadanos de las provincias. Con elecciones directas, los votantes tendrían una herramienta para castigar a los dirigentes corruptos o incapaces, elevando la calidad de la representación. (Cao y Vaca, 2001)

Poco tiempo después, y como una reivindicación del partido hacia sus votantes y al resto de la sociedad, el ex presidente firmó el decreto 1246/2000 el cual incluía entre sus puntos más importantes:

1. Cuando algún partido político, confederación o alianza, se presentara por primera vez o no renovara ningún cargo o bien renovara UNO (1) o DOS (2) cargos, en UNO (1) de los DOS (2) primeros lugares de la lista deberá nominarse siempre, como mínimo, una mujer.
2. No se considerará cumplido el artículo 6° del Código Electoral Nacional cuando, en el supuesto de que se renueven UNO (1) o DOS (2) cargos, se incluya una sola candidata mujer ocupando el tercer término de la lista.
3. Cuando se renovaran más de DOS (2) cargos, debe figurar una mujer como mínimo, en alguno de los TRES (3) primeros lugares.

4   En todos los casos se privilegiarán medidas de acción positiva a favor de la igualdad real de oportunidades entre varones y mujeres para el acceso a cargos electivos.

5   Cuando una mujer incluida como candidata en una lista oficializada falleciera, renunciara, se incapacitara o cesara en el cargo por cualquier circunstancia antes de la realización de los comicios, será reemplazada por la candidata mujer que le siga en la lista respectiva. Esta medida sólo se aplicará en el caso de reemplazo de mujeres.

Por otro lado, 14 provincias se encontraban bajo el control partidario de la oposición, siendo la provincia de Buenos Aires una de ellas, con Carlos Ruckauf al frente.

En este contexto, sin mayoría en ninguna de las cámaras, la relación entre ambos poderes del Estado se encontraba en duda, y las posibilidades de fricción o bloqueo por parte del Legislativo se asumían como probables para el futuro gobierno aliancista. Las condiciones de ese entonces coincidían con lo que la literatura denomina "gobierno dividido" o semi dividido.

Siguiendo a los teóricos del debate *presidencialismo versus parlamentarismo*, Juan Linz (1994) describe esta situación como un "juego de suma cero" donde las relaciones del Ejecutivo y el Legislativo, dentro de un sistema presidencialista, terminan bloqueadas.

Ahora bien, repasemos en este punto cuáles son los riesgos de no poseer mayoría en ninguna de las cámaras. A grandes rasgos, nos encontramos con los siguientes:

1   Que el Poder Legislativo no dé tratamiento a las iniciativas legislativas del Poder Ejecutivo, ya sea en las Comisiones o en las sesiones plenarias.

2   Que el poder Legislativo no dé quórum en las sesiones.

3   Que no se logren agendas de trabajo parlamentario conjunto en ninguno de los temas.

A estos potenciales conflictos se suma el hecho de que el flamante presidente asumió su cargo con algunos déficits de transición: las leyes de presupuesto y el paquete impositivo no habían sido aprobadas por la anterior legislatura, y esto representaba ya un problema importante y delicado.

A partir de las características mencionadas, podemos comenzar a describir cómo, dentro de esa coyuntura, el gobierno aliancista se relacionaba con el Poder Legislativo y específicamente, con el partido oficialista en ambas cámaras. Uno de los rasgos que más dan luz sobre esta situación tiene que ver con la cantidad de decretos, tanto de necesidad y urgencia como delegados, firmados por la presidencia entre los años 1999 y 2001.

De la Rúa firmó en dos años 54 decretos de necesidad y urgencia (DNU) y 62 decretos delegados, estos últimos gracias a la sanción de la Ley 25.414 de delegación de facultades legislativas, en marzo de 2001[1].

Mediante esta herramienta legislativa se facultaba al Poder Ejecutivo a decidir hasta marzo de 2002, sin intervención del Congreso, sobre las siguientes materias:

I. Materias determinadas de su ámbito de administración:

   a) La fusión o centralización de entes autárquicos, reparticiones descentralizadas o desconcentradas o la descentralización de organismos de la administración central, pudiendo otorgarles autarquía.
   b) Transformar entidades autárquicas, reparticiones descentralizadas o desconcentradas, total o parcialmente, en empresas públicas, sociedades del Estado u otras formas de organización jurídica.
   c) Sujetar al personal de los entes comprendidos en los supuestos contemplados en el inciso b), a las normas del derecho común.
   d) Desregular y mejorar el funcionamiento y la transparencia del mercado de capitales y de seguros, garantizando el debido control del sector.

---

[1] Datos extraídos del texto de Ana María Mustapic. "Inestabilidad sin colapso. La renuncia de los presidentes: Argentina en el año 2001" Revista Desarrollo Económico. Número 263. Argentina.

e) Modificar la Ley de Ministerios, según lo estime conveniente.

f) Con el objeto exclusivo de dar eficiencia a la administración, derogar total o parcialmente aquellas normas específicas de rango legislativo que afecten o regulen el funcionamiento operativo de organismos o entes de la administración descentralizada, empresas estatales o mixtas, o entidades públicas no estatales, adecuando sus misiones y funciones; excepto en materia de control, penal o regulatoria de la tutela de intereses legítimos o derechos subjetivos de los administrados, y con respecto al Instituto Nacional de Servicios Sociales para Jubilados y Pensionados.

II. Emergencia pública:

a) Crear exenciones, eliminar exenciones excepto aquellas que beneficien los consumos que integran la canasta familiar o las economías regionales, Sociedades Cooperativas, Mutuales, Asociaciones y Obras Sociales Sindicales; disminuir tributos y tasas de orden nacional, con el objeto de mejorar la competitividad de los sectores y regiones y atender situaciones económico-sociales extremas. Autorizar la devolución, acreditación o compensación con otros tributos de los saldos a favor a que se refiere el primer párrafo del artículo 4 de la Ley de Impuesto al Valor Agregado, así como regímenes de regularización y facilidades de pago.

b) Modificar los procedimientos aduaneros, tributarios o de recaudación previsional al sólo efecto de otorgar a las Provincias y a la Ciudad Autónoma de Buenos Aires igual tratamiento que al Estado Nacional en su condición de personas de derecho público -a condición de reciprocidad- con el objeto de mejorar la recaudación, reducir la evasión y evitar el contrabando.

c) Crear tasas o recursos no tributarios con afectación específica para el desarrollo de proyectos de infraestructura, los que serán definidos con criterio federal y distribución equitativa en todo el territorio nacional, respetando la rentabilidad económico-social de las obras y siempre que la percepción de las tasas o recursos no tributarios se efectúe con posterioridad a la habilitación de las obras, salvo que sea para reducir o eliminar peajes existentes.

d) Establecer medidas tributarias especiales, tales como diferimientos, reintegros, deducciones, regímenes especiales de amortización y/o bonificaciones de impuestos en los departamentos provinciales cuya crisis laboral, en general, derive de la privatización de empresas públicas. El Poder Ejecutivo nacional deberá establecer las características y condiciones para ser considerados como tales.

e) Dar continuidad a la desregulación económica derogando o modificando normas de rango legislativo de orden nacional sólo en caso de que perjudiquen la competitividad de la economía, exceptuando expresa e integralmente toda derogación, modificación y suspensión de la Ley de Convertibilidad N° 23.928, de los Códigos Civil, de Minería y de Comercio o en materia penal, tributaria, laboral del sector público y privado, salud, previsional, de las asignaciones familiares, la Ley Marco Regulatorio del Empleo Público (N° 25.164) y la Ley N° 25.344 de Emergencia Pública, en lo referido al pago de la deuda previsional con Bonos Bocón III, contenidos en el artículo 13 de la mencionada Ley.

Como se observa en los puntos anteriores, gracias a la sanción de esta ley el Poder Ejecutivo gozaba de discrecionalidad absoluta para definir, sin tener que arribar a un consenso con el Poder Legislativo, todo lo que atañe a las facultades que le habían sido delegadas. Sumado a esto, el Ejecutivo vetó 46 leyes sancionadas por el Parlamento. En comparación con Carlos Menem, éste en sus últimos 4 años de gobierno vetó 55 leyes y utilizó los Decretos de Necesidad y Urgencia en 102 oportunidades[2].

En este punto y retomando a Ana María Mustapic (2000) el indicador más preciso para medir la disciplina partidaria se centra en el estudio de los vetos presidenciales ya que dan cuenta del nivel de divergencia entre Parlamento y el Poder Ejecutivo.

Otro dato relevante a la hora de comprender la relación del Poder Ejecutivo y el Poder Legislativo de ese entonces, tiene que ver con la cantidad de iniciativas legislativas de gobierno presentadas en el Parlamento. Si bien el oficialismo tuvo una tasa de aprobación del

---

[2] Ídem

47,7% (de 222 proyectos elevados al parlamento, 106 fueron aprobados), es comparativamente menor a las dos presidencias que le antecedieron. La de su par radical Raúl Alfonsín fue del 67,9%, mientras que la de Carlos Menem, para el período 1989-1999, fue del 58,8%.

Contrariamente a lo que podría entenderse, la estrategia de gobernar "por decreto" nos muestra, por lo menos, dos grandes rasgos del estilo de gobierno aliancista: por un lado, la debilidad para lograr los consensos necesarios en el parlamento, por el otro, y en relación con lo anterior, la profundización del conflicto entre poderes.

Sobornos en el Senado: El principio del fin

A mediados del año 2000 un escándalo se desencadenó en el seno del gobierno aliancista, y marcaría el rumbo hacia la dimisión de Fernando de la Rúa. El 18 de enero de 2000 el Poder Ejecutivo envió al Congreso el proyecto de Ley de Reforma Laboral mediante el cual se modificaban tanto la Ley de Contrato de Trabajo 20.744, como las leyes de Convenciones Colectivas de Trabajo 14.250, 23.545 y 23.546.

El 24 de febrero de 2000, mientras que en las calles diferentes organizaciones de trabajadores y sindicatos repudiaban la iniciativa, la Cámara de Diputados de la Nación le dio media sanción al proyecto aunque con modificaciones, por 137 votos afirmativos y 93 negativos. Un mes más tarde, el 29 de marzo, el entonces representante del gremio de los camioneros y líder de la Confederación General del Trabajo (CGT) disidente Hugo Moyano asistió a una reunión de Comisión de la Cámara Alta y cuando finalizó la misma declaró a los medios de prensa que Alberto Flamarique, Ministro de Trabajo, les había confiado a un grupo de representantes de los gremios rebeldes que disponía de "una Banelco para convencer a los senadores" de dar sanción definitiva en la Cámara alta al proyecto de reforma. Tras varias desmentidas por parte de los funcionarios, continuaron las idas y venidas de acusaciones y protestas por parte de las organizaciones de trabajadores.

En una nota publicada por el diario *Clarín* el 17 de abril del 2000, se afirmaba la existencia de una reunión del entonces ministro del Interior Federico Storani con senadores del Partido Justicialista. Según el matutino, en esa reunión el gobierno aceptaría aumentar el presupuesto destinado al Plan Trabajar si los senadores del PJ aceleraban el acuerdo por la Reforma Laboral con sus pares de la Alianza.

Entre escándalo y escándalo, el miércoles 26 de abril se convocó a sesión ordinaria en el Senado para dar tratamiento al proyecto de Reforma Laboral con media sanción de Diputados, siendo aprobado en general en esa misma sesión con modificaciones por las dos terceras partes de los senadores presentes. Luego de aprobada, la norma fue remitida para ser tratada nuevamente en la Cámara Baja. Finalmente, el 11 de mayo de ese mismo año la ley fue sancionada por el Congreso de la Nación, bajo el número 25.250.

El 24 de junio, un mes y medio después de su aprobación, el periodista Joaquín Morales Solá, publicó un artículo en el diario *La Nación* en el cual manifestaba que para lograr la sanción de la ley:

> …habrían existido favores personales de envergadura a los senadores peronistas -para sorpresa de algunos-, después de que estos aprobaran la reforma laboral; esas concesiones fueron conversadas y entregadas por dos hombres prominentes del gobierno nacional. La puerta que se abrió es un precedente arriesgado, en el que el intercambio de favores reemplazaría a la política.

En ese entonces el Senador nacional por el PJ Antonio Cafiero se hizo eco de la noticia y pidió su tratamiento como cuestión de privilegio en el recinto de la Cámara Alta. Luego de leer un extracto de la nota, el Senador dijo:

> Como podrá apreciar, señor presidente, son afirmaciones muy graves las que vierte este periodista, quien debe justificar públicamente y ante este Honorable Senado las pruebas en que las fundamenta. Dado que siento que ellas perjudican mi tarea legislativa y que invaden mis fueros de legislador, planteo esta cuestión de privilegio. Y si este expediente pasa a la Comisión de Asuntos Constitucionales, solicito que ella convoque a este señor periodista y procure esclarecer al máximo la verosimilitud de sus afirmaciones.[3]

---

[3] Ver en la sección carta de lectores del Diario *La Nación* del viernes 28 de junio de 2000: http://www.lanacion.com.ar/26538-cartas-de-lectores

En consonancia con los rumores previos a la sanción de la ley, el 14 de julio, apenas dos días después, el Poder Ejecutivo Nacional emitió el decreto 569/00 de carácter "reservado", mediante el cual se ampliaban las partidas presupuestarias de la Secretaría de Inteligencia de Estado, cuyo titular era Fernando de Santibáñez, por un monto de treinta millones de pesos.

El 9 de agosto, siete senadores del Partido Justicialista se reunieron con el presidente De la Rúa en la quinta de Olivos. Luego de la reunión, el Presidente manifestó que "esas versiones son totalmente absurdas", y expresó "su confianza en el bloque opositor" desestimando que sus funcionarios "hayan participado de las maniobras en las que fueron involucrados".[4]

Nuevamente, las declaraciones resonaron en los medios periodísticos. El diario *La Nación* del 10 de agosto del 2000 se refirió a la reunión diciendo que:

> ...en el diálogo no estuvo ausente la mención de los dos funcionarios del Gobierno presuntamente involucrados en los trascendidos, el jefe de la SIDE, Fernando de Santibáñes, y el dirigente radical alfonsinista, Enrique "Coti" Nosiglia".

El martes 15 de agosto, Rodolfo Terragno reconoció ante periodistas que desde mediados de junio tenía conocimiento de las versiones de intercambios de favores en el Senado. El mismo día pero horas más tarde, el vicepresidente "Chacho" Álvarez leyó ante los presidentes de bloque de la Cámara Alta un anónimo titulado "Soborno: La trama Secreta", donde se relataba de manera explícita y detallada las supuestas "coimas" para la aprobación de la Ley de Reforma Laboral.

---

[4] Ver el Informe final sobre lavado de dinero realizado por la Comisión Especial Investigadora sobre Hechos Ilícitos Vinculados con el Lavado de Dinero. 5 de octubre de 2001; Capítulo 8: "Sobornos en el Senado: ¿corrupción institucional?". Honorable Cámara de Diputados de la Nación Argentina. http://www1.hcdn.gov.ar/curriculums/pdf/IV%208%20Sobornos.pdf

Tres días después y de oficio, la Oficina Anticorrupción inició una investigación sobre los presuntos involucrados en los sobornos pertenecientes a la Administración Pública Nacional, ya que es éste el ámbito de competencia del organismo. Seguidamente, el martes 22 de agosto de 2000, se comenzaron a formular las denuncias en la Justicia, y la que más impacto produjo fue la formulada por el entonces Vicepresidente, quien se presentó ante el Juzgado Federal N° 8 a cargo del Dr. Jorge Urso. Sorpresivamente, el Ministro de Trabajo concurrió, sin previo aviso, a la sesión del Senado, increpando a los senadores y desafiándolos a que le dieron pruebas fehacientes de las coimas.

El 30 de agosto, intentando dar una respuesta institucional al escándalo, el Senado decidió crear una Comisión para investigar el supuesto pago de sobornos a algunos de sus miembros, fijándose un plazo de sesenta días para llevar adelante sus actividades. Sin embargo, como se esperaba, dos días más tarde la Comisión se disolvió.

El jueves 5 de octubre de 2000, el Gobierno anunciaba cambios en su Gabinete: en reemplazo de Terragno, quien renunció en pleno escándalo, asumió como Jefe de Gabinete de Ministros Christian Colombo; en la Secretaría General de la Presidencia fue nombrado el ex ministro de Trabajo Flamarique, en lugar de Jorge de la Rúa que asumía como ministro de Justicia. En la cartera de Trabajo Patricia Bullrich reemplazaba a Flamarique.

El viernes 6 de octubre a las 19:30 horas aproximadamente, Álvarez presentaba su renuncia en forma indeclinable al cargo el Vicepresidente.

Bajo estas circunstancias, el gobierno de Fernando de la Rúa se encontraba "solo" para hacer frente a todos los problemas que atravesaba la Argentina, que entonces eran de índole institucional, económica y social, y con un margen de maniobra prácticamente nulo.

El primer mandatario se había debilitado dentro y fuera de la casi inexistente Alianza. Los sucesos que se dieron luego solo abonarían el final definitivo de la coalición gubernamental y "encerraron" cada vez más a De la Rúa dentro de su círculo más íntimo. Al parecer, los peligros que parecían avecinarse debido al tan temido "gobierno dividido" no eran tan profundos como los de ser una coalición de gobierno precaria y difusa, en un país con tradición personalista donde las decisiones se toman unilateralmente. En este sentido, Marcos Novaro reflexiona que si bien el Gobierno debió enfrentar serias dificultades impuestas por oposición en el Legislativo,

> Los conflictos verdaderamente explosivos surgieron del seno de la Alianza, a medida que se agudizaron las dificultades para lograr resultados en la gestión. La capacidad de la coalición para emprender políticas mínimas de reformas se vio limitada no sólo por la estrechez presupuestaria y la oposición del peronismo, sino también en buena medida por la ausencia de cohesión y convicción en torno a ciertas metas básicas (Novaro, 2002: 97)

La Alianza era sólo un recuerdo. La coalición había demostrado la enorme dificultad de consolidarse como coalición de gobierno eficaz, y el presidente como tantas otras veces en la historia de nuestro país, gobernaba sólo.

5. Fin de la coalición: la vuelta de Cavallo al Ministerio de Economía

Ante la profundización de la crisis política, económica y social imperante y la falta de soluciones, en marzo de 2001 De la Rúa y su entorno más íntimo llaman al consenso con otras fuerzas partidarias. La respuesta inmediata llegó de parte de Domingo Cavallo, referente de una fuerza minoritaria llamada Acción por la República, ex ministro de Economía y creador del 1 a 1.

Las crecientes protestas sociales ante la falta de respuestas efectivas por parte del gobierno hicieron que el Presidente pusiera todas sus expectativas en el nombramiento de Cavallo, quien esta vez tenía el mandato de ordenar la crisis de estabilidad que se imponía y de la cual se suponía sólo él tenía la receta. En este contexto, el FREPASO intentaba revitalizar la alicaída relación con la facción de la UCR delaruísta de la coalición, mediante el retorno al Ejecutivo en calidad de Jefe de Gabinete de Carlos Álvarez. Sin embargo, el entonces Presidente vetó tajantemente esta posibilidad. Al respecto, Marcos Novaro sostiene que la negativa de De la Rúa al regreso de Álvarez al gabinete no produjo asombro ya que el mandatario apostaba todo una vez más a su figura presidencial.

> ...el presidente se había convencido del todo de que su suerte se jugaba en el aislamiento para mantener a raya esas presiones y de dar señales de que nada lo haría cambiar el rumbo. La negativa de De la Rúa a aceptar el reingreso de Álvarez en el gobierno (ocupando la Jefatura de Gabinete, como había acordado entre bambalinas con Cavallo) no podía, en este contexto, asombrar a nadie... (Novaro, 2002: 96)

En este punto quedaba de manifiesto que la concentración del poder en manos del Presidente era un hecho, pero su estrategia de mantenerse aislado gobernando en una coyuntura de crisis tan profunda, aunque no sorprendía, resultaba muy peligrosa.

El nuevo ministro, que asume el 20 de marzo de 2001, se presentaba como el "salvador" del fracaso de la gestión aliancista e intentaba reflotar la fórmula del éxito de la convertibilidad. El plan económico incluía la propuesta de una canasta de monedas, una nueva ley de competitividad, controlar la evasión de capitales, reducir el gasto público con un recorte del 13% en salarios, aumentar ingresos para recuperar liquidez y dominar el problema de la deuda externa.

Las elecciones de octubre de 2001 sólo reflejaron la coyuntura mediante lo que se denominó "voto bronca", que era la expresión de una profunda crisis de legitimidad de la que no se recompondría la ciudadanía argentina hasta varios años después. Entre la lista de razones que desencadenaron esta inédita situación encontramos los intentos fallidos por "normalizar" la economía y la falta de liderazgo político (tanto a nivel partidario como a nivel personal), que llevaron a la Alianza a conseguir la mitad de los votos en comparación con su elección anterior.

El "voto bronca" junto con el lema "que se vayan todos" representaba en gran parte de la ciudadanía (básicamente de las grandes ciudades) un descontento sobre el sistema político en general, optando por no apoyar a ningún partido en el cuarto oscuro, cercenando todas las prácticas de participación ciudadana viables en un sistema democrático estable.

En medio de todos estos sucesos, los medios de comunicación ocuparon, una vez más, un rol clave. Esto se debió no sólo a que supieron denunciar públicamente el escándalo de las coimas en el Senado, sino a que algunos de ellos supieron convertir a De la Rúa, no sin ayuda de él mismo, en un personaje caricaturesco, poco habilidoso y digno de burla. Además de quitarle más respeto aún a la frágil y solitaria investidura presidencial, recordemos que fueron algunos programas televisivos muy mediáticos de principios del 2000 y 2001, los que convocaban a la ciudadanía a votar en blanco, anular los votos o votar a "Clemente", alentando insistentemente el desinterés.

El plan generalizado de ajuste de Cavallo no hizo más que profundizar las huelgas y protestas sociales de diversos sectores, al mismo tiempo que seguía aumentando la crisis política del gobierno. Eran los tiempos de seguir día a día el índice riesgo país, del corralito y de la crisis financiera como resultado del fracaso de la aplicación de un modelo desgastado.

Como destaca Valenzuela, en relación a las crisis en democracias presidencialistas latinoamericanas:

> La presión proveniente de la calle (incluida la preocupante posibilidad de violencia) y las acciones del Congreso que llevan al límite las reglas constitucionales pueden ser lo que se requiere para llevar a que un presidente próximo a caer enfrente su destino. Mientras tanto, la turbulencia y los enfrentamientos políticos causados por la posibilidad de su retiro pueden amenazar con transformar una crisis de gobierno en una crisis de mayor envergadura del orden constitucional mismo (Valenzuela, 2008: 22)

El 3 de diciembre, en otro intento de controlar la crisis financiera y de contener la fuga de capitales, el Poder Ejecutivo publica el decreto 1570/2001 que establecía una serie de prohibiciones para las entidades financieras y para los clientes de las mismas. Entre sus medidas más polémicas, el decreto prohibía el retiro de fondos superiores a $250 ó USD250 por semana, congelando los ahorros de los ciudadanos argentinos que hasta ese momento habían confiado en los bancos. Esta medida, conocida como "corralito financiero" perseguía el objetivo de evitar más fugas de depósitos y la especulación sobre una posible salida de la convertibilidad. Estas medidas, lejos de ser populares, no hicieron más que incrementar la tensión social reinante entre la sociedad civil.

El 19 de diciembre de 2001, como última posibilidad de consenso, el entonces presidente ofreció un nuevo acuerdo a la oposición con el fin de lograr un pacto de gobernabilidad, sobre todo luego de los resultados desfavorables de las elecciones de octubre pasado. En el mismo comunicado se anunciaba el Estado de Sitio.

Como se esperaba, la oposición rechazó cualquier tipo de acuerdo y la ciudadanía salió a las calles a repudiar la situación mediante lo que se conoció como "el cacerolazo". La crisis no tenía retorno, la conflictividad social escalaba a sus puntos más altos y el máximo mandatario no supo encontrar las respuestas para salvar la situación. Finalmente, luego de varias jornadas de intensa violencia, de saqueos, hambre, desempleo, corralito y protestas, De la Rúa firma su renuncia a la presidencia de la Nación el 20 de Diciembre de 2001.

6. Conclusiones

Como hemos afirmado a lo largo de este trabajo, la gestión de la Alianza en un principio y de De la Rúa después, nació con objetivos equivocados y con un plan de gobierno extremadamente ambicioso si no de imposible realización. A esto se suma una coalición de partidos endebles, pobremente constituidos y carentes de líderes políticos fuertes, con nula capacidad de gobernanza.

La Alianza fracasó por varias razones que van desde su estructura interna hasta la figura presidencial, que quedó en manos de un dirigente que no supo conducir a la alianza, ni hacer frente a las múltiples dificultades que se le presentaron, tanto externas con un parlamento y varias provincias en manos de la oposición, como internas de la misma coalición, y eligió aislarse y concentrar el poder ante incontables conflictos sociales, económicos e institucionales, en un escenario que exigía transformaciones, capacidad de negociación y coraje.

El gobierno de la Alianza por el Trabajo, la Justicia y la Educación no pudo torcer el rumbo de la economía y las medidas de austeridad implementadas en la última etapa profundizaron la recesión ya iniciada en 1998.

En pleno momento de crisis en el año 2002, se registró una caída en el PBI del 19,5% y la actividad industrial registraba una baja del 18%. Para junio del 2002 la tasa de desempleo en la población económicamente activa trepaba al 23%, registrando un aumento del 8,3%, mientras que la subocupación era del 22%. Se plasmaba así el peor fantasma de cualquier etapa recesiva, la desocupación estructural (Giarraca, 2010).

Parafraseando a O´Donnell diremos que en un contexto de crisis económica y en una ya penosamente arraigada democracia delegativa, es perfectamente normal que en la figura del presidente se concentre el poder y se aísle de la mayoría de las instituciones políticas e intereses organizados, y asuma en forma exclusiva la responsabilidad por los éxitos y fracasos de "sus" políticas[5]. La diferencia respecto de la experiencia de Menem, el hasta entonces arquetipo de líder decisionista que tuvo la Argentina desde la vuelta a la democracia, es que en este caso De la Rúa no estaba preparado como líder para asumir las consecuencias de sus actos, no logró constituirse como figura con autoridad que lograra mantener cohesionados a los miembros de la coalición; y además, claramente no es lo mismo ser un líder decisionista cuando se llega al poder con un solo partido político que cuando se asume gracias a una coalición de partidos que acuerdan gobernar en conjunto. En este caso se requiere un estilo de liderazgo especial, una interacción dinámica y constante, un plan de gobierno sólido e integrado y sobre todo, respeto por parte de la máxima autoridad de los demás socios de la coalición.

Retomando ejemplos similares en la región podemos coincidir con algunas de las "lecciones" que desarrollan Scott Mainwaring y Timothy Scully en su texto "América Latina: ocho lecciones de gobernabilidad." Una de ellas enuncia que:

---

[5] Para ampliar en este punto referirse a los capítulos 3 y 4 de este libro.

> En la mayoría de los países, la creación de una gobernabilidad democrática eficaz ha resultado mucho más difícil de lo anticipado por la mayoría de los analistas a comienzos de la década de los ´90 (Mainwaring y Scully, 2008: 130)

El resultado fue el fracaso tanto de la Alianza como coalición, la desaparición del FREPASO como partido político protagonista, el desmembramiento histórico de la UCR, y el peligro inminente del surgimiento de un nuevo liderazgo mesiánico.

Sus bastiones de campaña, transparencia e igualdad social, quedaron atravesados por los peores indicadores que la historia registra. En 1974, el 10% de la población con ingresos más bajos recibía un 2,3% del PBI, mientras que el 10% con ingresos más altos recibía el 28,2% (12,3 veces más comparativamente). En el año 2002 la argentina registraba que la diferencia entre el 10% más rico y el 10% más pobre de la población se había ampliado a 33,6 veces (Giarraca, 2010).

7. Gobierno "descabezado"

La Ley Nacional 252, Ley de Acefalía, fue aplicada por primera vez en 1962 cuando se produjo el golpe militar que derrocó al Dr. Arturo Frondizi. Once años más tarde el presidente Héctor Cámpora renunció a su cargo, al igual que su compañero de fórmula Vicente Solano Lima, con el objetivo de convocar nuevamente a elecciones para que Juan Domingo Perón, en caso de ganarlas, pudiera asumir como presidente de la Nación.

En el año 1989, en julio precisamente, se produjeron nuevos hechos que habilitaron el uso de la ley de acefalía, pero con las modificaciones que dieron origen a la Ley 20.972 sancionada en 1975. Dada la gravedad de la crisis hiperinflacionaria que vivía la Argentina, y sus consecuencias sobre la estabilidad institucional, en junio de 1989 el entonces presidente Raúl Alfonsín acuerda con el presidente electo, Carlos Menem, dejar el poder para que lo asuma antes de tiempo, de acuerdo a los requisitos de esta normativa.

La particularidad de este caso fue dada porque al momento de la renuncia ya había sido elegida la nueva fórmula presidencial Menem-Duhalde, sólo adelantándose la fecha de asunción del mandato.

En diciembre de 2001, con la renuncia del Presidente de la República Fernando de la Rúa y habiendo quedado vacante la vice-presidencia con la renuncia de Carlos Álvarez el 6 de octubre de 2000, se ponía en funcionamiento nuevamente el diseño institucional argentino pensado para estos casos.

En la antigua ley de acefalía, el Congreso no jugaba ningún papel preponderante, pero con las modificaciones realizadas a lo largo de la historia, el Parlamento contaba con la atribución de elegir al nuevo presidente con el fin de completar el mandato de cuatro años.

De este modo, la responsabilidad de la sucesión presidencial quedaba en manos del Congreso, dominado por el PJ en todas sus vertientes.

La Ley 20.972 reza en su artículo 1:

> En caso de acefalía por falta de Presidente y Vicepresidente de la Nación, el Poder Ejecutivo será desempeñado transitoriamente en primer lugar por el Presidente Provisorio del Senado, en segundo lugar por el Presidente de la Cámara de Diputados y a falta de éstos, por el Presidente de la Corte Suprema de Justicia de la Nación, hasta tanto el Congreso reunido en Asamblea, haga la designación a que se refiere el artículo 88 de la Constitución Nacional.

A la a vez, la ley imponía diversos requerimientos en sus artículos 2 y 3, tales como:

> La designación, en tal caso, se efectuará por el Congreso de la Nación, en asamblea que convocará y presidirá quien ejerza la Presidencia del Senado y que se reunirá por imperio de esta ley dentro de las 48 horas siguientes al hecho de la acefalía. La asamblea se constituirá en primera convocatoria con la presencia de las dos terceras partes de los miembros de cada Cámara que la componen. Si no se logra ese quórum, se reunirá nueva-

> mente a las 48 horas siguientes, constituyéndose en tal caso con simple mayoría de los miembros de cada Cámara. (art.2)

> La designación se hará por mayoría absoluta de los presentes. Si no se obtuviere esa mayoría en la primera votación se hará por segunda vez, limitándose a las dos personas que en la primera hubiesen obtenido mayor número de sufragios. En caso de empate, se repetirá la votación, y si resultase nuevo empate, decidirá el presidente de la asamblea votando por segunda vez. El voto será siempre nominal. La designación deberá quedar concluida en una sola reunión de la asamblea. (art.3)

Inmediatamente después de la renuncia de Fernando de la Rúa, asume el cargo el Presidente Previsional del Senado, el justicialista Ramón Puerta, quien convoca a la Asamblea Legislativa. De esta manera se abría el juego para formar coaliciones parlamentarias con el fin único de designar al nuevo presidente de la Nación. En ese momento se apostaba por "todo o nada".

Las dos coaliciones que lograron conformarse en el ámbito parlamentario estaban integradas por miembros del Partido Justicialista. La primera llevaba como candidato a Adolfo Rodríguez Saa - líder partidario con asiento en la provincia de San Luis-; la otra coalición, del mismo color partidario, tenía como candidato a Eduardo Duhalde, quien había obtenido el segundo lugar en las elecciones presidenciales de 1999 con un 38,09% de los votos.

El Congreso designó en primer lugar a Alberto Rodríguez Saa por 169 votos a favor y 138 votos en contra. La Unión Cívica Radical fue quien, con 64 votos, aglutinó más votos en contra del nombramiento. Entre sus únicas y estrepitosas medidas logró la aprobación por el Congreso de la declaración de la cesación de pagos, el más grande default del que se tenga registro a nivel mundial, y anunció un programa de emergencia que incluía el mantenimiento de la paridad cambiaria (con la emisión de una nueva moneda corriente), la creación de un millón de puestos de trabajo, el lanzamiento de programas de asistencia social, la reducción de los salarios de los funcionarios públicos y el remate de los vehículos oficiales. (De Luca, 2005)

El mandato del nuevo presidente se centraba también en convocar a elecciones anticipadas dentro de los 60 días para elegir un presidente que terminara el mandato de De la Rúa. Sin embargo, la designación de Rodríguez Saa sólo duró una semana, renunciando el 30 de diciembre junto con el presidente provisional del senado.

Nuevamente entraba en funcionamiento la ley de acefalía. En esa oportunidad, el Presidente de la Cámara de Diputados, el también justicialista Eduardo Camaño, asumió la presidencia provisional y volvió a convocar a la Asamblea Legislativa. Esta vez, la votación resultó en 262 votos a favor de Eduardo Duhalde, 21 votos en contra y 18 abstenciones.

De ambas votaciones se observa que el Partido Justicialista votó de manera disciplinada[6] y que la Unión Cívica Radical, que no había apoyado a Rodríguez Saa, si apoyó al Senador bonaerense quien fue electo efectivamente el 2 de enero de 2002.

Si bien la Argentina había retomado el cauce democrático varios años atrás, el entramado institucional democrático y las relaciones entre los poderes del Estado no se encontraban lo suficientemente bien desarrollados como para evitar una crisis que no decantara en la renuncia presidencial. De todos modos, y a pesar de estas deficiencias institucionales, se puso en funcionamiento un mecanismo contemplado por el sistema democrático para este tipo de casos: la ley de acefalía. Esta ley permitiría a Eduardo Duhalde, dirigente político con mucho protagonismo en la vida política argentina desde la redemocratización e incluso candidato a Presidente por el Justicialismo en la contienda de 1999 que ganó la Alianza, cumplir su objetivo de ser el máximo mandatario del país en uno de los momentos más duros de la historia[7], aun habiendo perdido las elecciones de 1999.

---

[6] Ídem Ibíd.

[7] Sobre la presidencia de Duhalde, ver a continuación el Capítulo V de este libro.

8. Bibliografía

Cao, Horacio y Vaca, Josefina, "El Nuevo Senado, igual al viejo". *Le Monde Diplomatique*, Edición Cono Sur, Numero 29, Buenos Aires, Argentina, 2001.

De Luca, Miguel: "Argentina: Instituciones débiles, economía a los tumbos", *Revista Relaciones Internacionales* (Instituto Portugués de Relaciones Internacionales-Universidad de Lisboa), Número 13, Lisboa (2007), páginas 1-13

Leiras, Santiago. "De Carlos Menem a Fernando de la Rúa: del liderazgo a la crisis institucional."; en Revista Ecuador Debate, *El síntoma argentino* (Centro Andino de Acción Popular-CAAP), Número 57, Quito (2002), páginas 141-158.

Linz, Juan y Valenzuela, Arturo, *The failure of presidencial Democracy*, Johns Hopkins University Press. Massachusetts, 1994.

Mainwaring, Scott y Scully, Timothy: "America Latina: ocho lecciones de gobernabilidad." Latin America: Eight Lessons for Governance", *Journal of Democracy* (National Endowment for Democracy and The Johns Hopkins University Press), Volumen 19, Numero 3, Massachusetts (2008), páginas 113-127.

Mustapic, Ana María. "Oficialistas y Diputados: las relaciones Ejecutivo-Legislativo en la Argentina". *Revista Desarrollo Económico* (Instituto de Desarrollo Económico y Social-IDES), Volumen 39, Número 156, Buenos Aires (2000), páginas 571-595.

Mustapic, Ana María. "Inestabilidad sin colapso. La renuncia de los presidentes: Argentina en el año 2001." *Revista Desarrollo Económico* (Instituto de Desarrollo Económico y Social-IDES). Volumen 45, Numero 178, Buenos Aires (2005), páginas 263-280.

Novaro, Marcos, *Historia de la Argentina contemporánea: de Perón a Kirchner*, Editorial Edhasa, Buenos Aires, Argentina, 2002.

Novaro, Marcos y Palermo Vicente, *La historia reciente: Argentina en democracia*, Editorial Edhasa, Buenos Aires, Argentina, 2004.

Novaro, Marcos: "Lo evitable y lo inevitable de la crisis", en Marcos Novaro (Comp.), El derrumbe político en el ocaso de la convertibilidad, Grupo editorial Norma, Buenos Aires, 2002.

O´Donnell, Guillermo : "Delegative Democracy", en *Journal of Democracy* (National Endowment for Democracy and The Johns Hopkins University Press), Volumen 5, Número 1, Massachusetts (1994), páginas 55-69.

Serrafero, Mario. "Crisis Institucional. Radiografía de una imaginación anémica.", en *Revista Postdata* (Grupo Editor Universitario), Número 7, Buenos Aires (2001), páginas 247-255.

Serrafero, Mario. "Cómo debe gobernar una coalición". *Diario La Nación*, Buenos Aires, 10 de septiembre de 2010.

Valenzuela, Arturo. "Presidencias Latinoamericanas interrumpidas", en *Revista América Latina hoy* (Instituto Interuniversitario de Iberoamérica-Universidad de Salamanca), Número 49, Salamanca (2008), páginas 15-30.

Capítulo V
¿El final de un ciclo?
La Presidencia de Eduardo Alberto Duhalde (2002 - 2003)[*]

Alberto A. Baldioli[**] y Santiago C. Leiras[***]

> Pocos hombres pueden demostrar semejante enemistad, como aquellos que siendo sumamente conservadores son obligados a cambiar por las circunstancias políticas del momento. Tales individuos suelen tener una determinación y decisión fuera de lo común para destruir a sus adversarios políticos.

1. Introducción

La Argentina de finales del siglo XX constituía un verdadero tembladeral: un líder neodecisionista, Carlos Saúl Menem, que había regido los destinos de la República durante poco más de diez años, ya no estaba en el poder y su sucesor, Fernando de la Rúa (Leiras, 2003, Serrafero, 2002)[1], se encontraba con severas dificultades para encontrar las respuestas que se requerían en ese momento histórico, en un

---

[*] Los autores agradecen los comentarios de Hernán Fair al presente capítulo
[**] UBA
[***] UBA/UB
[1] Ver Capítulo IV de la presente edición

país que sufría un conjunto de problemas muy serios, como conjunción de una crisis económica -recesión económica y desempleo de los factores de la producción-, social y de legitimidad.

A este escenario se le sumaba la desintegración de la Alianza entre la Unión Cívica Radical-UCR y el Frente por un País Solidario-Frepaso, la cual había llevado al binomio Fernando de la Rúa-Carlos Álvarez a la presidencia; el choque de ambas personalidades políticas que derivaría en la renuncia de "Chacho" Álvarez producto del episodio de la grave denuncia de coimas en el Senado del año 2000, el descontento popular por el manejo de la economía, y el congelamiento de los ahorros de los ciudadanos en el denominado "corralito financiero", hizo que gran parte de la ciudadanía saliera a la calle, primero para protestar por una serie de decisiones gubernamentales -Corralito, declaración de estado de sitio etc.-, extendiéndose luego la impugnación hacia el conjunto de la "clase política".

Luego de la renuncia de Fernando de la Rúa, tras una brevísima presidencia interina de Adolfo Rodríguez Saá -quien declarará el default argentino al suspender el pago de la Deuda Externa- y luego de ciertos ajetreos institucionales, es ungido por la Asamblea Legislativa Eduardo Alberto Duhalde el 1 de enero del 2002; el mismo se encontraba ante un desafío político y existencial dramático, debiendo afrontar los siguientes problemas:

a) Reordenar las instituciones democráticas.
b) Dar una solución al problema de los ahorristas y de los bancos.
c) Terminar con el cuadro de situación pre anárquico, contemplando inclusive la posibilidad de la utilización de la fuerza pública, para evitar daños mayores.
d) Fomentar un plan económico que posibilitara la inclusión, y de esa manera generar más empleo, a través de un modelo productivo donde el Estado fuera el gran regulador de la sociedad.

De acuerdo a la serie de problemas que debía solucionar, Duhalde tenía un enorme trabajo por realizar, en el cual debería emplear a fondo todos sus conocimientos y su experiencia ejecutiva, siendo en ese momento uno de los hombres destinados a provocar una ruptura trascendental no sólo con el denominado "Menemato", el cual ayudó a construir, sino con su propio pasado.

El presente trabajo abordará el breve aunque tumultuoso mandato presidencial de Eduardo Duhalde, quien debió timonear una de las peores crisis de la historia argentina, ya que dicha crisis no fue solamente económica-social, sino también de legitimidad dado que estuvo revestida por un fuerte descreimiento de la ciudadanía hacia el régimen democrático representativo, y por niveles inusitados (o no tanto) de violencia.

Asimismo serán tratados los hechos más relevantes de la vida pública de Eduardo Alberto Duhalde, quien influyó fuertemente en la elección de dos de los presidentes más polémicos de nuestro país. Precisamente por este motivo no se puede obviar su pasado, dado que se trata de uno de los principales arquitectos de nuestro presente histórico.

Por último, se abordará el juego táctico que impondrá Duhalde, con el objetivo de frenar la interna justicialista, cercenar las posibilidades de Carlos Menem en la elección presidencial de 2003 y apoyar a Néstor Kirchner presentándolo a la sociedad como su candidato, poniendo a disposición del mismo la estructura territorial del partido justicialista para lograr este propósito.

El presente trabajo tiene una gran relevancia para comprender ese año en que la Argentina vivió en peligro, teniendo en cuenta el perfil histórico, como así también el accionar de Eduardo Duhalde como líder decisionista de un Estado resquebrajado, y cómo logró manejar al país en semejante crisis, donde estaba en juego nada más y nada menos que el futuro de la Nación misma.

2. Eduardo Duhalde: su vida pública

2.1. El Perfil

En 1973, con la apertura democrática, luego de casi siete años de régimen autoritario, Eduardo Duhalde, quien había militado durante varios años en el Partido Demócrata Cristiano, se afilia al Partido Justicialista-PJ e ingresa como asistente legal del Municipio de Lomas de Zamora. En pocos tiempo logra una relación personal con los sindicatos metalúrgico y de empleados municipales, y estos lo proponen para ocupar el segundo lugar en la lista de concejales de ese distrito, con lo que su posición se hizo muy fuerte en el Concejo Deliberante de dicho municipio bonaerense, a tal punto que, luego de dos situaciones de acefalía consecutivas[2], es ungido primero como intendente interino desde el 15 de mayo de 1974, en lugar del suspendido primer edil Pablo Turner, y luego de pleno derecho para cumplimentar el mandato hasta la finalización del período ejecutivo el 8 de agosto de dicho año.

Eduardo Duhalde siguió como intendente, apoyando las políticas del gobierno federal encabezado por la vicepresidente en ejercicio de la presidencia, María Estela Martínez de Perón (viuda del general Perón) las cuales tenían una clara influencia del ministro de Bienestar Social José López Rega, con orientación política de derecha[3]. En 1976, Duhalde fue cesado en su cargo de jefe comunal a raíz del Golpe de Estado del 24 de marzo de ese mismo año.

Durante el largo y sangriento septenio del denominado "Proceso de Reorganización Nacional", el dirigente lomense volvió a su profesión de abogado, y defendió a algunos de sus compañeros peronistas acusados por el gobierno de facto, aunque tuvo ciertos problemas con las autoridades por esta actitud, lo que lo llevó a pasar a la clandestinidad, y hacer política de base desde allí. Recién en 1983 volvió a la intendencia de Lomas de Zamora, pero teniendo mayor recono-

---

[2] El primer intendente fue Roberto Ortiz, quién fue destituido luego de un juicio político por un cargo de corrupción, siendo sustituido por el primer edil Pedro Turner, un peronista de "la tendencia peronista" que llegaría a la magistratura municipal con el apoyo del entonces gobernador electo Oscar Bidegain, en pocos meses depuesto por la burocracia sindical de la Unión Obrera Metalúrgica dirigida por el entonces gobernador Victorio Calabró a nivel provincial y por Lorenzo Miguel de la UOM nacional y de las "62 Organizaciones", acusado de "izquierdista", el 15 de mayo de 1974.

[3] Durante el año 1974, su figura política fue respaldada en un extenso reportaje de dos páginas realizado en la Revista "El Caudillo en su edición número 29 del 31 de mayo de ese mismo año. Dirigida por Felipe Romeo, y como órgano político de prensa del ministerio de Bienestar Social a cargo del "súper ministro" José López Rega, esta publicación constituía un espacio desde donde comúnmente se atacaba a los enemigos políticos y se amenazaba a los mismos. La revista era financiada por una partida de dinero del propio ministerio e incluso Felipe Romeo disponía de una oficina privada en dicha repartición pública. La citada publicación, que se encargaba de sus víctimas de turno a través de la difamación o del ataque directo contra las mismas, desde diferentes columnas sería un pilar fundamental en la campaña de desestabilización del intendente Turner.

cimiento tanto en las bases partidarias como así también en la alta dirigencia del Partido Justicialista bonaerense.

En las elecciones nacionales de octubre de 1983, la UCR con su líder Raúl Ricardo Alfonsín[4] derrotó al justicialismo en forma amplia y sin dejar dudas en el electorado: dicha derrota constituyó un duro golpe para la ortodoxia política y sindical peronista. Sin embargo, Duhalde logró preservar su figura política en medio del naufragio electoral del justicialismo y desde el municipio imponer una dinámica elemental a su labor de intendente: entre sus iniciativas más destacadas se encuentran la creación de una oficina para la prevención y asistencia a la drogadicción, pionera en su clase en la argentina, y el Plan Alimentario Municipal, el cual redujo considerablemente la mortalidad y desnutrición infantil rápidamente.

La presencia física hasta en los barrios más marginales de todo el partido de Lomas de Zamora le permitió consolidar su liderazgo en ascenso con grandes cualidades, trascendiendo por ello la propia geografía política local.

2.2. *La lucha por el poder*

> La causa esencial del descrédito de las nociones de obediencia y mando debe buscarse en la ideología pseudo - ética de la emancipación, que a su vez se basa en una doctrina de la igualdad considerada como fuente de cualquier progreso, mientras que la desigualdad sería el origen de cualquier mal
>
> (Freund, 1968).

Eduardo Duhalde, ya a mediados de la década de los ochenta una personalidad influyente dentro del peronismo y conocedor como pocos del "territorio", rompe con la estructura ortodoxa a cargo de la conducción del partido justicialista y apoyará denodadamente al sector renovador del partido, liderado en ese entonces por Antonio Cafiero, Carlos Grosso y Carlos S. Menem, que enfrentaban a la vieja cúpula perdidosa en las elecciones presidenciales pasadas. Esta decisión política le deparó ser expulsado de la sección bonaerense del PJ.

A pesar del castigo del aparato político del partido, el intendente de Lomas de Zamora siguió cosechando apoyos en gran parte del

---

[4] Ver Capítulo I de la presente publicación.

conurbano bonaerense, a tal punto que, en las elecciones partidarias locales de 1986, Duhalde se transforma en presidente del Partido Justicialista de Lomas de Zamora, y luego, en los comicios legislativos nacionales del 6 de setiembre 1987, logra ser elegido diputado por la provincia de Buenos Aires, dejando a cargo de la intendencia a un dirigente de sus propias bases, Hugo David Toledo.

En el Congreso Nacional se transformó en una pieza clave de la renovación peronista, por su rol de articulador entre el interior y la provincia de Buenos Aires; desde dicho rol elaboró una estrategia que hizo posible la elección de Carlos Menem como presidente del Consejo nacional del PJ, por lo que fue premiado por el dirigente riojano, quien apoyó su nominación como vicepresidente primero de la Cámara de Diputados en diciembre de 1987.

Carlos Menem se lanzó como precandidato a la presidencia de la Nación en las internas partidarias, eligiendo a Duhalde como compañero de fórmula (Arias, 2002), y el 9 de julio de 1988, la fórmula Menem -Duhalde vencerá a la de Cafiero- De la Sota, en las primeras elecciones internas del justicialismo que se realizarán con el voto directo de sus afiliados.

2.3. El rol de Eduardo Duhalde durante el "Menemato"[5].

> Sea cual sea el cuidado empleado por las constituciones para ocultar el carácter individual y decisionista del mando, éste permanece latente bajo el amontonamiento de las instituciones y vuelve a surgir con su pureza en los casos extremos, pues forma parte de la misma naturaleza del mando.
>
> (Freund, 1968)

El carisma y las promesas "populistas" de Carlos Menem concedieron el triunfo al peronismo en las elecciones presidenciales del 14 de mayo de 1989, imponiéndose la fórmula Carlos Menem-Eduardo Duhalde con el 49,3% de los votos al binomio de la Unión Cívica Radical Eduardo Angeloz, gobernador de la provincia de Córdoba, y Juan Manuel Casella.

---

[5] El fenómeno del menemismo es abordado en los capítulos II y III de la presente publicación.

En esos momentos el país se encontraba en una situación equiparable a la de un estado de naturaleza a nivel económico, social y político (Baldioli y Leiras, 2010), el presidente Alfonsín se mostraba impotente para frenar el proceso hiperinflacionario, existiendo un escenario definido como pre anárquico (Duhalde, 2007). Estas circunstancias, sumadas al estallido social producido en diferentes ciudades, provocaron el adelantamiento de la asunción de Carlos Menem, prevista para el mes de diciembre, para el 8 de julio de 1989.

Ya como vicepresidente, Eduardo Duhalde aprovechará esa responsabilidad institucional para fundar la secretaría de Programación y Coordinación para la Prevención de la Drogadicción y Lucha contra el Narcotráfico, un organismo que aplicaría las políticas que él mismo promovía como diputado nacional y antes había implementado en su distrito bonaerense. Ello le daría la visibilidad política e institucional que haría posible el cumplimiento de su mayor ambición en ese momento, cual era la de ser postulado para la gobernación de la provincia de Buenos Aires, hecho que ocurrió luego de vencer primero en elecciones internas a Carlos Brown en agosto de 1991 y a su contrincante radical Juan Carlos Pugliese el 8 de setiembre del mismo año con el 47,70 % de los sufragios.

Desde un primer momento, el nuevo gobernador señaló que iba a gobernar sin distingos partidarios, y si bien eran conocidos su desacuerdo con el paradigma neoliberal como así también su pertenencia a la concepción peronista ortodoxa de dirigismo y regulación estatal, Eduardo Duhalde comprendía que era muy pronto para rebelarse ante el poder central, ya que necesitaba de él para poder llevar a cabo sus políticas públicas, y era vital para éstas la petición ante el Poder Ejecutivo de mayores fondos y una mejor redistribución de la coparticipación federal.

La gestión como gobernador del caudillo bonaerense, ya en su primer mandato (1991 - 1995), se caracterizó por un importante programa de obras públicas que generó empleo y extendió horizontalmente los servicios sociales, aunque precisamente este incremento del gasto fue excesivo, dejando a la finalización de su segundo y último mandato las finanzas de la provincia seriamente comprometidas.

Es de destacar en este contexto el rol relevante de su esposa Hilda González, quien se encargó de organizar una red social dentro de los barrios marginales con el apoyo de las amas de casa, bautizadas por la misma como "las manzaneras". Este servicio social, encuadrado en el "Plan Vida", fue recibido con beneplácito por todos los beneficiarios, trascendiendo dicho plan al gobierno de Duhalde.

Por este hecho y otros a lo largo de sus ocho años de mandato, la oposición política, encabezada por el radicalismo provincial, hizo denuncias de corrupción y de ineficacia. Al sumarse el apoyo mutuo entre el gobierno provincial y el nacional con fines exclusivamente instrumentales más que meramente ideológicos, la oposición observaba la falta de rendición de cuentas ante los organismos pertinentes, y para colmo de males, el Poder Judicial contaba con una Corte Suprema con una mayoría adicta al Ejecutivo, por lo tanto, la democracia en el distrito bonaerense parecía iniciar un peligroso proceso de desinstitucionalización.

En el año 1994, Eduardo Duhalde fue elegido convencional constituyente, y su accionar constituyó en una pieza clave para la reforma de la Constitución Nacional, a pesar de que para ello dejó de lado en forma temporaria sus apetencias personales de llegar a la primera magistratura de la República. Mantiene su apoyo a Carlos Menem y a su proyecto de reelección, reeditando esta experiencia en la provincia de Buenos Aires, y en el plebiscito provincial del 2 de octubre de ese mismo año, logra el 61,5 % de los votos favorables.

La fórmula Duhalde-Romá no necesitó para su consagración de elecciones internas y en las elecciones generales del 14 de mayo de 1995 derrota a los candidatos de la UCR Pascual Capelleri y del Frepaso Carlos Auyero, con el 56,7 % de los sufragios. Por otra parte, Carlos Menem hizo lo propio venciendo al frepasista José Octavio Bordón y al radical Horacio Massacessi a nivel nacional, coronando la continuidad el caudillo riojano gracias al apoyo de importantes sectores del pueblo argentino, por su victoria duradera contra la inflación a partir de la implementación del Plan de Convertibilidad en 1991.

El gobernador bonaerense aspiraba a suceder a Menem en el año 1999, aunque este último estaba lejos de acceder al reclamo de lealtad de Duhalde. Era vox populi que éste había apoyado muy a pesar suyo la reelección del riojano, forzado por la popularidad que tenía en esos momentos Carlos Menem. Sin embargo, él asumía públicamente su lealtad al presidente, a cambio que éste apoyara su nominación presidencial. Menem no sólo no apoyó su candidatura a presidente, sino que además reflotó la idea de una segunda reelección, con lo que al gobernador de Buenos Aires no le quedó otra posibilidad que confrontar abiertamente contra el primer mandatario, para evitar que este hecho se consumara.

La animadversión de Duhalde hacia Menem llegó a límites insospechados: reagrupó a los "barones del conurbano" alrededor de su figura, limitó el accionar de los dirigentes menemistas en los distritos de la provincia, ejerció presión en el Consejo Nacional del partido, a pesar de que no era miembro, y hasta logró cooptar al entonces vicepresidente de la República, Carlos Federico Ruckauf.

No obstante la fortaleza de Duhalde frente a Menem, ello no impidió que en las elecciones legislativas de octubre de 1997 tuviera un importante revés, ya que en su provincia la lista del PJ encabezada por su esposa Hilda González de Duhalde fue derrotada por siete puntos frente a la candidata de la Alianza Graciela Fernández Meijide. Este hecho fue aprovechado por Carlos Menem, quien intentó por todos los medios a su disposición instalar en la agenda política la posibilidad de su segunda reelección: Carlos Ruckauf, Felipe Solá, Carlos Reutemann, Néstor Kirchner, los barones de la provincia de la Provincia de Buenos Aires entre otros dirigentes cerraron filas con Eduardo Duhalde para evitar el triunfo del riojano en su cometido a pesar de los reiterados intentos y estrategias ensayadas desde el menemismo (Serrafero, 1997, 1999).

En efecto, entre los meses de febrero y marzo de 1999, Carlos Menem intentó sin éxito que el Congreso Nacional le diera la posibilidad de un tercer mandato consecutivo; finalmente, la aspiración del riojano fue rechazada en la Cámara de Diputados por 159 votos sobre 257 de los presentes. No obstante, si bien ex presidente había perdido la partida de la "re - reelección", le quedaban algunas recursos para restar apoyos al dirigente bonaerense, como por ejemplo atrasar los ATN (Adelantos del Tesoro Nacional), frenar partidas de coparticipación, etc.

En el mes de marzo de 1999, Carlos Federico Ruckauf, candidato con el apoyo de Eduardo Duhalde, derrota en las internas provinciales para la candidatura a gobernador de la provincia de Buenos Aires al ex gobernador Antonio Cafiero con el 80,2% de los votos de los afiliados: era ésta una revancha esperada por el caudillo bonaerense dado que derrotar al candidato elegido por Menem otorgaba un sabor especial a la victoria.

El 16 de junio de 1999 es aceptada por el congreso del Partido Justicialista la fórmula Eduardo Duhalde - Ramón Ortega[6], y el 4 de

---

[6] Este último había sido un cantante y compositor muy popular de las décadas del 60´ y 70´, y luego ingresó a la política de la mano de Menem, para competir por la candidatura a gobernador de la provincia de Tucumán, de donde era originario, con el General Antonio Buzzi a quien derrotaría en las elecciones provinciales de 1995.

julio ante la ausencia de otros contrincantes para la interna, se la declara como fórmula del partido, para enfrentar en las elecciones presidenciales de octubre de ese mismo año al binomio Fernando de la Rúa- Carlos "Chacho" Álvarez.

2.4. *La derrota electoral y la estratégica retirada momentánea.*

> Es, según Donoso, circunstancial al liberalismo burgués no decidirse por uno ni por otro en la contienda y, en su lugar tratar de entablar una discusión. Define a la burguesía como la `clase discutidora`. Con lo cual queda juzgada, pues en ello estriba que trate de eludir la decisión. Una clase que despliega su actividad política en discursos, en la prensa y en el parlamento, no puede hacer frente a una época de luchas sociales.
>
> (Schmitt, 2010)

Eduardo Duhalde contaba con el apoyo de los jefes comunales del cordón fabril de la provincia de Buenos Aires, y a pesar de dejar a la misma con sus finanzas exhaustas, tanto el gobernador como su equipo seguían confiando en la posibilidad del triunfo en las elecciones de octubre de 1999, debido al hecho de que la fórmula de la Alianza iba a estar encabezada por Fernando de la Rúa, alguien percibido como un dirigente más conservador que Duhalde, y que permitiría desplegar la estrategia de presentación del candidato como una opción por el cambio aún habiendo el mismo acompañado las grandes líneas directrices a lo largo de toda la década de 1990[7].

A pesar de que en la campaña presidencial Duhalde trataba de convencer a los asistentes y al periodismo de que el modelo neoliberal de Menem estaba agotado, y que había que volver a la Argentina productiva y darle empleo a todos aquellos que no lo tenían, inclusive a partir de un número importante de obras de infraestructura, aunque se

---

[7] Fernando De La Rúa, proveniente en sus orígenes del balbinismo radical y en ese momento Jefe de Gobierno de la Ciudad Autónoma de Buenos Aires, llegaría a la candidatura presidencial, con el apoyo de la maquinaria electoral del radicalismo a nivel nacional, como resultado de una interna abierta en el seno de la alianza entre la UCR y el FREPASO con Graciela Fernández Meijide, quién era muy temida como competidora, dentro del seno de los colaboradores de la campaña del dirigente bonaerense.

tuvieran que emplear elementos rudimentarios como "pico y pala", como afirmaría en varios de sus discursos, la realidad daba muestras de que era materialmente imposible hacer planes neokeynesianos. Nuestro país en esos momentos dependía del Fondo Monetario Internacional (FMI), como país deudor "superlativo" y ciertamente moroso era mal calificado por consultoras internacionales con un riesgo país de porcentaje altísimo, por ende, el país tenía severas dificultades para el acceso nuevas líneas de financiación. En este contexto y con un esfuerzo sobrehumano de intentar enfrentar una corriente de opinión adversa, el caudillo bonaerense expresaba que el país no podía estar llevando a cabo planes de ajuste en forma permanente, como condición para acceder a asistencia financiera internacional.

El año 1999 iba a terminar con un panorama caracterizado por la recesión, la caída de exportaciones, un déficit fiscal de 7000 millones de dólares, y una deuda pública de 145.000 millones de dólares: a estos datos había que sumarle la cifra dolorosa de 14% de desempleados del total de la Población Económicamente Activa-PEA[8].

Frente a este cuadro de situación, Duhalde propuso un ambicioso plan de baja de impuestos al consumo y un congelamiento de despidos en las empresas perjudicadas por la crisis recesiva a cambio de beneficios impositivos. El problema era que, para hacer viables tales proyectos, el país debía obtener créditos internacionales blandos, algo muy poco posible en ese contexto para un país emergente como la Argentina[9].

La fórmula de la Alianza, que se proponía como garantía de continuidad de las reglas de juego macroeconómicas, trataba de demostrar

---

[8] Lo que muchos políticos y otros elementos de la sociedad no supieron comprender, que cuando se implementa un plan de convertibilidad o de caja de conversión, lo que se hace para frenar la inflación es contraer la masa monetaria, y emitir solo si ingresa divisas internacionales, con lo que también se contrae el consumo, y a su vez la producción, esto generará desempleo de los factores de la producción.

Por consiguiente, se frenará a la inflación, pero se acrecentará la desocupación de la PEA debido justamente a la reducción del consumo y de la producción, y comenzará a efectuarse un espiral recesivo y una posible deflación en el mercado.

[9] Sin duda las crisis asiática de 1997 y rusa de 1998 comenzaron a cercenar esa posibilidad, pero más dificultoso aún se tornó a partir de la crisis producida por la devaluación del Real en Brasil en 1999.

al mismo tiempo que se podía construir desde otra concepción de hacer política, algo que comúnmente decía el candidato a vicepresidente Carlos Álvarez. Mientras tanto De la Rúa representaba el papel de un hombre austero, responsable, lejos de la suntuosa década menemista donde desde el presidente hasta el funcionario de menor jerarquía hacían gala de ostentación y poco decoro en la utilización de los fondos públicos. Finalmente la fórmula aliancista vencerá en las elecciones presidenciales de octubre de 1999 con un 48,5% de los votos, obteniendo una ventaja de diez puntos de diferencia sobre la del justicialismo, Eduardo Duhalde- Ramón "Palito" Ortega.

Luego del durísimo golpe recibido en las elecciones presidenciales, Eduardo Duhalde anuncia su retiro de la política, retomando sus actividades privadas, que fueron la docencia universitaria y su empresa inmobiliaria, aunque en realidad, luego de reponerse del fracaso electoral, comenzó a elaborar la estrategia para su elección como candidato a senador nacional, hecho que se produjo el 14 de octubre de 2001.

3. El retorno del caudillo bonaerense: la presidencia de la Nación.

> La sociedad necesita de lo político para existir. Por sí misma, la sociedad no tiene unidad: está unificada porque es política.
>
> (Freund, 1968)

Promediando el crítico año 2001, con los últimos estertores del gobierno radical de Fernando de la Rúa, Eduardo Duhalde comienza nuevamente a tomar protagonismo: a través de la publicación de artículos en diferentes medios gráficos, se presenta a sí mismo como un político sensato que fue incomprendido por la sociedad, a la que él observaba fragmentada, desorientada, descreída y estafada.

Asimismo, manifestaba la convicción en su capacidad, como líder, de hacer que la política uniera y pacificara a todos los ciudadanos, dado que lo que se encontraba en juego era, por sobre todas las cosas, la supervivencia del sistema democrático. El caudillo bonaerense analizó la situación que vivía el país, y si bien, no expresaba directamente su deseo de tomar parte como alternativa de gobierno, en sus escritos hacía entrever subrepticiamente sus aspiraciones.

> En los últimos doce años, al menos cuatro bombas de fragmentación estallaron en la sociedad argentina como producto de la imprevisión o las limitaciones de su dirigencia: la hiperinflación, el desempleo con exclusión social, la recesión y el default. Pero lo más grave es que, siguiendo con ese rosario de calamidades, nos encaminamos a otro estallido que puede tener consecuencias imprevisibles: el de la anarquía.
>
> Estamos hoy frente a un gobierno que perdió su fuerza política, que perdió su liderazgo y que camina resueltamente a perder su legitimidad, al impulsar medidas que lo llevan a enfrentarse con la mayor parte de la sociedad. Esta realidad no afecta solamente el equilibrio y la paz social, sino que, además, pone en alto riesgo el sistema institucional.
>
> La Argentina necesita imperiosamente crear las condiciones para atacar la recesión, recuperar el alma nacional y lanzarse a la conquista del desarrollo que la reinserte en el mundo y mejore la calidad de vida de su gente. Esto, que suena como una cuestión de sentido común, es, sin embargo, ignorado por el Gobierno y por la clase dirigente en su sentido más amplio.
>
> Los hechos que vienen ocurriendo en los últimos meses en el campo económico, político y social nos advierten que sin crecimiento tendremos inestabilidad política, y esa inestabilidad política terminará afectando la estabilidad económica. Por eso es necesario ser audaces, creativos y decididos para enfrentar el cambio. "Solamente ante las grandes crisis, la imaginación es más importante que el conocimiento", decía Albert Einstein (Duhalde, 2001)

También por aquellos días, el senador Duhalde tenía planificado lo que intentaría hacer, en caso de llegar a la presidencia, y lo esbozaba anticipadamente en el artículo en cuestión:

> Para quebrar el ciclo de la decadencia hay que tener un plan y ponerlo en marcha con decisión, conocimiento y patriotismo. Ese instrumento es lo que lla-

> mamos modelo argentino de desarrollo económico e inclusión social, base indispensable para crear las condiciones de una nueva era en el país. Esto implica redefinir la relación entre el mercado, el Estado y la sociedad civil; renovar las instituciones con un sentido refundacional, y recrear la economía de la producción y los valores culturales argentinos...
>
> Es posible alcanzar estos objetivos si definimos la estrategia correcta y las fuentes del crecimiento futuro. Para ello debemos construir un Estado fuerte, capaz de cumplir con sus funciones indelegables (salud, justicia, educación). Y debemos ser capaces de elaborar una identidad productiva propia.
>
> Una vez definido el modelo, es necesaria la construcción de acuerdos básicos entre empresarios, trabajadores, intelectuales y partidos, para ponerlo en marcha, con un liderazgo político legitimado. Esto significa hacer todo lo contrario de lo que se ha hecho en los últimos años y, así, alejarnos de la anarquía para reconstruir un orden que nos devuelva la esperanza, el desarrollo y el futuro. (Duhalde, 2001)

El 20 de diciembre de 2001 la República Argentina sufre una crisis económica, social y política trascendental; el ex presidente De la Rúa debe dejar el poder, pero la acefalia ejecutiva se hizo sentir en lo más profundo: otra vez, como en 1989, se sufre un estado de naturaleza, donde la sociedad se vuelve anárquica, y donde la furia y desobediencia cívica, como así también la falta de credibilidad de los sectores políticos y financieros harían estragos en la comunidad. En esos momentos truena un coro multitudinario que solo tiene un sólo estribillo a viva voz: "¡Que se vayan todos!"

El presidente del Senado Ramón Puerta quiso hacer rápidamente una elección de un nuevo presidente a través del voto del Congreso de la Nación, siendo elegido el 23 de diciembre de 2001 Adolfo Rodríguez Saá, gobernador de la provincia de San Luis desde 1983, por un plazo de 90 días y con el propósito de preparar el terreno para las elecciones a realizarse a comienzos de marzo del año 2002.

No obstante el optimismo desplegado por el caudillo puntano, no pudo lograr su cometido, al intentar instalar la posibilidad de prolongar su estadía en la Casa Rosada más allá del tiempo conferido por sus colegas gobernadores y legisladores nacionales, provocando serias resistencias entre los distintos actores involucrados. Por este motivo Adolfo Rodríguez Saá se vio obligado a renunciar el 30 de diciembre, quedando como legado de su breve presidencia la declaración de la cesación de pagos de la deuda externa con los acreedores privados.

Esto suponía la reasunción en forma interina del presidente del Senado, Ramón Puerta, quien automáticamente se excusó y renunció a la presidencia provisional de dicho cuerpo, con lo que el presidente de la Cámara de Diputados, Eduardo Camaño, de la vertiente duhaldista de la provincia de Buenos Aires, se hizo cargo del Poder Ejecutivo por unos días, hasta la elección de un nuevo presidente provisional que culminara el mandato presidencial de Fernando de la Rúa.

Finalmente, la asamblea legislativa reunida el 1 de enero de 2002 eligió al senador Eduardo Duhalde como presidente de la república, con el propósito de finalizar el mandato del renunciante De la Rúa. El máximo dirigente del justicialismo bonaerense aceptó el bastón presidencial de sus pares en el Congreso, ese mismo que le negara el voto ciudadano apenas dos años antes (Abos, 2011)[10], teniendo que resolver desde cues-

---

[10] En una nota publicada en el diario *La Nación*, Álvaro Abós describe la denominada "maldición bonaerense" que comenzó con la historia moderna de la provincia de Buenos Aires, consistente en la imposibilidad de que un gobernador de la provincia de Buenos Aires llegara a ser presidente. Inauguró la "maldición" Dardo Rocha, el creador de la ciudad de La Plata, gobernador entre 1881 y 1884, postergado por Julio Roca al elegir a su cuñado Miguel Juárez Celman y otros políticos de la época. Otro político conservador de relieve fue Marcelino Ugarte quien gobernó a la provincia entre 1902 y 1906 y luego entre 1914 y 1917. También sucedió lo mismo con Manuel Fresco quien gobernó entre 1935 y 1940 a través del "fraude patriótico".
Así también sucedió con Domingo Mercante, gobernador de Bs As en tiempos de la primera y segunda presidencia de Juan Domingo Perón (1946-1955), Oscar Alende durante la presidencia de Arturo Frondizi (1958-1962), Anselmo Marini durante la presidencia de Arturo Illía (1963-1966), Antonio Cafiero gobernador de la provincia de Buenos Aires entre 1987 y 1991, quien

tiones económico-financieras hasta político-sociales muy complejas.

Como en los discursos de aquella infructuosa campaña presidencial de 1999, Duhalde atacaba al pasado reciente del cual había sido él mismo parte, una parte de suma importancia en el engranaje interno del justicialismo que apoyara en la primera y segunda elección a Carlos Saúl Menem.

El dirigente bonaerense formulaba un proyecto productivista basado en la reconstrucción de la industria nacional y la recuperación del empleo como primeras medidas, pero entendiendo la magnitud de la crisis anuncia la puesta en marcha de una serie de planes sociales focalizados en los sectores marginales. También debía dar solución a los reclamos de la clase media y media alta que tenían sus ahorros congelados en el "corralito financiero", pero sin destruir el sistema bancario; todo ello era imposible de lograr sin restaurar el poder de decisión presidencial, terminar con la anarquía, y lograr dar muestras de orden institucional, como así también restablecer un mínimo aceptable de seguridad jurídica y financiera.

En su primer discurso ante la Asamblea Legislativa expresó:

> *Esta gestión que hoy mismo comienza su tarea se propone lograr pocos objetivos básicos: primero, reconstruir la autoridad política e institucional de la Argentina; segundo, garantizar la paz en la Argentina; tercero, sentar las bases para el cambio del modelo económico y social* (Duhalde, 2002)

El nuevo presidente, con suma decisión política, debía terminar con uno de los grandes mitos de la Argentina de fin de siglo, la Convertibilidad; debió devaluar el peso, y de esta manera lograr

---

siendo el "candidato natural" del peronismo para competir por la sucesión de Raúl Alfonsín, fue derrotado en forma sorpresiva en elecciones internas por el entonces gobernador de la provincia de La Rioja Carlos Menem. Otros como José Cantilo, gobernador de la provincia de Buenos Aires entre 1992 y 1926 o Alejandro Armendáriz entre 1983 y 1987 no aspiraron a la presidencia.
En el caso de Eduardo Duhalde el representa el primer caso de un gobernador de la provincia que accede a la primera magistratura, aunque su llegada a la presidencia se produce como resultado de la elección por parte de una asamblea legislativa producto de la crisis institucional del 2001 y no por elección de la ciudadanía.

poner fin a la visión económica neoliberal que sirvió de paradigma al país durante poco más de una década[11].

Con el propósito de enfrentar la emergencia, Eduardo Duhalde organizó un gabinete de crisis donde, además de referentes notables del peronismo, participarían dos dirigentes de extracción radical, uno de destacada actuación en el FREPASO y otro de ellos de origen político independiente, vinculado más bien a los sectores empresariales del ámbito industrial. Asimismo, Eduardo Duhalde contó con el apoyo de políticos bonaerenses que hacía más de veinte años militaban en su línea interna, como eran Graciela Giannettassio y José Pampuro.

Ciertamente, su experiencia al frente del ejecutivo bonaerense representó una clara ventaja comparativa a la hora de enfrentar los desafíos tanto de carácter coyuntural como estructural, intentar elaborar soluciones a los mismos, y enfrentar las diferentes formas de presión social que se harían sentir a lo largo de su presidencia.

De todas maneras ello no evitó la necesidad de llevar a cabo cambios en la gestión como así también en la composición del gabinete ministerial: como puede advertirse en el cuadro que presentamos a continuación, el alto grado de rotación de los funcionarios durante el período enero 2002-mayo 2003 constituye la manifestación más elocuente de la dimensión de la crisis.

---

[11] Si bien el esquema de cambio fijo que representaba la convertibilidad constituiría una "concesión heterodoxa" dentro de los parámetros de la ortodoxia liberal predominante.

Por cierto que existieron antecedentes, relativamente cercanos en el tiempo a la experiencia de la convertibilidad, de intentos de establecer mecanismos de anclaje cambiario destinados a utilizar el tipo de cambio como variable para el control de la evolución de los precios internos: tales han sido la "tablita cambiaria" de José Alfredo Martínez de Hoz durante el gobierno de Jorge Rafael Videla (1976-1981) en tiempos de la dictadura militar, y el "desagio" como estrategia de desindexación en el marco del Plan Austral elaborado durante la gestión de Juan Vital Sourrouille al frente del ministerio de Economía en la presidencia de Raúl Alfonsín (1983-1989), aunque esta ultima estrategia se inscribió en el intento de llevar a cabo un "ajuste heterodoxo".

Cuadro I
Funcionarios integrantes del Gabinete nacional presidencia Eduardo Duhalde

Ministerio	Titulares
Jefatura de Gabinete	Jorge Capitanich (PJ) Alfredo Atanasof (PJ)
Ministerio del Interior	Rodolfo Gabrielli (PJ) Jorge Matzkin (PJ)
Ministerio de Relaciones Exteriores, Comercio Internacional y Culto	Carlos Ruckauf (PJ)
Ministerio de Defensa	José Horacio Jaunarena (UCR)
Ministerio de Salud	Ginés González García (PJ)
Ministerio de Economía y Producción	Jorge Remes Lenicov (PJ) Roberto Lavagna (PJ)
Ministerio de Justicia, Seguridad y Derechos Humanos	Jorge Vanossi (UCR) Juan José Álvarez (PJ)
Ministerio de Trabajo, Empleo y Seguridad Social	Alfredo Atanasof (PJ) Graciela Camaño (PJ)
Ministerio de Educación, Ciencia y Tecnología	Graciela Giannettasio (PJ)
Ministerio de Producción	José Ignacio de Mendiguren
Secretario General de la Presidencia	Aníbal Fernández (PJ)
Secretario de Seguridad	Juan José Álvarez (PJ)
Secretario de Inteligencia	Carlos Soria (PJ) Miguel Ángel Toma (PJ)

Fuente: elaboración propia.

Entre las medidas del "gobierno de transición" del Dr. Duhalde se destacaron la devaluación de la moneda, que dio fin a la ley de Convertibilidad, la pesificación forzada de los depósitos bancarios en moneda extranjera, y una gran distribución de planes sociales para atenuar los efectos de una economía en recesión que llevaba varios años y había incrementado la pobreza e indigencia hasta índices nunca antes vistos en la Argentina. Su plan económico denominado productivista, profundizado posteriormente a partir del año, permitió la recuperación de la economía Argentina a partir del tercer trimestre del año 2002 tras cuatro años de recesión.

El 6 de enero de 2002, el gobierno de Duhalde promulga la ley de Emergencia Pública y Reforma del Régimen Cambiario que deroga la convertibilidad y pesifica los créditos otorgados por el sistema financiero. Con fecha 9 de enero de 2002, el gobierno publica el decreto 71/2002 que establece el nuevo tipo de cambio oficial en 1,40 pesos por dólar estadounidense. Asimismo, el citado decreto reglamenta la pesificación de las deudas de las personas físicas y jurídicas de acuerdo al esquema de cambio de UN PESO ($ 1) = UN DOLAR ESTADOUNIDENSE (U$S 1) y manteniendo las demás condiciones originariamente pactadas.

Cabe señalar que la nueva Ley desindexaba (congelaba) y además pesificaba las tarifas de los servicios públicos; permitía al gobierno nacional a poner precios máximos para productos esenciales para la vida humana y económica, como medicinas, combustibles y precios internos para alimentos; aprobaba que los gobiernos provinciales emitieron nuevos bonos; y prohibía terminantemente los despidos por tres meses. Esta Ley benefició en forma sideral a las grandes empresas, entre ellas a los multimedios de comunicación social, como también a diferentes sectores industriales: la pesificación asimétrica representó para ellos un verdadero salvataje financiero.

El mismo día 9 de enero, el gobierno nacional reglamenta el citado decreto mediante la resolución 6/2002 del ministerio de Economía, que establecía la reprogramación de los depósitos en Cajas de Ahorros, Cuentas Corrientes y en Plazos Fijos de acuerdo a un cronograma en función de los montos depositados.

Posteriormente, con fecha 6 de febrero del mismo año, el gobierno promulga el decreto número 214/2002 llamado de "Reordenamiento del Sistema Financiero" que dispuso:

1. A partir de la fecha del presente Decreto quedan transformadas a pesos todas las obligaciones de dar sumas de dinero, de cualquier causa u origen -judiciales o extrajudiciales - expresadas en dólares estadounidenses, u otras monedas extranjeras, existentes a la sanción de la Ley N° 25.561 y que no se encontrasen ya convertidas a pesos.
2. Todos los depósitos en dólares estadounidenses u otras monedas extranjeras existentes en el sistema financiero, serán con-

> vertidos a pesos a razón de pesos uno con cuarenta centavos ($ 1,40) por cada dólar estadounidense, o su equivalente en otra moneda extranjera. La entidad financiera cumplirá con su obligación devolviendo pesos a la relación indicada.
>
> 3. Todas las deudas en dólares estadounidenses u otras monedas extranjeras con el sistema financiero, cualquiera fuere su monto o naturaleza, serán convertidas a pesos a razón de un peso por cada dólar estadounidense o su equivalente en otra moneda extranjera. El deudor cumplirá con su obligación devolviendo pesos a la relación indicada.

De este manera se estableció la llamada "pesificación asimétrica" en la cual las deudas con el sistema financiero fueron pesificadas a razón de un peso por dólar, pero los depósitos en moneda extranjera fueron reconocidos por las entidades financieras a razón de $ 1,40 = U$S 1, 00. La diferencia fue reconocida por el gobierno nacional con un bono que se le entregó a los bancos para compensar dicha "asimetría". Posteriores modificaciones permitieron una conversión de deudas en moneda extranjera más amplia, generando una importante licuación de pasivos de empresas, financiadas por el gobierno nacional.

En cuanto al impacto de las medidas sobre el mundo laboral, los sectores obreros sindicalizados inicialmente pagaron duramente el precio de la devaluación, teniendo como consecuencia la depreciación salarial y un abrumador desfase entre salario nominal y real. Sin dudas el paso del primer ministro de economía Jorge Remes Lenicov resultó absolutamente traumático para todos los trabajadores[12].

Para evitar mayor desempleo y con el propósito de morigerar los despidos de personal, se implantó la denominada norma del "2 X 1" a través de la cual, si un empleador despedía a un trabajador debía pagar por cada año de trabajo el doble de indemnización, con lo cual se hacía muy oneroso despedir personal. Asimismo, el gobierno de Eduardo Duhalde financió un programa mixto de ticket canasta y sumas no remunerativas, que sirvieron para paliar la falta de aumentos considerables en prácticamente todas las ramas industriales.

---

[12] El citado funcionario fue reemplazado por Roberto Lavagna en el gabinete nacional y designado como embajador ante la Unión Europea.

Su gestión de gobierno era considerada por los periodistas y analistas políticos como proteccionista y regulatoria. Sin embargo, el más grave problema a enfrentar era el desequilibrio fiscal, debido a que todas las empresas de servicios públicos, y de explotación petrolera, estaban en manos privadas, lo que dificultaba al sector público contar con una fuente de extracción de ingresos fiscales como aquella de la cual disponían países como Brasil, México y Venezuela, aún habiéndose llevado a cabo en estos países programas de ajuste y reforma estructural.

Esa huella inexorable de los años noventa, de la que fue protagonista central, comenzaba a cobrarle su factura histórica, aunque igualmente el caudillo bonaerense siempre rechazará ese pasado, y criticará lo sucedido en la década de 1990[13].

El *corralito* finalizó oficialmente el 2 de diciembre de 2002, cuando el ministro de Economía Roberto Lavagna anunció la liberación de los depósitos retenidos por alrededor de 21.000 millones de pesos. La medida fue acompañada por controles cambiarios, por los cuales no se permitió a ninguna persona o empresa adquirir más de 100.000 dólares.

Merece ser destacado que la apelación a las medidas de excepción ha sido un instrumento recurrente durante la "transición dentro del régimen" (Pasquino, 2002). En efecto, durante los dieciséis meses de la presidencia de Eduardo Duhalde fueron dictados 152 decretos de necesidad y urgencia, 107 de ellos durante el año 2002 y 45 durante el año 2003 (Serrafero, 2005), representando un promedio de 9,5 decretos por mes y proyectando anualmente 114 decretos.

No obstante los esfuerzos en materia de estabilización económica e institucional en el marco de la emergencia pública, la crisis social no dejó de tener su manifestación a través de los sucesos de Avellaneda, con serias consecuencias desde el punto de vista político[14].

---

[13] Recurso al que apelará su sucesor Néstor Kirchner, tal como veremos en capítulo siguiente.

[14] Se denominó Masacre de Avellaneda al suceso que tuvo lugar el 26 de junio de 2002 en las inmediaciones de la estación ferroviaria de la ciudad de Avellaneda, en la zona sur del conurbano de la provincia de Buenos Aires. En la persecución fueron asesinados los jóvenes activistas Maximiliano Kosteki y Darío Santillán pertenecientes al Movimiento de Trabajadores Desocupados (MTD) Aníbal Verón

El 26 de junio de 2002, las principales organizaciones de desocupados del país se plantearon desarrollar una jornada de protesta para conseguir un aumento general del salario, y una duplicación de 150 a 300 pesos en el monto de los subsidios para los desocupados, alimentos para los comedores populares, mejoras en salud y educación y el desprocesamiento de los luchadores sociales en solidaridad con la fábrica ceramista Zanón ante el peligro de ser desalojada. Los movimientos piqueteros habían programado como forma de expresión de protesta cortar los principales puentes de acceso a la Ciudad de Buenos Aires.

El reclamo piquetero que cortó varios accesos a la Ciudad de Buenos Aires fue severamente reprimido con balas de goma y plomo por un operativo conjunto entre la Policía Federal, la Policía Bonaerense, la Gendarmería y la Prefectura. Además de los piqueteros asesinados Maximiliano Kosteki y Darío Santillán, hubo 34 personas con heridas con balas de plomo que pudieron ser debidamente comprobadas[15].

Tras los hechos acontecidos en la ciudad de Avellaneda, y en el marco de una amplia reorganización de su gabinete ante la gravedad de la situación institucional, el presidente Duhalde, habiendo sido designado para completar el mandato de Fernando de la Rúa, decidió adelantar la realización de las elecciones presidenciales para el domingo 27 de Abril del 2003 y el traspaso de mando para el 25 de mayo del mismo año, además de renunciar a toda pretensión de participar en el proceso electoral como candidato a presidente (Leiras, 2008).

Ante dicha situación, el desafío principal pasaba a ser culminar el último tramo de la "transición" en forma exitosa y garantizar, "adecuación" de la ingeniería electoral mediante, el triunfo de un candidato afín a la gestión de esta transición. En el próximo punto desarrollaremos el juego desplegado por Eduardo Duhalde para el logro de ambos cometidos.

4. El juego de ajedrez

Pese a que el bastión electoral del Dr. Duhalde, la provincia de Buenos Aires, concentra casi la mitad de los electores del país, para las elecciones

---

[15] El 17 de mayo de 2005 comenzó el juicio en el Tribunal Oral N° 7 de Lomas de Zamora, donde siete policías, entre ellos el comisario inspector Alfredo Fanchiotti y el cabo Alejandro Acosta, fueron condenados a cadena perpetua.

presidenciales Eduardo Duhalde tropezó con grandes dificultades para poder encontrar un candidato dentro y fuera de su propia línea interna en condiciones de enfrentar al ex presidente Carlos Menem.

Así es que, en una primera instancia, se iniciaron diferentes gestiones con Carlos Alberto Reutemann, entonces gobernador de la provincia de Santa Fe, con vistas a su posible designación como candidato a presidente por el justicialismo para los comicios del año 2003. Luego de sucesivas idas y vueltas en torno de su posible candidatura presidencial, Carlos Reutemann decide no aceptar competir en las elecciones convocadas para ese año; entre los motivos esgrimidos para fundamentar su declinación, Reutemann sostenía haber percibido

> Algunas señales que dejan incógnitas sobre si serán internas limpias, claras, transparentes, con las reglas bien claras, en cuanto a ética…

En otro momento de la declaración del entonces gobernador de la provincia de Santa Fe aparece el verdadero motivo de su renuncia: el temor a quedar prisionero de la lucha abierta desatada entre Carlos Menem y Eduardo Duhalde:

> No pensemos en cosas raras, extrañas, pero sé que hay un eterno pleito, como que no se hubiese terminado, entre (el ex presidente, Carlos) Menem y (el actual mandatario, Eduardo) Duhalde

Tras la negativa de Carlos Reutemann, Duhalde impulsa la precandidatura del entonces gobernador de la provincia de Córdoba José Manuel De La Sota pero la misma no prosperó desde el inicio: el escaso apoyo evidenciado en diferentes encuestas de opinión por De La Sota como así también el escaso entusiasmo que despertó su candidatura entre los actores políticos más relevantes constituyeron los factores principales del fracaso en la instalación política del hombre fuerte de "la docta".

Tras las fallidas operaciones de instalación de las candidaturas presidenciales de Carlos Reutemann y José Manuel de la Sota, Eduardo Duhalde termina dando su apoyo al entonces gobernador de la provincia de Santa Cruz Néstor Kirchner, como candidato a presidente, para enfrentar a Carlos Menem y Adolfo Rodríguez Saá en una "interna abierta" del Justicialismo en la propia elección presidencial.

El 24 de enero de 2003, y con el argumento de que los tres aspirantes presentaban programas contrapuestos, el congreso del partido justicialista toma una decisión inédita: suspender la elección interna "por única vez" y permitir a todos los precandidatos el uso de los símbolos partidarios comunes para presentarse a la elección general. En la práctica, esto significaba que iban a enfrentarse como si perteneciesen a partidos distintos.

Kirchner arrancó su campaña en una posición desfavorable. Las encuestas de intención de voto lo ubicaban por detrás de los otros candidatos justicialistas y de Ricardo López Murphy -ex ministro de Fernando de la Rúa y candidato de un conjunto de fuerzas de centroderecha. Sin embargo, la popularidad de Kirchner comenzó a crecer impulsando un programa de perfil "socialdemócrata" con el que buscaba diferenciarse de las políticas aplicadas durante los gobiernos de Menem y De la Rúa, poniendo acento en priorizar la producción, la justicia, la educación, el trabajo, la equidad y la salud -sintetizado de algún modo en sus eslogans de campaña: "Un país en serio" y "Primero Argentina". No fue desdeñable tampoco el aporte que significaron tanto su compromiso de mantener al ministro de economía de Duhalde, Roberto Lavagna, con una imagen positiva en la sociedad por su gestión anticrisis, como la participación de su esposa, Cristina Fernández, diputada y senadora por la provincia de Santa Cruz desde 1995.

Todo ello contribuyó sin duda al ingreso de Kirchner a la segunda vuelta. En las elecciones del 27 de abril de 2003, el Frente para la Victoria de Néstor Kirchner obtuvo un 21,99 % de los votos, resultando superado por la Alianza Frente por la Lealtad -UCD de Carlos Menem, que obtuvo el 24,30 % permitiéndole este resultado la posibilidad disputar el ballotage que debía llevarse a cabo el domingo 18 de mayo.

Finalizada la primera ronda electoral, Néstor Kirchner visitó a los presidentes de Brasil, Luís Ignacio *Lula* da Silva, y de Chile, Ricardo Lagos Escobar, ante quienes ratificó sus intenciones de fortalecer el MERCOSUR y declaró que mantenía con orgullo las convicciones políticas que había sostenido en el pasado.

La segunda vuelta, como sostuvimos precedentemente, debía llevarse a cabo el 18 de mayo de 2003. Los sondeos previos indicaban entre un 60 y 70% de intención de voto para el gobernador de Santa Cruz. Ello significaba no tanto apoyo explícito a los méritos propios de Kirchner, como rechazo a la posibilidad de que Menem presidiera nuevamente el país. Sin embargo, el ballotage no tendría lugar: el

Cuadro II
Elecciones presidenciales Argentina
27 de abril de 2003

CANDIDATO y PARTIDO	VOTOS	PORCENTAJE
Carlos Menem Frente por la Lealtad	4.677.213	24,34
Néstor Kirchner Frente para la Victoria	4.227.141	21,99
Ricardo López Murphy Movimiento Federal Recrear	3.142.848	16,35
Elisa Carrio Alternativa por una Republica de Iguales	2.720.143	14,15
Adolfo Rodríguez Saa Frente Nacional y Popular	2.714.760	14,12
Otros candidatos	1.531.527	7,97
Votos blancos e impugnados	214.294	1,08

Fuente: Universidad de Georgetown. Political Database of America (PDBA)

14 de mayo el ex presidente Menem, después de una larga cadena de rumores y desmentidos, anunció su decisión de renunciar a su candidatura, lo que automáticamente convirtió a Kirchner en presidente electo. Muchos analistas señalan que la maniobra de Menem tuvo como propósito evitar una derrota estentórea, y al mismo tiempo condicionar a Kirchner, que accedió a la presidencia con el nivel más bajo de votos jamás registrado en la historia Argentina (Leiras, 2010).

En uno de sus últimos actos de gobierno, Duhalde firmó por decreto el indulto de veinticinco presos por atentar contra el régimen democrático entre 1989 y 1990, como los polémicos Enrique Gorriarán Merlo, el ex guerrillero del Ejército Revolucionario del Pueblo-ERP y del Movimiento Todos por la Patria-MTP, el ex coronel carapintada Mohamed Alí Seineldín y otros veintitrés ex guerrilleros del MTP y carapintadas[16]. Tales indultos fueron duramente criticados por el arco

---

[16] Enrique Gorriarán Merlo como comandante del ERP había dirigido diversos ataques contra cuarteles militares y comisarías durante el primer lustro de la década del 70, luego del golpe de estado de 1976, se marchó a Nicaragua a luchar a favor de los sandinistas, altamente peligroso, fue nombrado coman-

opositor al gobierno peronista, las organizaciones de Derechos Humanos e importantes personalidades que pidieron por la libertad del ex guerrillero Gorriarán Merlo pero, no querían que Seineldín recuperara la libertad. Uno de los más críticos a esta medida fue Néstor Kirchner, faltando horas tan sólo para recibir la banda presidencial.

Las diferencias ideológicas entre Kirchner y Duhalde se fueron manifestando en los meses venideros a la asunción de Néstor Kirchner. En un primer momento, el caudillo bonaerense expresó que se retiraría definitivamente de la vida política, sin embargo, continuó activo en su bastión de la provincia de Buenos Aires, lo que generó importantes críticas del kirchnerismo peronista, donde había elementos que habían pertenecido a la tendencia de izquierda peronista de los años ´70, que él tanto había combatido. Del pensamiento conservador dentro del peronismo, recibe un profundo rechazo y una enorme decepción por su elección de apoyar a alguien como Néstor Kirchner para la presidencia, pero eso también le dará la fuerza de intentar erigirse como uno de sus más enconados rivales, y arquitecto de la construcción de

---

dante de una célula terrorista que cometió el magnicidio del ex presidente de Nicaragua Anastasio Somoza Debayle en Asunción, Paraguay, el 17 de septiembre de 1980. Luego de unos años regresará a la Argentina en plena democracia y fundará el Movimiento Todos por la Patria (MTP), con el cual en febrero de 1989 intenta copar el Regimiento de La Tablada, siendo rechazados y derrotados los elementos enviados por el, por tropas de las FFAA y de un cerco por parte de la policía y de fuerzas de seguridad, este ataque supuestamente fue dirigido a distancia por Gorriarán, hecho por el cual no cayó prisionero en ese momento. Luego se exilió a México, donde fue detenido y extraditado en 1995 a la Argentina, donde se le siguió un juicio por los hechos de La Tablada, y condenado a prisión perpetua en 1996, durante el gobierno de Menem, tan solo siete años después sería indultado por Eduardo Duhalde.

Mohamed Alí Seineldín, ex coronel del ejército argentino, oficial de infantería, paracaidista y comando, durante el gobierno peronista de María Estela Martínez de Perón, luchó contra el ERP en Tucumán, luego durante los años del régimen autoritario (1976 - 1983) tuvo a su cargo el Regimiento de Infantería N° 25 durante la Guerra de Malvinas y más tarde durante 1984 y hasta 1986 fue agregado militar en la República de Panamá. Durante el gobierno de Raúl Alfonsín tuvo participación en el fracasado alzamiento carapintada de Villa Martelli en 1988, y durante la administración Menem, en 1990, se le dio cadena perpetua por el delito de sedición militar y atentar contra la democracia. También indultado por Eduardo Duhalde el último día de su mandato presidencial, el 25 de mayo de 2003.

una confluencia de fuerzas de "centroderecha" del movimiento peronista para luchar contra el líder patagónico años después.

5. Conclusiones. Una mirada retrospectiva de la Administración Duhalde

Hemos abordado a lo largo del presente capítulo el breve aunque tumultuoso mandato presidencial de Eduardo Duhalde, quien debió timonear una de las peores crisis de la historia argentina, ya que dicha crisis no fue solamente de índole económico - social, sino también de legitimidad, dado que estuvo caracterizada por un fuerte descreimiento de la ciudadanía hacia el régimen democrático representativo, y por niveles inusitados (o no tanto) de violencia.

Asimismo hemos tratado los hechos más relevantes de la vida pública de Eduardo Alberto Duhalde, quien influyó fuertemente en la elección de dos de los presidentes más polémicos de nuestro país. Justamente por eso no se puede obviar su pasado, porque fue de alguna manera uno de los constructores de nuestro presente histórico.

Finalmente, hemos abordado el juego táctico que impuso Duhalde con el objetivo de frenar la interna justicialista, cercenar las posibilidades de Carlos Menem en la elección presidencial de 2003 y apoyar a Néstor Kirchner presentándolo a la sociedad como su candidato, hecho que significó poner a disposición del mismo la estructura territorial del partido justicialista para lograr este propósito.

Eduardo Duhalde, quien llegó a la presidencia de la República en uno de los momentos más dramáticos de nuestro país, tuvo que superar no solo una grave crisis económica y social, sino también un descreimiento generalizado hacia el sistema representativo y federal, al punto de primar más lo local que lo nacional, con un pueblo movilizado y una sociedad en estado pre-anárquico. Duhalde logró pilotear la difícil transición, luego de duros enfrentamientos tanto a nivel económico con el FMI y los sectores del empresariado transnacional, como en la calle con aquellos que creían que la descomposición social bastaría para poder materializar "utópicos intentos revolucionarios".

El líder bonaerense no sólo pudo timonear la dura situación, sino que además consiguió evitar que su otrora compañero de ruta de los años ´90, Carlos Menem, volviera a la presidencia, pudiendo elegir además a su sucesor en un intrincado juego de ajedrez que le sería contraproducente a futuro.

La etapa de "transición en la democracia" que representó la experiencia de Eduardo Duhalde, en medio de las dificultades y límites desarrollados a lo largo del presente capítulo, constituyó no obstante para algunos un paradigmático caso de crisis con salvataje (Bosoer, 2003).

Entendemos por salvataje, siguiendo al autor español Juan Linz, las operaciones de auxilio de un sistema democrático presidencialista o parlamentario destinadas a evitar su erosión y/o derrumbe. Estos mecanismos eran por lo general alguna forma de democracia limitada, gobiernos de "unidad nacional" y/o la intervención de alguna figura prestigiosa o carismática, capaz de usar la crisis en aras y en favor de una refundación institucional (Kvaternik, 1994; Linz, 1997).

Esta crisis pondría a prueba de manera exitosa dentro del marco institucional vigente, las capacidades y recursos institucionales existentes, las actitudes y comportamientos de los actores decisivos y más ampliamente, la cultura y las prácticas de la democracia, en términos de aprendizaje colectivo para resolver la cuestión de la gobernabilidad democrática en términos concretos y existenciales.

No obstante, cabe preguntarse lo siguiente

> *¿Eduardo Duhalde se equivocó al respaldar con su prestigio bonaerense a los dos líderes más polémicos de la redemocratización argentina? ¿Podría decirse que su liderazgo entre las sombras del poder fue lo que lo postergó, evitando que su figura se acrecentara, y no tomara la real dimensión que tuvo en la realidad?*

El liderazgo presidencial de Eduardo Duhalde forma parte de un momento histórico y paradójico de la Argentina porque, teniendo la experiencia ejecutiva y habiendo demostrado poseer la fortaleza necesaria en las circunstancias de excepción que le tocaron vivir, sólo pudo ser finalmente un gobernante de la transición, un "piloto de tormentas" en la emergencia (Quiroga 2005, 2010); por ello es que, en este caso particular, se podría repetir taxativamente aquella frase que dice: **"amarga es la gloria"**.

Sus sucesores, Néstor y Cristina Kirchner, tendrían la histórica oportunidad de clausurar el ciclo de emergencia iniciado a partir de 1989.

En el siguiente capítulo abordaremos el proceso de la Argentina más reciente entre el 25 de mayo del 2003 y el 10 de diciembre del 2008.

6. Bibliografía.

Abos, Álvaro, "Scioli y la maldición bonaerense", *Diario La Nación*, Buenos Aires, 8 de febrero de 2011.

Arias, María Fernanda, *Carisma y poder. El ascenso de Carlos Saúl Menem a la presidencia de la Argentina (1983-1989)*, Editorial Temas, Buenos Aires, 2002.

Baldioli Alberto, "La Esencia Política de los Decretos de Necesidad y Urgencia en la Democracia Argentina" en *Revista de Ciencia Política Online*, N°11, Buenos Aires (2010). Disponible en: http://www.rev-cienciapolitica.com.ar/num11art3.php

Baldioli, Alberto y Leiras Santiago, "Democracia, estado de excepción y decisionismo político: consideraciones y conceptos" en Santiago Leiras (Comp.). *Estado de excepción y democracia en América Latina. Argentina, Brasil, Perú y Venezuela en perspectiva comparada*, Homo Sapiens Ediciones, Rosario, Santa Fe, Argentina, 2010.

Bosoer, Fabián, "1999-2003: Elementos para repensar el MERCOSUR desde una nueva matriz de análisis de las democracias latinoamericanas y a la luz de los cambios en el sistema internacional", *Revista Debates Latinoamericanos*, Año 1. Número 1 (Centro Latinoamericano de Estudios Avanzados-CLEA. Red Latinoamericana de Cooperación Universitaria-RLCU), Buenos Aires (2003), disponible en www.rlcu.org.ar/revista.

Buhler Ottmar, *La Constitución de Weimar. (Texto de la constitución alemana de 11 de agosto de 1919)*, Tecnos, Madrid, 2010.

Duhalde, Eduardo "Para enfrentar la anarquía", *Diario La Nación Online*, Buenos Aires, 2 de Octubre de 2001, disponible en http://www.lanacion.com.ar/nota.asp?nota_id=339743.

Duhalde Eduardo, *Mensaje de asunción ante la asamblea legislativa*, Buenos Aires, 1 de enero de 2002, disponible en http://www.presidenciaduhalde.com.ar/system/objetos.php?id_prod=158&id_cat=36

Duhalde, Eduardo, *Memorias del Incendio. Los primeros 120 días de mi presidencia*. Editorial Sudamericana. Buenos Aires, 2007.

Freund Julien, *La esencia de lo político*, Editora Nacional, Madrid, 1968.

Kvaternik, Eugenio, *Crisis sin salvataje: la crisis político-militar de 1962-*

1963, Instituto de Estudios Sociales, Universidad del Salvador, Buenos Aires, 1994.

Leiras, Santiago, "Gobernabilidad y crisis de liderazgo: los difíciles años del gobierno de Fernando de la Rúa" en Néstor Legnani y otros autores, *La democracia y sus laberintos*, Editorial Tierra Firme, Buenos Aires, 2003.

Leiras, Santiago, "De Carlos Menem a Néstor Kirchner: cambios y continuidades en la democracia Argentina", en *Revista Análisis Político*, Número 13 (Universidad Nuestra Señora de La Paz-Bolivia), La Paz (2008), páginas 87-113.

Leiras Santiago: "De Néstor a Cristina Kirchner: entre la continuidad y el cambio". Presentado en IX Congreso Nacional y II Internacional sobre Democracia *Los senderos de la democracia en América Latina: Estado, sociedad civil y cambio político*, Facultad de Ciencia Política y Relaciones Internacionales. Universidad Nacional de Rosario, Rosario, 18 al 21 de Octubre de 2010.

Linz, Juan J, *La quiebra de las democracias*, Editorial Alianza, Madrid, 1997.

Pasquino, Gianfranco, "La experiencia italiana: dos transiciones (1943-1948, 1989-2001)", *Revista Posdata*, Número 8 (Grupo Interuniversitario Posdata), Buenos Aires (2002), páginas 197-214.

Quiroga, Hugo, *La Argentina en emergencia permanente*, Editorial Edhassa, Buenos Aires, 2005.

Quiroga, Hugo, *La República desolada. Los cambios políticos de la Argentina (2001-2009)*, Editorial Edhassa, Buenos Aires, 2010.

Schmitt Carl, *Catolicismo romano y forma política*, Tecnos. Madrid, 2010.

Serrafero, Mario, *Reelección y sucesión presidencial. Poder y continuidad. Argentina, América Latina y los Estados Unidos*, Editorial Belgrano, Buenos Aires, 1997.

Serrafero, Mario, "La reelección presidencial en América Latina", en Juan Carlos Agulla (Comp.), Ciencias Sociales: presencias y continuidades, Instituto de Derecho Público, Ciencia Política y Sociología, Academia Nacional de Ciencias de Buenos Aires, Buenos Aires, 1999.

Serrafero, Mario, "Argentina: rebelión en el granero del mundo", Revista de Occidente, Número 251 (Fundación Ortega y Gasset), Madrid (2002), páginas 19-51.

Serrafero, Mario, Exceptocracia. ¿Confín de la democracia? Intervención federal, estado de sitio y decretos de necesidad y urgencia, Ediciones Lumiere, Buenos Aires, 2005.

Universidad de Georgetown. PoliticalDatabase of America (PDBA).

Capítulo VI
De Néstor C. Kirchner a Cristina Fernández de Kirchner: ¿Un cambio ideológico dentro de la continuidad?

Alberto Amadeo Baldioli y *Santiago C. Leiras***

1. Introducción.

En aquellos desoladores días de diciembre del año 2001, cuando nuevamente el país vivía el fenómeno de un estado de naturaleza económico, social y político, Néstor Kirchner, por entonces gobernador de la provincia de Santa Cruz, fue presentado en sociedad y para todo el país desde el programa televisivo Hora Clave conducido por el Dr. Mariano Grondona, esbozando en el mismo su diagnóstico, y al mismo tiempo haciendo conocer su compromiso para hacer lo mejor por la República Argentina.

El gobernador santacruceño no era un político nuevo, sino un dirigente del justicialismo que había logrado a través de un plebiscito popular vinculante reformar por segunda vez la constitución provincial y de esa forma llegar a la posibilidad de la reelección indefinida, en el mismo lapso histórico en que Carlos Saúl Menem no pudo hacer aprobar su segunda reelección.

* UBA
** UBA/UB

Tanto Néstor Kirchner como su esposa, la legisladora nacional Cristina Fernández de Kirchner, eran parte de una dirigencia que había comenzado a militar a principios de la década de los años ´70 en la Juventud Universitaria Peronista (JUP): aunque jamás estuvieron implicados en la actividad insurreccional de la época, sí formaron parte de los cuadros políticos de aquella tendencia política dentro del peronismo.

El quiebre institucional de fines del año 2001 hizo posible el ascenso de actores políticos que hasta ese momento tenían una participación secundaria en el espectro político nacional: ése fue el caso de Adolfo Rodríguez Saá, quien pudo ser presidente de la Nación por el lapso de una semana, aunque luego fue sucedido por Eduardo Duhalde, quien logró llegar a ese sitio, ratificado por el Congreso Nacional, luego de haber perdido dos años antes la posibilidad de llegar a la primera magistratura, producto de su derrota en las elecciones presidenciales de 1999.

En el año 2003, y luego de una presidencia muy turbulenta, el mismo Duhalde apoyó la candidatura de Néstor Kirchner para luchar por la presidencia frente a Carlos Menem, y evitar así que el caudillo riojano lograra volver al poder, objetivo logrado luego del polémico abandono de Menem como consecuencia de su negativa a participar en la segunda vuelta electoral, aun cuando ambos candidatos obtuvieran sendas minorías electorales en las elecciones del mes de abril[1].

Es propósito del presente trabajo analizar los cambios que acontecieron durante las experiencias de Néstor Kirchner y Cristina Fernández de Kirchner en el poder, como así también las continuidades en relación a la década de 1990. Para ello se estudiará la presidencia de Néstor Kirchner (2003-2007), como así también el primer año de la gestión de Cristina Fernández (diciembre de 2007/diciembre de 2008).

De acuerdo a lo anteriormente expuesto, se formula el siguiente interrogante:

---

[1] Carlos Saúl Menem obtuvo el 24,34 % de los votos y Néstor Carlos Kirchner solo el 21,99 %. Ver el juego de ajedrez en capitulo anterior.

¿Hubo realmente un cambio trascendental frente a las políticas de la década del '90, o existe una continuidad de cierto estilo decisionista de la citada década en los gobiernos de Néstor y Cristina Kirchner?

En primer lugar, serán tratados los hechos más relevantes de la vida pública de Néstor Kirchner y Cristina Fernández, sus perfiles, su participación durante la década de 1990, y el proceso de reforma constitucional que hizo posible la introducción de la cláusula de la reelección indefinida.

Luego abordaremos la presidencia de Néstor Kirchner y sus cambios y continuidades en relación a la gestión de Carlos Menem, partiendo del supuesto de que el relevo gubernamental producido en mayo de 2003 no implicó una sustantiva reformulación de los presupuestos ideológicos, jurídico-políticos y organizacionales contenidos en la matriz ideológica presente a lo largo de la década de 1990, sino más bien una ratificación de dichos contenidos programáticos, los cuales se han mantenido a grandes rasgos vigentes (Leiras, 2008).

Finalmente, nos abocaremos a la presidencia de Cristina Fernández de Kirchner, con particular énfasis en las promesas relacionadas con la instauración de un nuevo tiempo político que diera lugar al diálogo y la mejoría de la calidad institucional de la democracia argentina y con la inauguración de una presidencia que establecería un cambio en relación a la de su antecesor Néstor Kirchner.

2. La vida pública de Néstor Carlos Kirchner y Cristina Fernández de Kirchner.

2.1 Perfiles.

Néstor y Cristina Kirchner se conocieron en la Facultad de Ciencias Sociales y Jurídicas de la Universidad Nacional de La Plata, provincia de Buenos Aires, cuando el líder patagónico cursaba el tercer año de la carrera de abogacía, y Cristina comenzaba el primer año de la misma. Ambos militaban en la Juventud Universitaria Peronista (JUP), con tendencia de izquierda dentro del peronismo, y al cabo de medio año contraen matrimonio, transformándose el mismo en una sociedad conyugal y política que durará el resto de sus vidas.

En el año 1976, luego del derrocamiento de la presidente María Estela Martínez de Perón, la joven pareja[2], con Néstor Kirchner recién recibido de Abogado, se marchará a la provincia de Santa Cruz, de donde el era oriundo, asentándose en la ciudad de Río Gallegos y alejándose momentáneamente de la política debido a la feroz represión del denominado "Proceso de Reorganización Nacional".

Durante el septenio dictatorial, no existe constancia sobre la actuación de la pareja en actividades relacionadas con la defensa de los derechos humanos, ni de ninguna resistencia al "proceso". Néstor y Cristina Kirchner se dedicaron a la actividad privada en el estudio jurídico que poseían en la ciudad de Río Gallegos, como así también a actividades comerciales y del rubro inmobiliario (Ortiz de Zárate, 2011).

En el año 1983, con el retorno de la democracia, Néstor Kirchner será nombrado presidente de la Caja de Previsión Social de la provincia, pero en julio de 1984, luego de una disputa sobre la política de dicha entidad, es destituido por orden del gobernador peronista Arturo Puricelli. A partir de este hecho y debido a su ascendencia dentro de la sociedad santacruceña, Néstor Kirchner se convierte en el más importante referente político, dada su juventud y estilo, construyendo sólidamente las bases de su poder provincial para futuras luchas electorales.

Durante los comicios de 1987 es elegido para el cargo de intendente de Río Gallegos. Su gestión en el gobierno de la ciudad es bien considerada por el Partido Justicialista provincial, y será propuesto como candidato a gobernador por la provincia de Santa Cruz para las elecciones del año 1991. Kirchner triunfa ampliamente en esos comicios obteniendo el 61% de los votos, en tanto su esposa Cristina Fernández es elegida dipu-

---

2 Cristina Fernández de Kirchner, en ese año quedaría embarazada de su primer hijo Máximo, lo que le hizo abandonar sus estudios de derecho por un año, pero en 1977 recomenzó su carrera, y a fines de 1979 se recibió de Abogada, no obstante como siempre trabajó en el bufete de su esposo, y luego ingresó a la política, no se inscribió en ningún Colegio de Abogados, por lo que jamás obtuvo matrícula de Abogado, sin embargo la UNLP para despejar cualquier suspicacia, dio a conocer que la citada se recibió de Abogada y consta en los registros de dicha importante institución.

tada provincial, pasa a presidir la comisión de asuntos constitucionales y además es elegida vicepresidente primera de la cámara.

Cuando asumió por vez primera la gobernación de Santa Cruz, Kirchner se encontró con una situación comprometida: la provincia solo aportaba el 1% del PBI, tenía graves problemas económicos, había un importante número de desocupados y la deuda pública provincial ascendía a los 1200 millones de dólares. El gobernador implementó una serie de planes: inversión pública para activar la contratación de personal, incrementando de esa manera el empleo y el consumo. Tal plan de tipo neokeynesiano era contrario al modelo neoliberal de Carlos Menem, pudiéndose decir que la administración santacruceña estaba fuera del modelo del "Menemato".[3]

Kirchner se mostró ante la sociedad de su provincia como un líder que había equilibrado el presupuesto público, y saneado las finanzas, y que con las regalías petroleras había logrado un proceso de expansión económica y social como nunca antes había tenido la provincia en toda su historia.

Asimismo, Néstor Kirchner se identificó como peronista de "centroizquierda", uno de los miembros progresistas de su partido, ácido crítico de la burocracia sindical y del modelo neoliberal. Sin embargo, por razones de carácter instrumental desarrolla una política de convivencia con el menemismo, a pesar de haber protestado enérgicamente por los indultos de Menem a los jefes militares del Proceso y a los miembros de Montoneros en diciembre de 1990, cuando todavía no era gobernador (Ortiz de Zárate, 2011)

En 1992 es elegido secretario de acción política del Consejo Nacional del PJ y además presidente del Consejo del PJ santacruceño

---

3 Néstor Kirchner, por aquellos días no tenía un pensamiento global de la magnitud del desastre económico de la hiperinflación, no obstante creerá firmemente en planes neokeynesianos con alza progresiva de impuestos, para que el Estado invierta con un efecto multiplicador en la economía, pero no tenía una estrategia pensada para salir de la tutela del FMI, por eso en algunos temas económicos se silenciaba, y porque debía pensar en la solución del alto desempleo en su provincia.

y de la Organización Federal de Estados Productores de Hidrocarburos (OFEPHI). Luego es elegido convencional constituyente junto con su esposa, en representación de la provincia de Santa Cruz, ante la Asamblea Nacional Constituyente que reformaría la Constitución Nacional Argentina en 1994.

Al mismo tiempo, en aquellos años Cristina Fernández de Kirchner comienza su meteórico y paulatino ascenso a nivel nacional. Luego de ser ratificada como legisladora santacruceña para otro período en mayo de 1995, renuncia a dicho cargo porque en diciembre del mismo año es elegida senadora nacional en representación de su provincia, y desembarca con todas su ideas en la lejana Ciudad de Buenos Aires. Este hecho le da un gran espaldarazo a su carrera política, y en los dos años posteriores, su nombre y su ideología serán conocidos por todo el país, aun cuando dentro del bloque justicialista de la Cámara Alta tendrá que soportar cierto aislamiento y el vacío que le harán sus colegas por oponerse al modelo neoliberal y neoconservador de Carlos Menem.

Gracias a la reforma de la constitución provincial en el año 1994, Kirchner puede presentarse a las elecciones provinciales de 1995 y ganarlas ampliamente con un 66,5% de los votos. A partir de ese momento comienzo poco a poco a tomar distancia del presidente Menem, y funda su propia línea interna denominada "Corriente Peronista". No obstante, es recién hacia finales de la presidencia de Menem, ante la certeza de que el caudillo riojano no podrá lograr conseguir su segunda reelección, cuando comienza a criticarlo de manera más abierta.

A pesar de todo lo señalado, la gestión de Néstor Kirchner despertó críticas en su provincia, debido a que para la oposición política, su estilo político, con características personalistas, autoritarias y clientelares, no era diferente al de otros gobernadores provinciales. El despliegue de ese estilo tuvo su expresión, además, en el sometimiento de los medios de comunicación locales y el nombramiento para los juzgados locales y el tribunal supremo de la provincia de Santa Cruz de personas de su más íntima confianza política. Una composición favorable de la corte de justicia provincial sería importante a la hora de reformar la constitución en 1998 (Ortiz de Zarate, 2011), como veremos a continuación.

2.2 Santa Cruz: La Reforma Constitucional de 1998.

La segunda reforma constitucional en la provincia de Santa Cruz tuvo un carácter plebiscitario. A través de mecanismos institucionales creados con la reforma de la constitución provincial en 1994, el gobernador de Santa Cruz convocó a un plebiscito vinculante para lograr la anhelada reelección indefinida.

Como bien indica el artículo 80 de la constitución provincial:

> La Cámara de Diputados por la mayoría absoluta de la totalidad de sus miembros, podrá someter a voto popular directo, obligatorio y vinculante, en calidad de Consulta Popular, proyectos de ley que afecten directa o indirectamente las instituciones, derechos y garantías de raigambre constitucional nacional o provincial, para su ratificación o rechazo. La ley de convocatoria no podrá ser vetada y regirá automáticamente a partir de su ratificación. (Degiustti, 2011)

Para asegurarse de su triunfo, y lograr un tercer mandato consecutivo, Kirchner utilizó todos los medios a su alcance para lograr su objetivo. El artículo 80 fue reglamentado por la ley 2.437, que fue denunciada por parte de la oposición debido a su carácter inconstitucional, ya que posibilitaba al gobernador plebiscitar un tercer mandato, sin necesidad de la aprobación por parte del Poder Legislativo.

Con el fin de eludir la mayoría especial de 2/3 requerida en la Legislatura para declarar la necesidad de reformar la Constitución, el Art. 7 de la ley reglamentaria n° 2.437 expresaba:

> Si los votantes decidieren la ratificación del proyecto, éste comenzará a regir con fuerza de ley automáticamente a partir de la fecha de la ratificación y se considerarán cumplidos a tal fin todos los requisitos referidos a la sanción de leyes, incluidos los establecidos en orden a la necesidad de mayorías especiales en el cuerpo legislativo, sin que pueda respecto de ella el Poder Ejecutivo ejercer el poder de veto de los Art. 106 y 107 del texto constitucional (Degiustti, 2011).

Finalmente, el 7 de abril de 1998 la Legislatura de Santa Cruz, con mayoría justicialista (14 bancas sobre 24) y la ausencia de los representantes de "la Alianza" (conformada por la Unión Cívica Radical-UCR y el Frente por un País Solidario-Frepaso), aprobó la convocatoria a una consulta popular "vinculante y obligatoria" para el 17 de mayo. La votación fue acompañada por simpatizantes de Kirchner, intendentes del interior provincial y diputados nacionales del oficialismo (*La Nación*, 8/4/1998).

Por su parte, Cristina Kirchner logró llegar a diputada nacional por Santa Cruz en las elecciones legislativas de 1997, siendo nombrada vicepresidente de la Comisión de Educación de la Cámara de Diputados, en momentos en que el PJ comenzaba a sufrir los embates de la alianza política entre la UCR y el FREPASO. Cristina Fernández auxilió a su marido en las tratativas con el caudillo bonaerense Eduardo Duhalde, otros gobernadores de diferentes provincias y los referentes territoriales del Conurbano bonaerense para impedir que prosperara el proyecto oficialista de la "re reelección" de Carlos Saúl Menem.

De esta manera en 1998, año en el que logra a través de una nueva reforma constitucional la posibilidad de reelección indefinida y el derecho para ejercer su tercer mandato consecutivo como gobernador de Santa Cruz, Néstor Kirchner, uniéndose con otros importantes dirigentes justicialistas y con la ayuda de su esposa Cristina Fernández, logró evitar que se hiciera realidad un nuevo período presidencial de Carlos Menem.

Mientras tanto Cristina Fernández, habiendo cumplido cuatro años de mandato como diputada nacional (1997 - 2001), fue elegida en las elecciones legislativas nacionales de octubre de 2001 como senadora nacional por la provincia de Santa Cruz. En esos comicios, el peronismo logrará llegar a la mayoría en ambas cámaras del Congreso de la Nación, en momentos en que la Administración De la Rúa iba cayendo inevitablemente en una pendiente peligrosa, de una profunda ingobernabilidad, por su gran incapacidad para evitar el desastre financiero que terminará debilitando al gobierno aliancista, hasta culminar con la renuncia de Fernando de la Rúa a la presidencia de la Nación en el mes de diciembre del año 2001.

En aquellos trágicos días, se escucharon en directo las palabras del gobernador santacruceño en programas políticos televisivos de la

Capital Federal; en sus diferentes alocuciones, sostenía la necesidad de la reparación de todos los males que había traído aparejada la década de 1990, y que eso sólo se podría hacer con mayor productividad, y sobre todo con independencia política y económica, sobre la base de un fuerte liderazgo con gran arraigo nacional y popular.

Éste sería el punto de partida de la instalación en la escena política nacional de Néstor Kirchner, en un recorrido que lo llevaría a la presidencia de la nación en el año 2003[4].

3. La presidencia de Néstor Carlos Kirchner (2003 - 2007).

La llegada al poder de Néstor Kirchner, definida como *"una fisura impredecible e imprevista en el devenir de la historia argentina"* por parte de intelectuales afines al oficialismo como el filósofo Ricardo Forster, había sido precedida por y se constituía en un resultado de los traumáticos acontecimientos de diciembre de 2001 y el derrumbe del gobierno de la Alianza (Leiras: 2003, Novaro: 2002, Serrafero: 2002). Forster sostiene que las fisuras de la historia:

> Constituyen momentos que por lo general suelen tomarnos desprevenidos o poco atentos para leer sus características y lo que abren en el horizonte de una sociedad. Pocos imaginaron las consecuencias que traería el ya famoso discurso de Raúl Alfonsín durante los días de semana santa del ´87, cuando ante una multitud congregada en Plaza de Mayo para defender la democracia contra la rebelión golpista de los carapintadas comandados por el entonces ignoto oficial Aldo Rico, lejos de apuntalar el ánimo movilizado de gran parte de los argentinos congeló su entusiasmo hablando de "héroes de las Malvinas" y de que "la casa está en orden", inaugurando la etapa de las leyes de la impunidad que, como todos ya sabemos y unido al deterioro económico y a la hiperinflación, allanaron el camino

---

[4] El proceso electoral es descrito en el capítulo V.

> para la llegada de Menem y su "revolución" neoliberal
> de la mano de Cavallo y su convertibilidad .
>
> (…..) Esa "fisura" no inmediatamente perceptible de
> aquella Semana Santa del ´87 vino a clausurar las ilu-
> siones del alfonsinismo (Forster: 2010a).

En este registro se plantea la existencia de una nueva etapa con ribetes históricos a partir del 25 de mayo del 2003:

> Lo que es importante señalar con todas las palabras,
> que como destacaba Horacio González, estamos
> delante de una <fisura en la historia>, de esas que nos
> ofrecen la oportunidad de ser contemporáneos de un
> proceso de transformaciones (Forster: 2010a)

Tres serían los pilares sobre los cuales plantear la existencia de este "nuevo tiempo histórico" de la política argentina: la puesta en marcha de un nuevo modelo de desarrollo productivo con inclusión social y radical redistribución del ingreso, la mejora en la calidad de las instituciones democráticas, y la puesta en marcha de una política en el terreno de los derechos humanos que viene a finalizar con un ciclo de impunidad consagrado en las leyes de Punto Final y Obediencia Debida dictadas durante el gobierno de Raúl Alfonsín y los indultos de Carlos Menem.

Abordaremos la presidencia de Néstor Kirchner a fin de poder establecer en qué medida esta experiencia política, con pretensión fundacional, constituye una reformulación de los presupuestos ideológicos, jurídico-políticos y organizacionales contenidos en la matriz ideológica presente a lo largo de la década de 1990 (Bosoer y Leiras: 1999, 2001) o bien una ratificación de dichos contenidos programáticos.

El 25 de mayo de 2003, Néstor Kirchner prestó ante el Congreso el juramento de ley para convertirse en presidente de la República hasta 2007, confirmando al ministro de economía de Eduardo Duhalde, Roberto Lavagna, y a otros miembros del gabinete de su antecesor[5]. La

---

[5] Tal ha sido el caso de Ginés González García como ministro de Salud y Ambiente o el caso de Aníbal Fernández, quien pasó a ocupar la cartera de Interior, luego de haber sido Secretario General de la Presidencia durante la

política económica del gobierno de Kirchner continuó los lineamientos establecidos por Lavagna bajo la presidencia de Duhalde, manteniendo la devaluación de la moneda mediante una fuerte participación del Banco Central en la compra de divisas, e impulsando mediante las exportaciones y el impulso del consumo interno un crecimiento económico con tasas del PBI cercanas al 9 % en los años venideros.

Merece ser destacado que el inicio de un "nuevo ciclo productivo" data de finales del año 2001 y comienzos del 2002 cuando, en el marco de la más grave crisis de la historia política argentina, los ex presidentes Adolfo Rodríguez Saá y Eduardo Duhalde adoptaron estrategias drásticas de ajuste en el comienzo de este nuevo ciclo declarando la cesación de pagos de la deuda externa el primero y devaluando la moneda argentina y pesificando la economía el segundo, llevando a cabo la "tarea sucia" de la implementación del nuevo modelo. Tras el ajuste inicial y en el marco de un nuevo proceso de recuperación de la economía internacional hasta el año 2008, la economía argentina alcanzó niveles de crecimiento similares a los de la década anterior. Por otra parte, la evidencia empírica no acompaña las referencias a la mejora de la distribución del ingreso y la inclusión social proclamada, manteniéndose patrones de naturaleza similar a los de la década de 1990.

En relación a la mejora de la calidad democrática resulta difícil sostener esta afirmación dado que, siguiendo lineamientos definidos por sus antecesores, el ex presidente Néstor Kirchner ha sustentado el ejercicio de su gestión gubernamental sobre la base de la invocación de la emergencia (Bercholc: 2007, Botana: 2004, Quiroga: 2005, Serrafero: 2005) como principio de legitimidad, con la correspondiente apelación a la utilización de recursos de excepción, en detrimento de los procesos deliberativos propios de la democracia representativa.

Esta modalidad del ejercicio del poder refleja una concepción que reproduce prácticas ya conocidas durante la gestión del ex presidente Kirchner como gobernador de la provincia de Santa Cruz durante más de una década: el despliegue de un estilo discrecional de acumulación política ha tenido lugar en el marco de una situación de emergencia institucional, constituyéndose la misma en fuente permanentemente invo-

---

gestión de Eduardo Duhalde. También merece ser mencionado el caso de José Pampuro, hombre de la más "íntima confianza" del ex presidente, designado en la cartera de Defensa.

cada para así legitimar el incremento de prerrogativas institucionales en manos del poder ejecutivo nacional. Como afirmara el filósofo italiano Giorgio Agamben, la excepción deviene en norma (Agamben: 2004).

En efecto, pese a controlar la mayoría de ambas cámaras del Congreso, Néstor Kirchner ha preferido en reiteradas ocasiones hacer uso de las facultades legislativas del poder ejecutivo, a través de decretos de necesidad y urgencia en lugar de seguir los trámites ordinarios previstos para la sanción de las leyes. Desde el momento de su asunción en mayo de 2003 y hasta abril de 2006, Kirchner firmó 176 decretos de necesidad y urgencia - 48 en 2003, 63 en 2004, 46 en 2005, y 19 en los primeros cuatro meses del 2006-. La estadística arroja así un promedio de 58,66 decretos por año, frente a los 54,5 de Carlos Menem -quien firmó un total de 545 decretos de necesidad y urgencia durante sus diez años y cinco meses de gobierno- (Ferreira Rubio y Goretti: 1996, Zommer: 2006).

Los mismos fueron firmados tanto para asuntos trascendentes para el país -como reestatizar la empresa Aguas Argentinas, modificar en forma reiterada el presupuesto nacional, autorizar al ministro del Interior a otorgar subsidios sin control, destinar millones de pesos extra para hacer obras viales en su Santa Cruz natal y otras obras públicas en varias provincias, crear la Policía de Seguridad Aeroportuaria, extender por 10 años todas las licencias de radio y televisión- como para cuestiones de quizás menor importancia, como cambiar el nombre del Ministerio de Salud, modificar la fecha de un feriado nacional o sacar de su órbita y pasar a la Jefatura de Gabinete de Ministros la Secretaría de Turismo (Zommer: 2006).

La Ley 26.122, reglamentaria de la intervención del Congreso nacional en el tratamiento y monitoreo de la utilización de los decretos de necesidad y urgencia (DNYU) por parte del poder ejecutivo nacional, fue recién aprobada en el Senado de la Nación y luego en la Cámara de Diputados el día 19 de julio de 2006. Se estableció, como condición para la aprobación de los DNYU, que los mismos debían ser aprobados con el sólo concurso de una de las dos cámaras del Congreso, haciendo del decretismo una herramienta más expeditiva que el proceso regular de sanción legislativa.

En el mes de agosto del año 2006, el Poder Ejecutivo Nacional envió al Parlamento un proyecto de ley a través del cuál se propuso la modificación del artículo 37 de la Ley 24.156 de administración financiera, otorgando al Jefe de Gabinete de Ministros la facultad permanente, antes excepcional, de disponer las reestructuraciones presupuestarias que considere necesarias dentro del total aprobado por cada ley de presupuesto.

Estas facultades conocidas como "Superpoderes", sumadas a la reiterada utilización de los Decretos de Necesidad y Urgencia y las sucesivas declaraciones de emergencia, que justificaron una concentración cada vez mayor de facultades en la figura presidencial en detrimento de otros actores políticos en la toma de decisiones, produjeron un debilitamiento de los procesos deliberativos como así también del sistema de pesos y contrapesos, fundamentales para la calidad de las instituciones democráticas.

Si se advierte la continuidad en la dimensión ideológica, así también se verán ratificados los dispositivos jurídico-institucionales vigentes ante la ausencia de convocatoria alguna a un proceso reformista que rectificara el rumbo establecido por la carta constitucional del año 1994.

Es en cambio en el plano funcional donde pueden detectarse indicios ciertos de un proceso de discusión y redefinición del papel del estado con relación a aquel vigente durante la última década.

En este marco podemos destacar la creación en el año 2004 de la empresa *Enarsa -Energía Argentina S.A.-* dedicada a la exploración, explotación, destilación y venta del petróleo y sus productos derivados, así como la comercialización de gas natural y electricidad. La titularidad de la empresa está repartida en un 53% perteneciente al Estado nacional, un 12% en manos de las provincias y el resto a comerciarse en la bolsa de comercio. Enarsa cuenta entre sus activos el monopolio legal sobre de la exploración y explotación de la plataforma submarina del Mar Argentino.

Su fundación estuvo relacionada con la necesidad política del Estado de contar con un espacio en el oligopolio desarrollado en el mercado petrolero argentino luego de que la antigua Yacimientos Petrolíferos Fiscales (YPF) -la mayor empresa del país- fuera privatizada durante los años `90 y pasara a manos del grupo español Repsol. Adicionalmente, la empresa fue creada en el marco de una fuerte crisis energética atribuida en parte a la falta de inversión por parte de las petroleras privadas, que centraron su actividad en la explotación de yacimientos de petróleo y gas natural explorados en su momento por la YPF estatal. Si bien el precio del gas natural se encontraba congelado desde 2002, la nafta y el combustible diesel habían incrementado sus precios en forma significativa luego de la devaluación del peso argentino a comienzos de ese mismo año.

Luego de años de incumplimientos del contrato de concesión por parte de la empresa Correo Argentino como así también en el pago del canon acordado con el Estado, la concesión fue revocada y la empresa volvió a la órbita estatal a fines de 2003 como *Correo Oficial de la República Argentina S.A. (CORASA)*, manteniendo la denominación comercial de Correo Argentino. Si bien en la práctica está sujeta a privatización, el llamado a licitación ya ha sido prorrogado varias veces y el gobierno está satisfecho con la operación de la empresa reestatizada.

Asimismo, el 21 de marzo de 2006, el presidente Néstor Kirchner anuló por decreto la concesión que ligaba al Estado y Aguas Argentinas. Se creó para reemplazarla una nueva empresa estatal, *Aguas y Saneamientos Argentinos (AySA)*, por medio de un decreto de necesidad y urgencia luego refrendado por el Congreso Nacional. La empresa quedó bajo control operativo de la Federación Nacional de Trabajadores de Obras Sanitarias, reteniendo los trabajadores el 10% de los activos que les corresponden según el Programa de Propiedad Participada implementado al privatizarse Obras Sanitarias de la Nación.

Finalmente, en el terreno de los derechos humanos, Néstor Kirchner ha dado lugar a la reapertura de los juicios a los integrantes de las fuerzas armadas, iniciativa clausurada durante los años del gobierno de Raúl Alfonsín a través de las "leyes de la impunidad" en un contexto de fuerte presión corporativa y mayor capacidad para el ejercicio de dicha presión por parte de las Fuerzas Armadas que el actualmente presente -un párrafo aparte merece el indulto de Carlos Menem intencionalmente comparado con las leyes mencionadas para poder construir esa continuidad y la ruptura a partir del 2003.

También merece ser destacado que esta reapertura y su relato correspondiente han hecho omisión de hitos centrales en la búsqueda de justicia como la creación de la Comisión Nacional sobre la desaparición de personas-CONADEP, la investigación realizada por dicha comisión que sirvió de insumo para la sustanciación de los históricos juicios a las juntas militares en el complejo escenario descrito y el juicio a los responsables de la dirección política de la guerra de las islas Malvinas.

El próximo punto estará destinado a indagar sobre la presidencia de Cristina Fernández de Kirchner y en particular en qué medida se ha inaugurado un nuevo tiempo político o se trata de una reedición de lo "viejo".

4. La presidencia de Cristina Fernández de Kirchner ¿nuevo tiempo político o reedición de lo "viejo"?

Durante la campaña presidencial del año 2007, Cristina Fernández de Kirchner basó su propuesta electoral en la idea de la *continuidad dentro del cambio*, que se manifestaría a partir de tres promesas centrales:

1. La reinserción de la Argentina en el contexto internacional.
2. La inauguración de un nuevo tiempo político que diera lugar al diálogo y la mejoría de la calidad institucional de la democracia argentina dejando atrás el ciclo de emergencia permanente inaugurado en la última década.
3. La inauguración de una presidencia que establecería un cambio en relación a la de su antecesor Néstor Kirchner.

De alguna manera ese "final de época" se encontraba presente en el ánimo de algunos intelectuales, aunque la mirada fuera ciertamente crítica respecto del giro que aparentaba materializarse:

> Y hacia el final del artículo, que recuerdo al amigo lector fue escrito durante la jornada electoral de 2007, me lanzaba con cierta temeridad a desplegar algunas anticipaciones que serían magníficamente refutadas por la realidad venidera y, claro, por la decisión de la propia Cristina Fernández. Cito lo escrito en ese umbral de época que vendría a reforzar lo inaugurado en mayo de 2003: "nos preparábamos para despedirnos de la larga primavera camporista que, en muchos aspectos, caracterizó el tiempo de Kirchner; es probable que lo que vendrá se asemejará más a un gobierno a lo Bachelet, con mayores dosis de prolijidad institucional y mejores vínculos con el insaciable mundo empresarial. Hay, y eso se percibe más allá del resultado electoral, una

> atmósfera por la que circulan mejor los aires de la dere-
> cha, esos mecanismos de producción de sentido tan
> astutamente desplegados por los medios de comuni-
> cación que, insisto con esta idea, constituyen hoy el
> espacio más decisivo y poderoso de la derecha. No hay
> en el discurso de Cristina una vocación genuinamente
> distribucionista ni una retórica que la pueda asociar al
> espectro del populismo (Forster: 2010b)

La propuesta tuvo un acompañamiento electoral masivo. La fórmula encabezada por Cristina Fernández de Kirchner y Julio Cobos representando a la Alianza Frente para la Victoria se impuso en la primera vuelta obteniendo un 44,92% de los sufragios frente al 22,95% de su más inmediata competidora, aquella conformada por Elisa Carrió y Rubén Giustiniani de la Confederación Coalición Cívica.

La expectativa de cambio pareció diluirse de manera casi inmediata. El miércoles 14 de noviembre de 2007, aún en la etapa de transición, se dio a conocer el gabinete de ministros para el nuevo gobierno. De los doce integrantes designados, siete ya ocupaban carteras en el gobierno de Néstor Kirchner y cinco asumieron por primera vez un ministerio[6].

Con relación a la primera promesa, persisten a la fecha situaciones de conflicto heredadas de la "anterior administración": ejemplo de ello son entre otras la ausencia de una relación clara y transparente con el estado de Venezuela -relación en la cual se entremezclan negocios privados no debidamente aclarados y confusos episodios públicos como el de la valija de Antonini Wilson-, y la deuda pendiente de la norma-

---

[6] Continuaron integrando el gabinete Julio De Vido en el ministerio de Planificación Federal, Inversión Pública y Servicios Públicos, Alberto Fernández en la Jefatura de Gabinete, Aníbal Fernández en el ministerio de Justicia, Seguridad y Derechos Humanos, Nilda Garré en el ministerio de Defensa, Alicia Kirchner en el ministerio de Desarrollo Social, Carlos Tomada en el ministerio de Trabajo, Jorge Taiana en el ministerio de Relaciones Exteriores.
Asumieron funciones en el "nuevo" gabinete Lino Barañao como ministro de Ciencia Tecnología e Innovación Productiva, Martín Lousteau en el ministerio de economía y finanzas públicas, Graciela Ocaña como ministra de Salud y Ambiente, Florencio Randazzo en el ministerio del Interior y Juan Carlos Tedesco en el ministerio de Educación.

lización de las relaciones de la Argentina con el sistema financiero internacional solo para mencionar algunas situaciones representativas; cabe destacar, respecto de esta última, que la crisis financiera internacional de 2008/2009 poco ha contribuido para ingresar en la etapa definitiva del proceso de normalización.

En relación a la segunda, el prolongado conflicto con las entidades del sector agropecuario marcó buena parte del primer año de gobierno de CFK. Un rasgo característico de todo este proceso ha sido la ausencia desde el gobierno -también desde los sectores agropecuarios- de propuestas de negociación que otorgaran racionalidad al conflicto, predominando la descalificación de la protesta.

Cabe recordar que el 11 de marzo del 2008, el entonces ministro de Economía y Producción Martín Lousteau anunció el establecimiento de un nuevo sistema de retenciones móviles a la exportación de trigo, maíz, soja y girasol por un lapso de cuatro años, disponiendo que la variación de la alícuota correspondiente estuviera sujeta al incremento o disminución del precio internacional del grano.

Las repercusiones de la medida no tardaron en manifestarse dado que, al día siguiente, las entidades agropecuarias Confederación Intercooperativa Agropecuaria Limitada (Coninagro), Sociedad Rural Argentina (SRA), Federación Agraria Argentina (FAA) y Confederaciones Rurales Argentina (CRA) unificaron sus esfuerzos a partir de la constitución de la denominada "Mesa de Enlace" e iniciaron un paro de 48 horas exigiéndole al gobierno nacional dejar sin efecto el sistema de retenciones móviles, considerado como fiscalista y recaudatorio.

En medio de un clima de tensión en aumento, el paro y las asambleas en las rutas continuaron prolongándose hasta que el día 25 de marzo los productores agropecuarios extendieron la protesta por tiempo indeterminado. Ese mismo día la presidente pronuncia el primer discurso en relación al conflicto no sólo cuestionando el lock out patronal sino también calificándolo de "piquete de la abundancia", intentando compararlo con los piquetes ocurridos durante la crisis económica del año 2001:

> Recuerdo esa Argentina de los años 2003, 2002, 2001,
> miles de argentinos en piquetes, cortando calles, rutas

> porque les faltaba trabajo, porque hacía años que habí-
> an perdido su trabajo o, tal vez, en el 2001, porque se
> habían apropiado de los depósitos de pequeños aho-
> rristas de la clase media. Eran los piquetes de la miseria
> y la tragedia de los argentinos (....)
> Estos piquetes son casi un paso de comedia. Los lleva
> adelante el sector que mayor rentabilidad consiguió
> en los últimos cuatro o cinco años. Es una conducta
> rara, cuando hay pérdidas debemos socializarlas
> cuando las vacas vienen gordas, las ganancias para
> ellos y las penitas para los demás (Geada, 2010)

Por cierto que la puesta en marcha de una estrategia de "confrontación calibrada" ha sido muy característica del gobierno de Néstor
Kirchner, quien llevó la misma a cabo anteriormente contra actores
que se percibían en condiciones de poder ser derrotados como el ex
presidente Carlos Menem, los jueces de la desprestigiada corte menemista, los militares genocidas del proceso, y entre los meses de marzo y julio del año 2008, ya durante la gestión de Cristina Fernández,
contra la "oligarquía agropecuaria" (Leiras, 2008b)[7].

La virulencia adquirida por el conflicto entre el gobierno y el
"campo" tuvo su expresión en definiciones de carácter político de ese
tenor como aquellas formuladas por el colectivo Carta Abierta[8]: así,
en su primera comunicación pública, definía el clima político de
aquellos días en los siguientes términos:

> Como en otras circunstancias de nuestra crónica con-
> temporánea, hoy asistimos en nuestro país a una dura
> confrontación entre sectores económicos, políticos e ide-

---

[7] Luego contra los "monopolios mediáticos" encarnados en particular por el
grupo *Clarín* y grupos económicos como Techint.
[8] En su blog Carta Abierta es definido como "un espacio de participación para la
discusión y la intervención en las políticas públicas, en defensa de un gobierno
democrático popular amenazado, preservando siempre la libertad de crítica".
Esta primera carta fue firmada por más de 750 intelectuales, entre los que se
cuentan decanos de la Universidad de Buenos Aires, e intelectuales como
Ricardo Forster, David Viñas, Norberto Galasso, Noé Jitrik, Eduardo Grüner
y Horacio González, entre otros.

ológicos históricamente dominantes y un gobierno democrático que intenta determinadas reformas en la distribución de la renta y estrategias de intervención en la economía. La oposición a las retenciones -comprensible objeto de litigio- dio lugar a alianzas que llegaron a enarbolar la amenaza del hambre para el resto de la sociedad y agitaron cuestionamientos hacia el derecho y el poder político constitucional que tiene el gobierno de Cristina Fernández para efectivizar sus programas de acción, a cuatro meses de ser elegido por la mayoría de la sociedad. Un clima destituyente se ha instalado, que ha sido considerado con la categoría de golpismo. No, quizás, en el sentido más clásico del aliento a alguna forma más o menos violenta de interrupción del orden institucional. Pero no hay duda de que muchos de los argumentos que se oyeron en estas semanas tienen parecidos ostensibles con los que el pasado justificaron ese tipo de intervenciones, y sobre todo un muy reconocible desprecio por la legitimidad gubernamental (Espacio Carta Abierta, 2008).

La repercusión que adquiere el término "destituyente" es analizada en una obra de la ensayista Beatriz Sarlo, de gran repercusión a partir de su publicación en el año 2011:

Durante el conflicto con el campo, los intelectuales de Carta Abierta propusieron un adjetivo para calificar a los opositores y sus acciones: destituyente, clima destituyente. Adoptado de inmediato por el gobierno, tuvo gran éxito. Fue el primer gran aporte de Carta Abierta al discurso kirchnerista y, al señalarlo no estoy disminuyendo la importancia del grupo, sino por el contrario, mostrando de qué modo el hecho de caracterizar una situación y un antagonista tiene una importancia capital. Se usaron muchas otras palabras (oligarquía, clases dominantes entre las más repetidas) pero "destituyente" alcanzó la máxima capacidad descriptiva y valorativa entre quienes apoyaban al gobierno y obligó a los demás a discutir su exactitud.

> (….)El éxito de la caracterización "destituyente" no estuvo sostenido porque se la usara en el campo kirchnerista; tal limitación habría significado que sólo una de las partes en conflicto reconocía su poder descriptivo. El éxito fue también que los opositores a la resolución 125 discutieron sobre el sentido del adjetivo, y rechazaron que se los identificase con una práctica política que evocaba una agresión debilitante del orden democrático, aunque no significara un golpe. "Destituyente" entró en el lenguaje político (Sarlo, 2011).

Asimismo, resulta interesante destacar el rol que este grupo de intelectuales asigna a los medios de comunicación en relación a la presentación del conflicto por parte de los mismos:

> En la actual confrontación alrededor de la política de retenciones jugaron y juegan un papel fundamental los medios masivos de comunicación más concentrados, tanto audiovisuales como gráficos, de altísimos alcances de audiencia, que estructuran diariamente "la realidad" de los hechos, que generan "el sentido" y las interpretaciones y definen "la verdad" sobre actores sociales y políticos desde variables interesadas que exceden la pura búsqueda de impacto y el rating. Medios que gestan la distorsión de lo que ocurre, difunden el prejuicio y el racismo más silvestre y espontáneo, sin la responsabilidad por explicar, por informar adecuadamente ni por reflexionar con ponderación las mismas circunstancias conflictivas y críticas sobre las que operan.
> Esta práctica de auténtica barbarie política diaria, de desinformación y discriminación, consiste en la gestación permanente de mensajes conformadores de una conciencia colectiva reactiva. Privatizan las conciencias con un sentido común ciego, iletrado, impresionista, inmediatista, parcial. Alimentan una opinión pública de perfil antipolítica, desacreditadora de un Estado democráticamente interventor en la lucha de intereses sociales (Espacio Carta Abierta, 2008).

Luego de meses de conflicto entre el poder ejecutivo y el sector agropecuario representado por la Mesa de Enlace, la presidente Cristina Fernández de Kirchner decide enviar al Congreso Nacional el 19 de junio de 2008 un proyecto de ley ratificatorio de la resolución 125 del ministerio de Economía del 11 de marzo firmada por el ministro de Economía y Finanzas Públicas Martín Lousteau y sus modificatorias (141/08, 64/96, 284/08 y 285/08), por medio del cual se redefinía el sistema de retenciones a las exportaciones de trigo, maíz, soja y girasol, creando un sistema móvil que dependía de la evolución del precio internacional del grano.

A través de ese proyecto se establecía la creación de un fondo de redistribución social destinando un 60% a la construcción de hospitales públicos y centros de salud, un 20% a viviendas populares urbanas o rurales y el 20 % restante a la construcción de caminos rurales, cuya ejecución estaría descentralizada quedando en consecuencia a cargo de las provincias.

El proyecto de ley ratificatorio de la resolución 125 es tratado y aprobado en la sesión del 4 de julio de 2008 por 129 votos afirmativos, 122 negativos, 2 abstenciones y 3 ausencias, siendo luego de la media sanción el proyecto enviado al Senado nacional. Los días 16 y 17 de julio es tratado el dictamen de la mayoría quedando la votación empatada: 36 votos por la opción afirmativa, 36 votos negativos.

De acuerdo al artículo 57 de la Constitución Nacional, en caso de empate en una votación desarrollada en la Cámara Alta, corresponde al presidente de la cámara, el vicepresidente de la nación, ejercer el voto. El Ingeniero Julio Cobos propuso a los presidentes de los bloques legislativos con mayor representación pasar a un cuarto intermedio para intentar arribar a una solución de consenso, entendiendo el vicepresidente que el empate era reflejo de la división social existente como resultado del conflicto agropecuario. Esta propuesta de cuarto intermedio es rechazada tanto por el presidente del bloque oficialista, Miguel Pichetto, como así también por el del principal bloque opositor en el senado, la Unión Cívica Radical, Ernesto Sanz. Julio Cobos termina votando en forma "no positiva", quedando rechazado el proyecto de ley.

5. Digresión I: "La Razón Populista en el matrimonio Kirchner".

Uno de los intelectuales que más ha seguido el ascenso de los Kirchner al poder fue el investigador y autor argentino Ernesto Laclau; él veía en Néstor Kirchner a un líder decisionista democrático que tenía como base retórica un genuina "razón populista", como analizaría en su trabajo Leticia Bontempo:

> Según Laclau (2005), las peticiones de los excluidos son convertidas en reclamos. Las demandas no satisfechas o que están aisladas las denomina "demandas democráticas", y a la pluralidad de demandas que por medio de una "articulación equivalencial" posibilitan una "subjetividad social" más amplia las llama demandas populares. Es así cómo se empieza a constituir el "pueblo" como actor histórico. El contenido de estas demandas no es considerado por Laclau como importante, en tanto que las denomina "democráticas" cuando son "formuladas al sistema por alguien excluido del mismo". Esta exclusión le brinda a la demanda una dimensión igualitaria, de allí su "democratismo" (Bontempo, 2011).

Siguiendo con el análisis de la misma autora, pero utilizado para nuestro caso en particular, el hecho de que Néstor Kirchner fuera un dirigente importante de una localidad periférica y lejana como Santa Cruz hacía del mismo un actor excluido de las grandes decisiones del poder central durante años. Sin embargo, cuando las demandas populares hicieron mella en el corazón político del país, el "excluido" logró captar la demanda de todos los excluidos de la Nación, convirtiéndose en la voz que representaría a aquellos que no pueden expresarse públicamente, logrando recoger los frutos de su popularidad en pos de las demandas del pueblo que serían paulatinamente satisfechas.

Siguiendo con el tema de la "razón populista":

> Laclau considera que la totalidad social tiene su origen en una articulación indisociable entre la dimensión de "significación y la dimensión afectiva". Considera que lo político es el momento de institución de lo social. Sin embargo, Laclau

reflexiona sobre lo político en la actualidad y deduce que hoy en día no todo es político en lo social porque hay formas ya establecidas que han deformado las huellas de su institución política originaria, pero que gracias a la heterogeneidad constitutiva del lazo social, siempre va a existir una dimensión política que constantemente reinventaría a la sociedad y al pueblo (Laclau, 2005). La emergencia del pueblo como actor histórico será siempre una transgresión respecto a una situación anterior. Y este acto constituye también la emergencia de un nuevo orden. Es por eso que el pueblo es una categoría política y no un dato de la estructura social. De este análisis se desprende que el orden que propone Laclau es el de un Orden "Articulador" (Bontempo, 2011)

Como líder, Néstor Kirchner tomará la responsabilidad de lograr ser ese elemento articulador para mediar entre las demandas del pueblo y las necesidades de su gobierno, y sus expectativas personales, con un trasfondo social y humano perdurable, borrando toda la huella de aquel Estado - no social - de la década del ´90, y criticando severamente toda posibilidad de retorno del pensamiento neoliberal y neoconservador de la década citada anteriormente.

Su mensaje al pueblo fue inspirador para parte del electorado, sus acciones fueron aceptadas sobre todo por la juventud y los elementos más pobres y marginales de la sociedad, también estaba en la búsqueda del afianzamiento de las relaciones políticas con otros estados de Latinoamérica, y su discurso contestatario servía como un modelo moderado pero eficaz a la hora de criticar a los centros financieros y de poder mundial.

En el discurso de Kirchner, se hace presente el consabido discurso dialéctico peronista, donde el sentido de superación se ve enmarcado por la relación entre el líder y su pueblo, similar al comprendido por el concepto de *völkisch*, pero con una connotación democrática de masas. En el caso del caudillo santacruceño, prevalecería el pueblo sobre la etnia, y la ideología regional por sobre la meramente nacional[9].

---

[9] Hay que establecer de que Néstor Kirchner y luego su esposa, se integraron a otros líderes y países de América Latina en el marco del denominado "giro a la izquierda" en la región, aunque sin necesariamente compartir el "socialismo del siglo XXI" postulado por Hugo Chávez, Evo Morales o Rafael

Desde el punto de vista teórico, el justicialismo y su política de masas pueden ser analizados a través de ciertos conceptos vertidos por George L. Mosse en su obra cumbre *La nacionalización de las masas*, donde contrasta las diferentes vertientes y orígenes ideológicos que tuvieron los totalitarismos del siglo XX. No obstante, hay que diferenciar el pensamiento totalitario de una ideología, de su accionar político: en el caso del peronismo, su ideología es totalizante, porque no permite oposición alguna a sus principios y se ve asimismo como una cultura política propia que trajo al país todas las reformas sociales para el bienestar de su población.

Mosse expresa en el principio de su obra que ese grupo nacional en última instancia no gobierna por leyes o parlamento, sino por una religión nacional secular (Mosse, 2007). Por lo tanto, si hacemos una hermenéutica actualizada e insertamos el escenario democrático dentro de toda esta teoría, tendremos el porqué del decisionismo peronista: independientemente de tener o no mayorías parlamentarias, sus líderes se inclinan por gobernar a través del decreto (Baldioli, 2010).

El gobierno argentino tiene a su disposición tres elementos de gobernabilidad: los decretos de necesidad y urgencia (DNyU), el veto parcial y el veto total; los tres revisten aprobación constitucional, el problema es que no sólo se lo usa para destrabar crisis parlamentarias o bloqueos políticos de la oposición, sino que se usan como estilo de gobierno, porque el líder en la soledad del poder, no confía ni en propios ni extraños, por lo tanto cuenta en sí y para sí (Baldioli: 2010).

El gobierno de Néstor Kirchner recogerá el legado populista del extinto líder del Movimiento Nacional Justicialista, Juan Domingo Perón; sin embargo, impulsará en él un aggiornamento, el cual será denominado como "transversalidad", "desviando" el contenido nacional y popular del peronismo hacia la izquierda y aceptando otras pequeñas fuerzas de izquierda dentro del movimiento, pero no

---

Correa. El matrimonio Kirchner seguiría la línea de estos líderes con respecto a preservar independencia de criterio con respecto a EEUU, país hegemónico del continente, aunque evitando entrar en profundas controversias como los bolivarianos en cuestiones de especial sensibilidad como el problema del terrorismo internacional, en sintonía con un perfil moderado como el de Luis Inácio Da Silva de Brasil.

ya como anexos simplemente, sino como parte integral del modelo. No obstante, y debido a su lucha interna contra Duhalde, tuvo que volver a entornarse con los justicialistas tradicionales u ortodoxos, solo por cuestiones electoralistas y de capacidad de poder interno, aunque jamás abandonará sus convicciones transversales, algo que seguirá luego su esposa más adelante.

6. Digresión II: Norberto Bobbio y el futuro de la democracia. Una reflexión en torno a las "falsas promesas".

El autor italiano Norberto Bobbio, en un recordado trabajo publicado en el año 1984, *El futuro de la democracia*, nos ilustraba sobre las promesas incumplidas de la democracia a la luz de la brecha existente entre los ideales democráticos formulados por los autores clásicos y las democracias realmente existentes, entendiendo que dichas promesas se hacían finalmente de difícil, sino casi imposible, materialización debido a los cambios producidos en las sociedades de masas -burocratización, tecnocracia, rendimiento limitado- que operaban como restricción.

Bobbio, en su obra *El futuro de la democracia*, lleva a cabo un recorrido de las principales promesas incumplidas ("falsas promesas"), tomando como punto de partida a diferentes autores clásicos: la democracia prometía, en la perspectiva del autor, el protagonismo político individual y la centralidad del ciudadano en el sistema político, la representación de los intereses del pueblo y no de facciones o grupos, el gobierno real del pueblo o de una mayoría significativa del mismo, la visibilidad del poder y de los mecanismos de toma de decisiones y la profundización y extensión de la participación democrática a partir del aprendizaje del significado de la vida democrática.

En contraposición a los ideales señalados, lo que ha caracterizado a las democracias "reales" ha sido el protagonismo de los actores y grupos, la representación de los intereses sectoriales, la limitación de la participación a un número reducido de liderazgos y grupos y de la democracia a los mecanismos institucionales de decisiones políticas, la persistencia de centros de poder no democratizados como la empresa privada y la burocracia profesional, la subsistencia de mecanismos invisibles de toma de decisiones, la apatía y el desinterés por la cosa pública (Bobbio: 1984, Méndez Parnes y Negri: 2010, Respuela: 2003).

En realidad, sostiene Bobbio, esas "falsas promesas" no constituyen un engaño sino enunciados y principios de imposible cumplimiento en el contexto de las sociedades de masas, como consecuencia del surgimiento de nuevas realidades no previstas por los teóricos de la democracia clásica; estas promesas no fueron cumplidas debido a obstáculos que no fueron previstos y que sobrevinieron luego de transformaciones producidas en la sociedad civil (Bobbio: 1984, 26), siendo tres las principales:

1. *La tecnocracia:* la complejización de todas las esferas de la sociedad contemporánea determina que las decisiones ya no pueden ser tomadas por la totalidad del cuerpo electoral sino por aquellos que poseen el conocimiento; la resolución de los problemas de carácter político requiere capacidad técnica y personal cada vez más especializado. La democracia y la tecnocracia son antitéticas dado que si el protagonista de la sociedad industrial es el experto, en consecuencia este papel no puede ser desempeñado por el ciudadano común. La democracia presupone que todos los ciudadanos pueden adoptar decisiones sobre la totalidad de los asuntos públicos, en cambio la tecnocracia significa que sólo los que poseen un conocimiento especializado son quienes toman las decisiones.
2. *La burocracia,* de crecimiento constante en las sociedades de masas. Con el incremento del funcionariado profesional crecen los espacios de autoridad jerárquica, no democrática.
3. *El escaso rendimiento,* esto es, la incapacidad del sistema político para poder responder a la creciente cantidad de demandas procedentes de la sociedad civil, fuente inagotable de demandas. La cantidad y rapidez de éstas son tales que ningún sistema político, por muy eficaz que sea, es capaz de adecuarse a ellas. De todas maneras, para el politólogo italiano es importante destacar que si en las democracias la demanda es fácil y la respuesta difícil, en las autocracias la respuesta es más fácil porque se basa en la capacidad de bloquear la demanda.

Parafraseando a Norberto Bobbio, es válido interrogarnos si en el caso expuesto de Cristina Fernández de Kirchner, se trataba en definitiva de promesas destinadas a no ser cumplidas o, como aquellas que el recordado intelectual señalaba en relación con la democracia, de difícil o imposible realización.

7. Conclusiones.

Ha sido el propósito del presente trabajo analizar los cambios que acontecieron durante las experiencias de Néstor Kirchner y Cristina Fernández de Kirchner en el poder, como así también las continuidades en relación a la década de 1990. Estudiando para ello la presidencia de Néstor Kirchner (2003-2007) y el primer año de la gestión de Cristina Fernández (diciembre de 2007/diciembre de 2008).

En primer lugar repasamos los hechos más relevantes de la vida pública de Néstor Kirchner y Cristina Fernández, sus perfiles, su participación durante la década de 1990 y el proceso de reforma constitucional que hizo posible la introducción de la cláusula de la reelección indefinida en la provincia de Santa Cruz.

Luego abordamos la presidencia de Néstor Kirchner y sus cambios y continuidades en relación a la gestión de Carlos Menem, partiendo del supuesto de que el relevo gubernamental producido en mayo de 2003 no implicó una sustantiva reformulación de los presupuestos ideológicos, jurídico-políticos y organizacionales contenidos en la matriz ideológica presente a lo largo de la década de 1990, sino más bien una ratificación de dichos contenidos programáticos, los cuales se han mantenido a grandes rasgos vigentes.

En una segunda parte, nos abocamos a la presidencia de Cristina Fernández de Kirchner, abordando con particular énfasis las promesas relacionadas con la instauración de un nuevo tiempo político que diera lugar al diálogo político y a la mejoría de la calidad institucional de la democracia argentina y con la inauguración de una presidencia que establecería un cambio en relación a la de su antecesor, Néstor Kirchner.

La expectativa del cambio pareció diluirse de manera casi inmediata, a partir del momento de darse a conocer el gabinete de ministros para el nuevo gobierno. De los doce integrantes designados, siete ya ocupaban carteras en el gobierno de Néstor Kirchner y sólo cinco de ellos asumieron por primera vez un ministerio.

La promesa de un nuevo tiempo político fundado en el diálogo quedó sepultada por la continuidad de una estrategia de "confrontación calibrada", muy característica del gobierno de Néstor Kirchner, contra actores a los que se percibía en condiciones de poder ser derrotados, como el ex presidente Carlos Menem, los jueces de la desprestigiada corte menemista, los militares genocidas del proceso y, entre los meses de marzo y julio del año 2008, ya durante la gestión de Cristina Fernández, la "oligarquía agropecuaria".

Precisamente el sello de la "confrontación calibrada" sigue presente a partir de la conflictiva relación que se ha establecido con el vicepresidente Cobos, entrando la misma en una situación de no retorno con incierto desenlace desde el punto de vista institucional.

Esto llevó también a realizar una lectura de la derrota sufrida por el ex presidente Néstor Kirchner en la provincia de Buenos Aires durante las elecciones legislativas del 28 de junio del 2009 como resultado de la percepciones instaladas en la sociedad por parte de ciertos grupos mediáticos como Clarín, aún cuando dicho multimedio había acompañado de manera acrítica el rumbo establecido a partir del año 2003, y habiendo sido la propia administración de Néstor Kirchner quien en el año 2005 procedió a prorrogar las licencias de radio y televisión acordadas en la década anterior. De hecho, pocos días antes de la finalización de su mandato, Kirchner aceptó la fusión en el negocio de la televisión por cable entre las empresas Multicanal y Cablevisión, permitiéndole de esa manera al Grupo Clarín el control del 60 por ciento del mercado en ese rubro.

En ese marco de confrontación con el grupo Clarín se inscribe la aprobación de la ley de medios de comunicación audiovisual[10] sobre la base de tres argumentos, que entendemos principales, esgrimidos

---

[10] Un nuevo foco de conflicto con el multimedia *Clarín* (que involucra también al Diario *La Nación*) se ha suscitado en torno de la polémica vinculada a la empresa Papel Prensa y las condiciones de su adquisición durante la última dictadura militar por parte de los diarios *Clarín*, *La Nación* y La Razón en asociación con el estado. También debe ser destacado el debate sobre la identidad de los hijos de Ernestina Herrera de Noble, propietaria del grupo *Clarín*.

desde el oficialismo para sustentar la relevancia y la necesidad de la sanción de esta propuesta legislativa.

El primero de ellos sostiene que la sanción de esta iniciativa está destinada a saldar una deuda de la democracia argentina instaurada en 1983, siendo ésta la primera medida presentada a lo largo de estos 26 años transcurridos en democracia. El segundo argumento se basa en la necesidad de una auténtica democratización de la propiedad de los medios de comunicación, amenazada por la existencia de organizaciones empresariales con presencia predominante en el mercado audiovisual. El tercer y último argumento, vinculado con el anterior, permite plantear la necesidad de un auténtica libertad informativa al sostener que la presencia de carteles y grupos mediáticos de carácter concentrado han transformado la libertad de prensa en libertad de empresa (Leiras, 2009).

El 16 de septiembre de 2009 se desarrolló una sesión especial de la cámara de Diputados para tratar los cinco dictámenes (uno por la mayoría y cuatro por la minoría) que surgieron del plenario de las comisiones de Comunicaciones e Informática, de Presupuesto y Hacienda, y de Libertad de Expresión.

Los bloques de la Unión Cívica Radical, la Coalición Cívica, Propuesta Republicana y del peronismo disidente expresaron objeciones reglamentarias y luego abandonaron la sesión. Finalmente, tras 14 horas de debate, a la 1:20 de la mañana del 17 de septiembre, el proyecto fue aprobado en general por 147 votos a favor, 4 en contra y 1 abstención

El 10 de octubre de 2009, con 44 votos a favor y 24 en contra, el Senado argentino aprobó la Ley de Servicios Audiovisuales que ya contaba con media sanción de la Cámara de Diputados tras una maratónica sesión que duró casi 20 horas.

Por otra parte, la permanencia en el tiempo de iniciativas como la ley de emergencia económica no nos permite afirmar que se ha inaugurado una nueva etapa en lo referente a la calidad de las instituciones democráticas. Aunque ha sido escasa la recurrencia a los decretos de necesidad y urgencia[11] como herramienta para la decisión políti-

---

[11] Mediante una resolución adoptada por unanimidad la Corte Suprema de Justicia, el 19 de mayo de 2010, estableció límites a la utilización de los decretos de necesidad y urgencia si bien la decisión adoptada se fundamen-

ca, la apelación a este recurso ha generado un endurecimiento de la relación entre el oficialismo y la oposición.

A partir de la demorada modificación de la composición de las cámaras del Congreso desde el 10 de diciembre de 2009, y con la consecuente pérdida de la mayoría legislativa por parte del oficialismo, se ha advertido desde el poder ejecutivo nacional un retorno a la utilización de recursos de excepción en detrimento de la apelación a mecanismos de carácter consensual: en este clima se inscriben entre otras iniciativas el decreto de necesidad y urgencia para la creación del Fondo del Bicentenario, la derogación del mismo y su sustitución por otro para la creación del Fondo de Desendeudamiento, y un decreto "simple" para habilitar la transferencia de fondos del Banco Central de la República Argentina para hacer frente a erogaciones a diferentes organismos de carácter multilateral.

Así, el 14 de diciembre de 2009 Cristina Fernández creó el Fondo del Bicentenario, un fondo especial para garantizar el pago de los intereses de la deuda externa, mediante decreto de necesidad y urgencia 2010/2009.

La intención de la presidente fue recurrir a fondos de baja tasa de interés, con el fin de reducir la carga financiera sobre el tesoro nacional y promover la recuperación económica luego de la crisis económica global de 2008-2009. Los partidos opositores criticaron la decisión, defendiendo la independencia y la autonomía del Banco Central, y actuaron en el Congreso Nacional y el Poder Judicial con el fin de dejar sin efecto la medida, dando lugar a un fuerte enfrentamiento entre los tres poderes del país. Adicionalmente, el presidente del Banco Central, Martín Redrado, decidió por su parte no cumplir con el DNYU que creó el fondo, originándose una seria confrontación con el Poder Ejecutivo Nacional.

El 29 de enero de 2010 Martín Redrado presentó su renuncia como presidente del Banco Central de la República Argentina, pero el jefe de gabinete, Aníbal Fernández, aseguró que la presidente no se la aceptaría.

---

tó en un caso del año 2002. Una asociación de defensa del consumidor, Consumidores Argentinos, había impugnado el decreto 558/02, dictado por Eduardo Duhalde en plena emergencia económica, por medio del cual modificó la ley de seguros 20.091 con la introducción de reformas que deberían haber sido realizadas por el congreso nacional.

El 3 de febrero de 2010 fue confirmada la destitución de Redrado por una comisión bicameral del Congreso y asumió en su lugar Mercedes Marcó del Pont. Finalmente, la presidente derogó el decreto de creación del Fondo del Bicentenario, que fue luego declarado nulo por el Congreso, y mediante otro DNYU creó otro fondo similar llamado Fondo del Desendeudamiento, anunciando esta decisión en forma sorpresiva durante la inauguración de las últimas sesiones ordinarias del Congreso Nacional del 1° de marzo.

Dentro de este esquema, las promesas de Cristina Fernández se revelan de imposible cumplimiento, pero a diferencia de los cambios no previstos señalados por Norberto Bobbio en su recordado trabajo *El futuro de la democracia*, como resultado de una concepción del ejercicio del poder, fuertemente personalizado, que ha caracterizado tanto a la presidencia de Néstor Kirchner esto ocurre como a la de su esposa Cristina Fernández, y que reproduce prácticas ya conocidas durante la gestión del ex presidente Kirchner como gobernador de la provincia de Santa Cruz durante más de una década.

Todo ello se presenta en medio del despliegue de un estilo discrecional de acumulación política que ha tenido lugar en el marco de una situación de emergencia institucional, lo cual se constituyó en fuente permanentemente invocada para así legitimar el incremento de prerrogativas institucionales en manos del poder ejecutivo nacional.

En función de lo expuesto podemos afirmar que, en definitiva, el "kirchnerismo" representa la continuación por otros fines -más que por otros medios- del estilo decisionista de gobierno instaurado durante los años de Carlos Menem, ratificado y profundizado durante las gestiones de Fernando de la Rúa (1999-2001), Alberto Rodríguez Saá (2001) y Eduardo Duhalde (2002-2003) que lo sucedieron.

8. Bibliografía.

Agamben, Giorgio, *Estado de excepción*, Adriana Hidalgo editora, Buenos Aires, 2004.
Baldioli, Alberto A. "La Esencia Política de los Decretos de Necesidad y Urgencia en la Democracia Argentina" en *Revista de Ciencia Política*

Online, N° 11, Buenos Aires (2010). Disponible en: http://www.rev-cienciapolitica.com.ar/num11art3.php

Bercholc, Jorge (Director), *El estado y la emergencia permanente*, Editorial Lajouane, Buenos Aires, 2007.

Bobbio, Norberto, *El futuro de la democracia*, Fondo de Cultura Económica, México, 1984.

Bontempo, Leticia, "Razón liberal y razón populista. Un Análisis Comparativo" en *Revista de Ciencia Política Online*, N° 12, Buenos Aires (2011). Disponible en: http://www.revcienciapolitica.com.ar /num12art7.php

Botana, Natalio "La emergencia perpetua". *Diario La Nación*. Buenos Aires, 7 de noviembre de 2004.

Bosoer, Fabián y Leiras, Santiago, "Posguerra fría, neodecisionismo y nueva fase del capitalismo. El alegato del Príncipe-gobernante en el escenario global de los ´90", en Atilio Borón, Julio Gambina y Naum Minsburg (Comps.), *Tiempos violentos: neoliberalismo, globalización y desigualdad económica en América Latina*, Eudeba-Clacso, Buenos Aires, 1999.

Bosoer Fabián y Leiras Santiago, "Los fundamentos filosófico-políticos del Decisionismo Presidencial: Argentina 1989-1999 ¿una nueva matriz ideológica para la democracia Argentina?" en Pinto Julio (compilador) *Argentina entre dos siglos: la política que viene*, Editorial Universitaria de Buenos Aires, Buenos Aires, 2001.

Degiustti, Danilo Ezequiel. "La consulta popular sobre la Reforma Constitucional en Santa Cruz (1998)"en *Revista de Ciencia Política Online*. N° 12. Buenos Aires (2011). Disponible en: http://www.rev cienciapolitica.com.ar/num12art1.php

Espacio Carta Abierta, *Carta abierta I*, Buenos Aires, 19 de abril de 2008. Disponible en http://www.cartaabierta.org.ar/

Ferreira Rubio, Delia y Goretti, Mateo, "Cuando el presidente gobierna solo: Menem y los decretos de necesidad y urgencia", *Revista Desarrollo Económico*, Número 141, Buenos Aires, 1996, paginas 443-474.

Forster, Ricardo, "Las fisuras de la historia", *Diario El Argentino*, Buenos Aires, 15 de abril de 2010a.

Forster, Ricardo, "De aquella ficción a esta realidad: la impronta de Cristina", *Diario Tiempo Argentino*, Buenos Aires, 6 de septiembre de 2010b.

Geada Julieta María, *La disciplina partidaria en el Congreso argentino durante el período legislativo 126 (2008-2009)*, Tesis de grado,

Facultad de Derecho y Ciencias Sociales, Universidad de Belgrano, Buenos Aires, 2010.

Laclau, Ernesto. *Razón populista*. Fondo de Cultura Económica de la Argentina S.A. Buenos Aires (2005).

Leiras, Santiago, "Gobernabilidad y crisis de liderazgo: los difíciles años del gobierno de Fernando de la Rúa" en Néstor Legnani y otros autores, *La democracia y sus laberintos*, Editorial Tierra Firme, Buenos Aires, 2003.

Leiras, Santiago, "De Carlos Menem a Néstor Kirchner: cambios y continuidades en la democracia Argentina", en *Revista Análisis Político*, Número 13 (Universidad Nuestra Señora de La Paz-Bolivia), La Paz (2008a), páginas 87-113.

Leiras, Santiago, "Las falsas promesas de Cristina Fernández", *Diario El Imparcial*, Madrid, 19 de diciembre de 2008b.

Leiras, Santiago, "Ley de medios de comunicación en Argentina", *Diario El Imparcial*, Madrid, 7 de septiembre de 2009.

Leiras, Santiago: "De Néstor a Cristina Kirchner: entre la continuidad y el cambio". Presentado en IX Congreso Nacional y II Internacional sobre Democracia *Los senderos de la democracia en América Latina: Estado, sociedad civil y cambio político*, Facultad de Ciencia Política y Relaciones Internacionales. Universidad Nacional de Rosario, Rosario, 18 al 21 de Octubre de 2010.

Méndez Parnes, Soledad y Negri, Juan Javier, "Democracia" en Aznar Luís y De Luca Miguel (coordinadores), *Política cuestiones y problemas*, Cengage Learning, Buenos Aires, 2010 (Tercera Edición).

Novaro, Marcos, "Lo evitable y lo inevitable de la crisis", en Marcos Novaro (Comp.), *El derrumbe político en el ocaso de la convertibilidad*, Grupo Editorial Norma, Buenos Aires, 2002.

Mosse, George L. *La nacionalización de las masas. Simbolismo político y movimientos de masas en Alemania desde las guerras napoleónicas al Tercer Reich.Siglo XXI Editores, Buenos Aires, 2007.*

Ortiz de Zárate, Roberto. "Biografías de líderes Políticos: Néstor Carlos Kirchner Ostoic". CIDOB. Barcelona (2011). Disponible en: http://www.cidob.org/es/documentacio/biografias_lideres_politicos/america_del_sur/argentina/nestor_kirchner

Quiroga, Hugo, *La Argentina en emergencia permanente*, Editorial Edhassa, Buenos Aires, 2005.

Quiroga, Hugo, *La República desolada. Los cambios políticos de la Argentina (2001-2009)*, Editorial Edhassa, Buenos Aires, 2010.

Reich, Siglo XXI Editores, Buenos Aires, 2007.

Respuela, Sofía, "La democracia: una discusión en torno de sus significados" en Pinto, Julio (compilador), *Introducción a la Ciencia Política*, Editorial Universitaria de Buenos Aires (EUDEBA), Buenos Aires, 2003 (Tercera Edición).

Sarlo, Beatriz, *La audacia y el cálculo. Kirchner 2003-2010*, Editorial Sudamericana, Buenos Aires, 2011.

Serrafero, Mario, "Argentina: rebelión en el granero del mundo", *Revista de Occidente*, Número 251, Fundación Ortega y Gasset, Madrid, 2002, páginas 19-51.

Serrafero, Mario, *Exceptocracia. ¿Confín de la democracia? Intervención federal, estado de sitio y decretos de necesidad y urgencia*, Ediciones Lumiere, Buenos Aires, 2005.

Zommer, Laura, "Decretos: ni necesarios ni urgentes", *Diario La Nación*, Buenos Aires, 6 de agosto de 2006.

Conclusiones

El 10 de diciembre del año 2008 se cumplieron 25 años de instauración de la democracia en la Argentina. La asunción de Raúl Alfonsín como presidente de la república en 1983 dio inicio a la más larga experiencia de continuidad democrática vivida en la historia política de nuestro país.

El propósito particular de la presente publicación ha sido investigar comparativamente la situación de la Argentina con respecto a la relación entre democracia y estado de excepción en el período comprendido entre 1983 y 2008.

La investigación que aquí hemos presentado representa la continuidad y profundización de diferentes aspectos desarrollados a lo largo de la obra colectiva *Estado de excepción y democracia en América Latina durante los años '90: Argentina, Brasil, Perú y Venezuela en perspectiva comparada*. Esta nueva obra colectiva ha comprendido el abordaje de las presidencias de Raúl Alfonsín entre 1983 y 1989, Carlos Menem entre 1989-1995 y 1995-1999, Fernando de la Rúa entre 1999 y 2001, Eduardo Duhalde entre 2002 y 2003, Néstor Kirchner entre 2003 y 2007 y Cristina Fernández de Kirchner durante su primer año de gestión presidencial entre 2007 y 2008.

Ha sido el objetivo general del presente libro examinar la relación existente entre democracia presidencial y decisionismo político.

Asimismo, han sido objetivos particulares de la obra analizar las condiciones de surgimiento de la democracia entre 1982 y 1983, abordar la experiencia de Raúl Alfonsín (1983-1989), en tanto momento fundante de la instauración democrática, su apogeo y la crisis de su proyecto reformista, analizar la experiencia de Carlos Menem (1989-1995 y 1995-1999), la "institucionalización" de la emergencia y su proyección más allá de la década menemista, abordar los años de la experiencia aliancista durante la presidencia de Fernando de la Rúa (1999-2001), entendiendo la crisis del 2001 como expresión del final de una década, analizar el retorno del peronismo al poder durante las presidencias de Eduardo Duhalde (2002-2003), Néstor y Cristina Kirchner (2003-2008) y llevar a cabo un balance que permita detectar patrones de cambio y/o continuidad en el funcionamiento de la democracia argentina entre 1983 y 2008.

La estructura de la presente obra ha sido desarrollada en seis capítulos principales:

En el capítulo I, *El liderazgo presidencial en Raul Alfonsín. Teoría y práctica* de Fabián Bosoer y Juan Cruz Vázquez, se ha postulado que la presidencia de Alfonsín sienta las bases de un tipo característico de presidencialismo temperado y a la vez intensivo, en el cual el atributo del liderazgo presidencial está orientado a poner en marcha y proteger la nueva institucionalidad democrática y, al mismo tiempo, a cuestionar y replantear críticamente los problemas y distorsiones que frustraron las experiencias democráticas precedentes. Desde dicha crítica, el tipo de liderazgo presidencial postulado y ejercido por Alfonsín diseñará pilares fundamentales de la nueva democracia al mismo tiempo que dejará abiertos y sin resolver algunos de sus problemas característicos.

El programa de reformas que planteará Alfonsín para dar respuesta a dichos desafíos se verá parcialmente concretado después de su presidencia, con la reforma constitucional de 1994, pese a que los aspectos innovadores de dicha reforma vinculados al funcionamiento del régimen político, tendrán cumplimiento limitado y confrontarán con el decisionismo presidencialista, característico durante los dos gobiernos de Carlos Menem en la década del '90.

El capítulo II, *El discurso neodecisionista de Carlos Menem: Del caos económico, político y social, a la estabilidad y la recuperación del orden público (1989-1995)* desarrollado por Hernan Fair, en un intento de reconocer la complejidad que adquiere el caso del menemismo en los '90, se ha planteado la incorporación de una triple dimensión de análisis: una *político-institucional* en la que emerge el liderazgo menemista, signado por la crisis de representación política y el descrédito hacia las instituciones y representantes políticos. En ese marco, el autor ha analizado la particular respuesta decisoria que efectúa su discurso neodecisionista frente a la situación de "emergencia" institucional en la que se instituye. Una dimensión *político-militar* en la que se destacó la relevancia que adquiere el actor político Fuerzas Armadas a fines de los años ´80 y la respuesta de pacificación y reconciliación nacional que propone como solución el discurso menemista. Finalmente, una dimensión *socioeconómica*, en la cual Fair ha indagado en el particular contexto de crisis del Estado Social de posguerra y de creciente fragmentación y segmentación en el que hace su aparición el liderazgo de Menem, así como la respuesta política neoliberal-neoconservadora que organiza su discurso político para enfrentar y resolver la situación anómica precedente.

En el capítulo III *Limitando la excepción: el rol del Congreso durante la segunda presidencia menemista (1995-1999)*, Agustín Vallejo y Robertino Spinetta han estudiado el intento de limitación a la forma de gobernar decisionista de Carlos Menem por parte del Congreso Nacional durante su segundo mandato presidencial, procurando el parlamento recuperar el protagonismo institucional que había declinado en 1989. En este contexto los autores han abordado el intento de reelección de Carlos Menem para las elecciones presidenciales de 1999, como así también las resistencias que encontró dentro de su propio partido, y la conflictiva relación entre congreso y presidencia a la luz de la política de privatizaciones del período.

En el capítulo IV, *De la Rúa: los días en el poder de un líder que no supo ser. Victoria y fracaso de la Alianza* de Florencia Incarnato y Victoria Vaccaro, se ha llevado a cabo un recorrido por los 24 meses de gobierno aliancista, analizando sus debilidades y dificultades, y concentrándose en la figura de un líder que no supo ejercer el liderazgo y de una coalición que nunca se constituyó como tal en ninguno de los difíciles escenarios que se le presentaron. Asimismo, a lo largo del capítulo las autoras han indagado en los orígenes de Fernando de la Rúa, en su llegada a la candidatura presidencial, en su entorno y en los hechos que llevan a deducir que un líder, por el sólo de hecho de serlo, no siempre ejerce una relación de liderazgo. La estrategia de gobernar "por decreto" muestra, de acuerdo a la visión de Incarnato y Vaccaro, dos grandes rasgos del gobierno aliancista: por un lado, la debilidad para lograr los consensos necesarios en el parlamento y por otro, en relación con el anterior, la inclinación a la profundización del conflicto entre poderes.

En el capítulo V, *¿El final de un ciclo? La presidencia de Eduardo Duhalde (2002-2003)*, Alberto Baldioli y Santiago Leiras han abordado el breve, aunque tumultuoso mandato presidencial de Eduardo Duhalde, quien debió timonear una de las peores crisis de la historia argentina, ya que dicha crisis no fue solamente de índole *económica social*, sino también de legitimidad, dado que estuvo revestida por un fuerte descreimiento de la ciudadanía hacia el régimen democrático representativo, y por niveles inusitados (o no tanto) de violencia.

Asimismo, los autores trataron los hechos más relevantes de la vida pública de Eduardo Alberto Duhalde, quien influyó fuertemente en la elección de dos de los presidentes más polémicos de nuestro país. Precisamente por este motivo no se puede obviar su pasado, dado que se trata de uno de los principales arquitectos de nuestro presente histórico.

Hacia el final del capítulo, Baldioli y Leiras abordaron el juego táctico que impondría Duhalde con el objetivo de frenar la interna justicialista, cercenar las posibilidades de Carlos Menem en la elección presidencial de 2003 y apoyar a Néstor Kirchner presentándolo a la sociedad como su candidato, poniendo a disposición del mismo la estructura territorial del partido justicialista para lograr este propósito.

En el capítulo VI, *De Néstor C. Kirchner a Cristina Fernández de Kirchner: ¿Un cambio ideológico dentro de la continuidad?* Alberto Baldioli y Santiago Leiras analizaron los cambios que acontecieron durante las experiencias de Néstor Kirchner y Cristina Fernández de Kirchner en el poder, como así también las continuidades en relación a la década de 1990. Para esto se estudiaron la presidencia de Néstor Kirchner (2003-2007) y el primer año de la gestión de Cristina Fernández (diciembre de 2007/diciembre de 2008).

Los autores abordaron la presidencia de Néstor Kirchner, sus cambios y sus continuidades en relación a la gestión de Carlos Menem, partiendo del supuesto de que el relevo gubernamental producido en mayo de 2003 no implicó una sustantiva reformulación de los presupuestos ideológicos, jurídico-políticos y organizacionales contenidos en la matriz ideológica presente a lo largo de la década de 1990, sino más bien una ratificación de dichos contenidos programáticos, los cuales se han mantenido, a grandes rasgos, vigentes.

La presidencia de Cristina Fernández de Kirchner ha sido tratada prestando particular atención a las promesas relacionadas con la instauración de un nuevo tiempo político que diera lugar al diálogo y la mejoría de la calidad institucional de la democracia argentina, y con la inauguración de una presidencia que establecería un cambio en relación a la de su antecesor Néstor Kirchner.

El problema central a lo largo de la obra ha consistido en preguntarse si es posible la convivencia en democracia del modelo decisionista de gobierno con las normas e instituciones de dicha democracia política. Merece ser destacado que hasta el día de la fecha inclusive siguen estando vigentes en diferentes países de la región ciertas prácticas de carácter decisionista como fenómeno común en todas sus formas, y presentes desde la última década.

A partir del interrogante inicialmente planteado, la hipótesis central que ha guiado la presente publicación ha sido la siguiente:

Bajo condiciones de crisis estatal, económica y social, sería posible establecer una correlación entre regímenes democráticos y estados de excepción

En base al interrogante formulado, la hipótesis explicitada y la evidencia documental utilizada se ha visto verificada la hipótesis principal, pudiendo establecerse una correlación entre estado de excepción y régimen democrático.

La presidencia de Alfonsín, en la etapa inaugural de la democracia argentina, procuró sentar las bases de un tipo característico de presidencialismo temperado y a la vez intensivo, en el cual el atributo del liderazgo presidencial estuviera orientado a poner en marcha y proteger la nueva institucionalidad democrática y, al mismo tiempo, a cuestionar y replantear críticamente los problemas y distorsiones que frustraron las experiencias democráticas precedentes. Desde dicha crítica, el tipo de liderazgo presidencial postulado y ejercido por Alfonsín ha diseñado pilares fundamentales de la nueva democracia al mismo tiempo que ha dejado abiertos y sin resolver algunos de sus problemas característicos.

El programa de reformas que ha planteado Alfonsín para dar respuesta a dichos desafíos se vio parcialmente concretado después de su presidencia, con la reforma constitucional de 1994, pese a que los aspectos innovadores de dicha reforma vinculados al funcionamiento del régimen político, han tenido cumplimiento limitado y confrontado con el decisionismo presidencialista, característico durante los dos gobiernos de Carlos Menem en la década del '90.

Los presidentes que sucedieron a Alfonsín se encontraron nuevamente con las paradojas del híper-presidencialismo: la fortaleza temporaria del recurso excepcional ha encubierto una debilidad estructural inherente a las propias limitaciones intrínsecas de la concentración personal del poder. Frente a estas distorsiones, Alfonsín ha seguido planteando la idea de un "presidencialismo alternativo", sucedánea de la esbozada por Giovanni Sartori de un "democracia de dos motores".

Esta debilidad señalada se puso de manifiesto a partir de 1989: la presidencia de Carlos Menem debió hacer frente a tres grandes problemas heredados: la crisis político-institucional, la crisis político-militar y la crisis socioeconómica. El nuevo decisionismo que inició Menem en 1989 logró resolver exitosamente cada una de estas crisis de gobernabilidad, aunque quedó pendiente el problema de la normalización institucional. Lo hizo a partir de un estilo de liderazgo personalista y soberano que apelaba a la "emergencia permanente" para erigirse en una figura plebiscitaria símbolo de la eficacia decisional. En ese marco, frente al caos económico, político y social en el que había asumido el mando, su estilo neodecisionista se situaba como garante de la recuperación del orden público, la paz social y la estabilidad macroeconómica.

Frente a la crisis de representación o crisis de representatividad de la política, el discurso menemista logró generar un principio de orden público que, con la ayuda de los *mass media*, repolitizó a la ciudadanía en torno a su figura. En relación al problema heredado con las Fuerzas Armadas y los conflictos internos al interior de dicha fuerza, el discurso de Menem se erigió como aquel liderazgo neodecisionista que había logrado una reconciliación y pacificación nacional que hasta entonces sólo se hacía presente en su ausencia. Finalmente, frente a la grave crisis socioeconómica, el Presidente se situaría como aquel líder soberano que, a partir del éxito indiscutible del modelo de Convertibilidad, había logrado estabilizar definitivamente los indicadores macroeconómicos y cohesionar socialmente a la ciudadanía.

El Pacto de Olivos de 1993, acuerdo interpartidario suscrito entre el justicialismo y el radicalismo, permitiría consolidar algunos poderes decisionales del Ejecutivo, condición de posibilidad para la posterior reelección presidencial. En el plano de legitimación discursiva, el acuerdo profundizaría la eficacia del discurso político de pacificación y reconciliación nacional del Presidente, inicialmente dirigido a legitimar la firma de los indultos a las Fuerzas Armadas, en este caso a partir de la necesidad de articular las fuerzas partidarias frente a décadas de desencuentros entre los propios argentinos. Al mismo tiempo, el acuerdo deslegitimaría al propio radicalismo, al evaporar la capacidad de oposición del centenario partido y al consolidar su pérdida de credibilidad social frente a la ciudadanía, que lo acusaría de traicionar las banderas históricas del partido.

Finalmente, el pacto profundizaría las diferencias interpartidarias e intrapartidarias dentro del seno de la oposición, impidiendo conformar una contra-hegemonía que pudiera oponerse de forma exitosa al liderazgo menemista.

Otro elemento que permitiría explicar el éxito político y la persistencia temporal del discurso neodecisionista de Menem sería la crisis del Tequila de diciembre de 1994. Esta crisis, lejos de erosionar la eficacia del discurso presidencial, la fortalecería, al rememorar el temor al caos político, económico y social que podría constituir una posible devaluación monetaria como la acontecida en México.

La persistencia antes mencionada se dio en el contexto de la segunda presidencia de Menem entre 1995 y 1999, en la cual el Congreso pudo operar como institución limitadora de las atribuciones presidenciales, al existir una combinación de factores que lo hicieron posible: en primer lugar, la salida de un período de emergencia económica y la posterior estabilidad durante un período de diez años de gobierno; en segundo lugar, la consolidación de una oposición externa al justicialismo con posibilidades reales de acceder al gobierno; en tercer término, el surgimiento de una oposición dentro del mismo partido justicialista, en cuarto lugar, la pérdida del apoyo popular, observable en la caída de su imagen frente a la opinión pública. Altamente ligada a la imagen de rumbo económico, la imagen presidencial cayó (con pocas y leves alzas) durante todo el período. Esta variable está vinculada a la anterior, ya que tanto los intereses disidentes dentro del peronismo, como el electorado de Eduardo Duhalde, encontraron un electorado que buscaba una alternativa al modelo neoliberal. Finalmente, la incapacidad legal de presentarse a una nueva reelección. El intento menemista duró poco tiempo al encontrar poco apoyo dentro del partido y en la opinión pública.

En un contexto de crisis económica y en una ya penosamente arraigada democracia delegativa, parece ser normal que en la figura del presidente se concentre el poder y que éste se aísle de la mayoría de las instituciones políticas e intereses organizados y asuma en forma exclusiva la responsabilidad por los éxitos y fracasos de "sus" políticas. A diferencia de la experiencia de Carlos Menem, el hasta entonces arquetipo de líder decisionista que tuvo la Argentina desde la vuelta a la democracia, Fernando de la Rúa no estaba preparado como líder para asumir las consecuencias de sus actos, y no logró constituirse como una figura con autoridad que consiguiera mantener cohesionados a los miembros de la coalición. Es necesario aquí distinguir al líder decisionista que llega al poder con un solo partido político de que asume gracias a una coalición de partidos que acuerdan gobernar en conjunto. En este último caso se requiere un estilo de liderazgo especial, una interacción dinámica y constante, un plan de gobierno sólido e integrado y, sobre todo, respeto por parte de la máxima autoridad de los demás socios de la coalición.

El resultado de la experiencia de Fernando de la Rúa fue el fracaso de la Alianza como coalición, la desaparición del FREPASO como partido político protagonista, el desmembramiento histórico de la UCR, y el peligro inminente del surgimiento de un nuevo liderazgo mesiánico.

Inmediatamente después de la renuncia de Fernando de la Rúa, asume el cargo el Presidente Previsional del Senado, el justicialista Ramón Puerta, quien convoca a la Asamblea Legislativa. De esta manera se abría el juego para formar coaliciones parlamentarias con el fin único de designar al nuevo presidente de la Nación. En ese momento se apostaba por "todo o nada".

Las dos coaliciones que lograron conformarse en el ámbito parlamentario estaban integradas por miembros del Partido Justicialista. La primera llevaba como candidato a Adolfo Rodríguez Saa - líder partidario con asiento en la provincia de San Luis-, la otra coalición, del mismo color partidario, tenía como candidato a Eduardo Duhalde, quien había obtenido el segundo lugar en las elecciones presidenciales de 1999 con un 38,09% de los votos.

El Congreso designó en primer lugar a Alberto Rodríguez Saa por 169 votos a favor y 138 votos en contra. La Unión Cívica Radical fue quien, con 64 votos, aglutinó más votos en contra del nombramiento. Entre sus principales medidas logró la aprobación por el Congreso de la declaración de la cesación de pagos, el más grande default del que se tenga registro a nivel mundial, y anunció un programa de emergencia que incluía el mantenimiento de la paridad cambiaria (con la emisión de una nueva moneda corriente), la creación de un millón de puestos de trabajo, el lanzamiento de programas de asistencia social, la reducción de los salarios de los funcionarios públicos y el remate de los vehículos oficiales.

El mandato del nuevo presidente se centraba también en convocar a elecciones anticipadas dentro de los 60 días para elegir un presidente que terminara el mandato de De la Rúa. Sin embargo, la designación de Rodríguez Saa sólo duró una semana, y renunció el 30 de diciembre.

Nuevamente entraba en funcionamiento la ley de acefalía. En esa oportunidad, el Presidente Provisional del Senado Ramón Puerta declinó la asunción de la primera magistratura, de modo que el presidente de la cámara de Diputados, Eduardo Camaño, asumió la presidencia provisional de la República y volvió a convocar a la Asamblea Legislativa. Esta vez, la votación resultó en 262 votos a favor de Eduardo Duhalde, 21 votos en contra y 18 abstenciones.

De ambas votaciones se observa que el Partido Justicialista votó de manera disciplinada y que la Unión Cívica Radical, que no había apoyado a Rodríguez Saa, sí apoyó al Senador Bonaerense, quien fue electo efectivamente el 2 de enero de 2002.

Si bien la Argentina había retomado el cauce democrático varios años atrás, el entramado institucional democrático y las relaciones entre los poderes del Estado no se encontraban lo suficientemente bien desarrolladas como para evitar una crisis que no decantara en la renuncia presidencial. De todos modos, y a pesar de estas deficiencias institucionales, se puso en funcionamiento un mecanismo contemplado por el sistema democrático para este tipo de casos: la ley de acefalía. Esta ley permitiría a Eduardo Duhalde, dirigente político con mucho protagonismo en la vida política argentina desde la redemocratización e incluso candidato a Presidente por el Justicialismo en la contienda de 1999 que ganó la Alianza, cumplir su objetivo de ser el máximo mandatario del país en uno de los momentos más duros de la historia, aun habiendo perdido las elecciones de 1999.

El liderazgo presidencial de Eduardo Duhalde forma parte de un momento histórico y paradójico de la Argentina porque, teniendo la experiencia ejecutiva y habiendo demostrado poseer la fortaleza necesaria en las circunstancias de excepción que le tocaron vivir, sólo pudo ser finalmente un gobernante de la transición, un "piloto de tormentas" en la emergencia, por ello es que, en este caso particular, se podría repetir taxativamente aquella frase que dice: "amarga es la gloria".

Sus sucesores, Néstor y Cristina Kirchner, tendrían la histórica oportunidad de clausurar el ciclo de emergencia iniciado a partir de 1989. La presidencia de Néstor Kirchner no implicó una sustantiva reformulación de los presupuestos ideológicos, jurídico-políticos y organizacionales contenidos en la matriz ideológica presente a lo largo de la década de 1990, sino más bien una ratificación de dichos contenidos programáticos, los cuales se han mantenido, a grandes rasgos, vigentes.

En lo referente a la presidencia de Cristina Fernández, la expectativa del cambio pareció diluirse de manera casi inmediata, a partir del momento de darse a conocer el gabinete de ministros para el nuevo gobierno. De los doce integrantes designados, siete ya ocupaban carteras en el gobierno de Néstor Kirchner y sólo cinco de ellos asumieron por primera vez un ministerio.

La promesa de un nuevo tiempo político fundando en el diálogo quedó sepultada por la continuidad de una estrategia de "confrontación calibrada", muy característica del gobierno de Néstor Kirchner, contra actores que se percibía en condiciones de poder ser derrotados como el ex presidente Carlos Menem, los jueces de la desprestigiada corte menemista, los militares genocidas del proceso, y entre los meses de marzo y julio del año 2008, ya durante la gestión de Cristina Fernández, la "oligarquía agropecuaria", el vicepresidente Cobos, y medios de comunicación como el Grupo Clarín.

Por otra parte, la permanencia en el tiempo de iniciativas como la ley de emergencia económica no nos permite afirmar que se ha inaugurado una nueva etapa en lo referente a la calidad de las instituciones democráticas, aún habiendo sido escasa la recurrencia a los decretos de necesidad y urgencia como herramienta para la decisión política a lo largo de la presidencia de Cristina Fernández

En función de lo expuesto podemos afirmar que, en definitiva, el "kirchnerismo" ha representado y representa la continuación por otros fines -más que por otros medios- del estilo decisionista de gobierno instaurado durante los años de Carlos Menem y ratificado y profundizado durante las gestiones de Fernando de la Rúa (1999-2001), Alberto Rodríguez Saá (2001) y Eduardo Duhalde (2002-2003).

Entendemos, para finalizar, que la investigación llevada a cabo a lo largo de esta publicación nos permitiría sostener que, a lo largo de las últimas dos décadas, se ha repetido en mayor o menor medida, el siguiente esquema:

a) Legitimidad de origen con anclaje en situaciones de derrumbe o emergencia, convertida en argumento de salvamento, primero, y refundacional, luego, del estado y la sociedad.

b) Preservación del esquema constitucional adoptado en 1994 acorde con una nueva "razón de estado": la gobernabilidad.

c) Reforzamiento de los poderes presidenciales, definición explícita o implícita de una "doctrina de la emergencia", y utilización de recursos como los decretos de necesidad y urgencia, en tanto principal expresión de la decisión política.

d) Debilitamiento del rol de las instituciones parlamentarias, de las diferentes instancias de control de los actos administrativos de gobierno y de los procesos deliberativos de decisión política.

e) Reducción del aparato estatal, tanto en lo referente a su alcance como a su capacidad institucional.

Al preservarse los lineamientos centrales del esquema jurídico, ideológico y organizacional vigente a partir de la década de 1990, la Argentina continúa debatiéndose entre los dilemas de la gobernabilidad y la normalización institucional.

Los autores

Alberto Amadeo Baldioli es Licenciado en Ciencia Política (UBA), Diploma de Postgrado en Defensa Nacional y cursó el Magister en Defensa Nacional (EDENA). Es docente-investigador (UBA). Director y editor de la Revista de *Ciencia Política Online*. Es autor y coautor de una docena de artículos de la disciplina en revistas académicas especializadas a nivel nacional e internacional. Especialista en Historia Contemporánea, Geopolítica y Seguridad Internacional.

Fabián Bosoer es Politólogo y periodista, máster en Relaciones Internacionales. Docente universitario e investigador (UBA, UB, UNTREF, ISEN). Es autor de *Generales y Embajadores; Malvinas, capítulo final. Guerra y diplomacia en la Argentina (1942-1982)* y *Braden o Perón. La historia oculta.* Co-autor de *2010: Una agenda para la región; El derrumbe del negacionismo* y de cinco libros sobre sindicalismo y política junto a Santiago Senén González: *La trama gremial, 1983-1989; El Hombre de Hierro, El sindicalismo en tiempos de Menem, Saludos a Vandor* y *Breve Historia del Sindicalismo argentino.* Fue Becario Fulbright 2006 y Consultor del PNUD (2003/2005). Se desempeña desde 1994 como editor y editorialista del Diario *Clarín*.

Hernán Fair es Licenciado en Ciencia Política en la Universidad de Buenos Aires (UBA) y Magíster en Ciencia Política y Sociología en la Facultad Latinoamericana de Ciencias Sociales (FLACSO, Sede Argentina). Actualmente cursa el Doctorado en Ciencias Sociales en la UBA, a partir de una Beca de posgrado del Consejo Nacional de Investigaciones Científicas y Técnicas

(CONICET). Es autor de numerosos artículos y ensayos científicos en revistas nacionales e internacionales.

Florencia Incarnato es Lic. en Ciencia Política (UBA), Docente de la carrera de Ciencia Política (UBA), Asesora parlamentaria en la H. Cámara de Diputados de la Nación y Coordinadora de gestión de la Fundación Democracia. Círculo de Legisladores de la Nación Argentina.

Santiago Leiras es Licenciado en Ciencia Política por la Universidad de Buenos Aires, Diploma de Estudios Avanzados y Doctor en América Latina contemporánea por el Instituto Universitario de Investigación Ortega y Gasset de Madrid-España, Profesor Adjunto de la Universidad de Buenos Aires y Profesor Asociado de la Universidad de Belgrano. Ha sido compilador del libro *"Estado de excepción y democracia en América Latina. Argentina, Brasil, Perú y Venezuela en perspectiva comparada"* (2010), autor de *El Cono Sur y sus líderes durante los años ´90. Carlos Menem y Fernando Collor de Mello en perspectiva comparada* (2009), coautor de *"La democracia y sus laberintos"* (2003) y de una treintena de trabajos sobre su especialidad.

Robertino Spinetta es Licenciado en Ciencia Política de la Universidad de Buenos Aires, donde se desempeñó como Ayudante de Segunda en las materias Teoría Sociológica y Fundamentos de Ciencia Política. Becario Fullbright 2009. Becario UBACyT 2009 - 2010 en el marco del proyecto "Estado de excepción y democracia en América Latina durante los años 90': Una revisión en torno a los casos de Argentina, Brasil, Perú y Venezuela en perspectiva comparada".

Victoria Vaccaro es Licenciada en Ciencia Política (UBA). Se desempeña como ayudante de primera en la materia "Líderes y liderazgos políticos en América Latina" de la carrera de Ciencia Política de la UBA. Trabaja en defensa y promoción de los derechos humanos de las mujeres, especialmente en la lucha contra la violencia de género y la trata de personas con fines de explotación sexual.

Agustín Vallejo es Licenciado en Ciencia Política (UBA), Becario UBACyT (Beca de Doctorado) del Área de Teoría Política. Actualmente trabaja en el proyecto: "Reestructuraciones y nuevos actores en el sistema de partidos porteño post 2001".

Juan Cruz Vázquez es Politólogo, Docente de la Universidad de Buenos Aires (UBA) y la Universidad de Belgrano (UB).

Colofón

www.ingramcontent.com/pod-product-compliance
Lightning Source LLC
Chambersburg PA
CBHW081714250726
48657CB00010B/3001